各美其美

芬芳校园

哈尔滨市第三中学《当前高中学生社团发展中的问题及对策研究》的课题立项为2015年度全国学校共青团研究课题重点课题。课题批准号：2015ZD10

编 委 会

Gemei Qimei Gong Fangfei

各美其美共芳菲

——哈尔滨市第三中学校社团发展中的问题及对策研究

黑龙江人民出版社

图书在版编目（CIP）数据

各美其美共芳菲 ：哈尔滨市第三中学校社团发展中
的问题及对策研究／闫宏斐， 吴霞主编. — 哈尔滨：
黑龙江人民出版社，2016.10
ISBN 978-7-207-10844-9

Ⅰ．①各… Ⅱ．①闫… ②吴… Ⅲ．①哈尔滨市第三
中学—学生组织—发展—研究 Ⅳ．①G635.6

中国版本图书馆CIP数据核字（2016）第261166号

责任编辑：王　琳　李文越
封面设计：张　涛　李德铖
封面题字：魏书生

各美其美共芳菲

闫宏斐　吴　霞　主编

出版发行　黑龙江人民出版社
地　　址　哈尔滨市南岗区宣庆小区1号楼
邮　　编　150008
网　　址　www.longpress.com
电子邮箱　hljrmcbs@yeah.net
印　　刷　黑龙江龙江传媒有限责任公司
开　　本　787×1092　1/16
印　　张　20.75
字　　数　340千字
版　　次　2016年11月第1版　2016年11月第1次印刷
书　　号　ISBN 978-7-207-10844-9
定　　价　59.00元
版权所有　侵权必究　　　　　举报电话：（0451）82308054
法律顾问：北京市大成律师事务所哈尔滨分所律师赵学利、赵景波

上左图　哈尔滨市委书记陈海波到我校考察社团建设情况

上右图　哈尔滨市教育局赵文祥副局长、哈尔滨市第三中学王明伟校长参与指尖炫彩社团活动

中左图　参加2012年全省大学生ACM-ICPC国际程序设计竞赛合影（获全场第一名等优异成绩）

中右图　哈三中代表参加美国十项全能比赛

下左图　著名教育家魏书生先生为本书题字

下右图　黑龙江省教育厅副厅长牧童出席省德育工作会议哈三中社团展示现场

上左图　哈三中举办"东北地区美式辩论赛"

上右图　哈三中举办"东北地区模拟联合国大会"

中　图　哈三中学生参加中央电视台"子午书简"栏目"放送中国节——端午寄情"诗歌音乐朗诵比赛，并获得亚军

下左图　哈三中支教联盟送教助学平房区99中学

下右图　哈三中举办"中国高中六校联盟·全国中学生未来商业精英挑战赛"

上左图　DIY创新实验室科学兴趣小组，参加同济大学土木工程系的结构邀请赛

上右图　哈三中模拟政协社团参加第三届全国青少年模拟政协活动

中　图　DIY创新实验室科学兴趣小组，参加央视科教频道节目——"我的中国梦 我的太空梦"，所做的实验展示获得"最佳创意奖"

下　图　哈三中2015年度TEDx演讲活动

左上图　哈三中社团联合会社会活动手册

左中图　哈三中学生参加第二届全国中学生中华传统文化高端论坛活动，在国子监前晨起诵读

右上图　哈三中志愿者走进中央书店参加小小图书管理员交流活动

右中上　在教育部主办的全国第五届中小学生艺术展演活动中，校艺术团的群舞《一条大河》荣获艺术表演类全国二等奖

右中下　哈三中学生参加机器人比赛中

右下图　哈三中灯谜协会主要成员参加第二季中国谜语大会获银奖

未经审视的未来（代序）

◇八月长安

熟悉我的读者都知道，2008~2009年，我曾经在日本东京的早稻田大学生活过一整年，就读于政治经济学部，攻读交换生双学位项目。那一年过得很充实，有走马观花，也有深度交流。在北大的同级生们忙于考GRE、申出国、找实习的最繁忙的大三，我实实在在地过了一年丰富的"精神生活"。

走遍各地，结交各种朋友，听闻或参与各种人的某段人生。

记得有天因为种种事情实在沮丧，约好了和我学英语的家教学生临时爽约，我被大雨拍在高田马场的街头，匆匆躲进了一家咖啡馆。我坐在靠窗的位置等雨停，看狼狈的路人四散逃窜，突然一辆疾驰的机车轰隆驶过，然后乖乖地停在了红绿灯前。

这就是日本的有趣之处——大部分风光少年，即使叛逆也乖乖守住规矩的格局，不会迈出一步去破坏什么。

绿灯亮，机车继续加速，发出凛冽的咆哮，最后停在了我所在的店门口。文身少年锁车，摘下安全帽，雨中甩头，帅气地推开门走进咖啡馆，在我惊讶的目光中，径直走向了员工后台。

少顷，一个穿着制服、套着深绿色围裙的小店员走出来，长袖polo衫恰到好处地遮住了他的花臂。店门复又开启，有迎客的风铃声传出来，小店员欠身高声"いらっしゃいませ"（欢迎光临）喊得清脆又恭敬，浑然看不出是刚刚

1

驰骋新宿的机车少年。

店里客人很少，他来打扫的时候与我攀谈了几句，我得知他刚刚高中毕业不久，并没选择就读大学，而是先打工，攒了钱再环游日本，意图在旅行中想明白自己究竟想要做些什么。

日本的年轻人中，或者说，不仅日本，世界各地的年轻人中，选择谨慎开启自己大学生活的人，都占了大多数。大学的专业选择某种程度上决定了人生后半段的走势，他们选择慎之又慎地做出决定。哪怕晚一两年，总好过仓促行事。与之相对的是我们国内的境况——大部分人刚刚走出高考的严酷环境，从单一的跑道进入一片草原，便面临着"选大学选专业"等如此重大的决定。无论是对供选择的专业，还是待发展的自我，孩子们都知之甚少，手握可怜的讯息，去按下至关重要的AB键，不知是幸与不幸。

机车少年告诉我，他喜欢机车改装，也喜欢跳街舞。这两者都是他从国中到高中的社团活动中生发的兴趣，十分浓烈，到现在也不曾改变，所以一边每晚去社区公园跳舞，一边考虑着未来读大学是不是要读机械工程类的专业……

他羞赧于自己一事无成，还处于迷茫中，而在他眼里名校就读、看上去前路一片坦途的我，内心却更加羞愧难当——在我看来，他的未来，已经比我们中的大多数要明晰得多。

我们都成长于混沌，受困于家庭，受限于父母的眼界、教育的条件、大时代的发展……许多人挣扎于教育所划定的同一条跑道，就这样与自己的天职错过了。

"天职"，在我看来是最为重要的一件事。人的一生中，最要紧也最艰难的恐怕就是寻找发现自己的天职，并为其付出一生的努力。这天职包罗万象，可能是小孩子言之凿凿的"大科学家""大总统"，可能是不起眼的"钟表匠""扫大街最快的清洁工""家庭主妇"，但无论世俗意义的贵贱与否，它一定是激发你内心最多的热情、最少的功利心、最崇高的荣誉感的一份事业。它不同于亲情友情爱情，不因际遇而起；它根植于你的内心，静待被唤醒。

学习、成长、自我挖掘，就是唤醒它的三个重要条件。

寻找到自己天职的孩子，未必一生一帆风顺，但一定始终充盈着使命感和成就感，无须显摆和认可，便可自我浇灌。就像咖啡馆的少年，做着各式各样的工作，从没忘记自己真正追寻的方向。

三中是我的母校。十多年前，在全省沉浸在应试教育、分数至上的实用主义教育氛围时，哈三中就是全市公认的"素质教育标杆"——学业上引领指导，更多靠自觉；业余生活丰富多彩，鼓励学生发展爱好。在那么早的时候，哈三中就开始试验"选修课"，开辟了四十多门各类兴趣课程，鼓励各个班级学生积极报名。大环境如此，每个人心中有数，但在适应之外，哈三中从没试图阻断过人生的更多可能性，尽可能为每个学生开放空间，让他们寻找到自己的"天职"——在十多年后，我经历了人生的很多波折，回顾过往，更加体会到这份心意的难得。

教书育人，"育"这个字，我的母校哈三中绝对担当得起。我也衷心希望所有就读于哈三中的学弟学妹们，在漫长的求学路上，向外求知，向内求己，去找到纷杂功利之外你内心真正想要的东西。

那天在咖啡馆躲雨到最后，雨霁天晴，一道阳光从乌云裂缝投到街心，落地窗的水珠都折射着光彩。机车小哥依然羞赧地讲着他机车环游本州岛的计划，他问我未来想做什么，我看着阳光，告诉他，我还是很迷茫，我没想好。

但我一定会找到我的天职。上帝给每一个人的一生都安排了神圣的计划，写在你的生命里，你要用心去看，去解读，去努力。

现在我可以骄傲地说，我找到了它。

目 录

1

第四章　师说·攻玉 ………………………………………… 209

"因材施教"是中国教育的经典理念，核心素养吹响了新时期教育改革的号角。作为教育工作者，在学生核心素质培养、树德育人方面应该有什么样的想法与追求？怎样来实现？我们的一点探索是：让学校、教师、课程等一切资源以学生发展为中心，致力于发展多元化的学生素质，以社团为阵地，在活动中培养孩子们的创造性与领导力，挖掘学生的潜能，培育孩子的各种素养，营造各美其美的芬芳校园。

我们对社团的精神追求，是源自于对真善美的追求。积极推动和参与社团，创造各美其美的校园，培养更多高素质的学生，这就是为我们的民族开创未来。更美的未来，从建设我们的美丽校园着手做起。

广角·远航

Guangjiao
Yuanhang

第一章

各美其美

Gemei Qimei
Gong Fangfei

共

芳菲

各美其美，人尽其才

◇闫宏斐　何显贵

2015年5月，我校所申报的课题"当前高中学生社团发展中的问题及对策研究"获批为团中央重点课题。随后，我校由主管副校长牵头，成立课题组，坚持校长引领、骨干为辅、团队合作、普遍参与的原则，多部门联动，调动团委、政教处、科研室、哈尔滨市以及学校科研骨干教师等强大的研究团队和力量，经过一年努力的钻研、探索与实践，拥有了一些新的认识和收获，其课题思想及成果汇报如下。

一、课题研究的背景

1. 基于人才的培养目标

《国家中长期教育改革和发展规划纲要》明确指出素质教育的本质和目的："坚持以人为本、推进素质教育是教育改革发展的战略主题，是贯彻党的教育方针的时代要求，核心是解决好培养什么人、怎样培养人的重大问题，重点是面向全体学生、促进学生全面发展，着力提高学生服务国家人民的社会责任感、勇于探索的创新精神和善于解决问题的实践能力。"对于素质教育的内涵提出三个要点：一是坚持德育为先，把立德树人作为教育的根本任务；二是坚持能力为重，着力提高学生的学习能力、实践能力和创新能力；三是坚持全面发展，坚持文化知识学习与思想品德修养的统一、理论学习与社会实践的统一、全面发展与个性发展的统一。

最新出炉的《中国学生发展核心素养》提出：学生发展核心素养，是指学生应具备的、能够适应终身发展和社会发展需要的必备品格和关键能力。该研究成果将中国学生发展核心素养分为文化基础、自主发展、社会参与三个方面，综合表现为人文底蕴、科学精神、学会学习、健康生活、责任担当、实践创新等六大素养，具体细化为国家认同等十八个基本要点。中国学生发展核心素养的提出进一步明确了学校要培养什么人的问题，为学校教育的实施指明了方向，也将是我校开展社团活动的有力依据和达成目标。

《国家中长期教育改革和发展规划纲要》中重点强调："尊重教育规律和学生身心发展规律，为每个学生提供适合的教育，培养造就数以亿计的高素质劳动者、数以千万计的专门人才和一大批拔尖创新人才。"这句话有着重要的意义和深刻的内涵，需要我们认真去理解和执行。怎样才能做到为每个学生提供适合的教育？这就要求我们更新人才培养观念，创新人才培养模式，改进教学方法。需要学校有足够的课程资源，提供给学生更多的选择，使社团活动成为学校课程的组成部分。

2. 基于改革的实践探索

根据《国家中长期教育改革和发展规划纲要》的明确要求，我校进行了分层分类的课程建设探索，并试图通过增强创新意识、丰富社团活动、促进校内外资源整合和开发物质设施的教育功能等方式推进素质教育，力争培养和提升每一名学生的核心素养。促进学生认识自身能力，发掘自身潜能，寻求适合自己的发展方向，塑造最好的自己，成就美好未来。学校把开展社团活动作为突破口，把社团活动做大做强、做精做细，为学生提供发展的机会和搭建成长的平台。认真研究学校社团开发、管理和建设等方面遇到的诸多问题，为切实提升学生的核心素养，进行尝试，积累经验，以期对高中阶段创新人才的培养做出有益的探索。

3. 基于学生的成长规律

教育的本质是促进人的全面发展和个性发展。仅仅依靠课堂培养人的模式不能适应人的发展，不能适应社会的发展，也不能适应教育发展规律。我们应该关注学生的爱好，关注学生的个性，关注学生的未来发展，让学生在学校找到属于自己的独特的成长之路。

法国教育家卢梭提倡让儿童通过实践活动和接触实际事物获得知识。瑞士教育家裴斯泰洛齐提倡教学与生产劳动相结合，让每个儿童参加农业和手工业劳动，在劳动中学习。美国教育家杜威提出学校即社会，教育即生活，要摆脱课堂中心、课本中心、教师中心，让学生在生活中学习。中国教育家陶行知提出社会即学校，生活即教育，提倡"生活教育"，更强调学生要以社会和生活为学习对象，并在生活中学习。中国教育学会名誉会长顾明远说："实践活动是最好的老师，在活动中学生能够体验到遵守规则、克服困难、对自己的行为负责和与同伴的交往对于自己完成活动的重要性。让学生在活动中去体验与认识，让学生成长在活动中。"

4. 基于社团的自身特点

未来的教育发展，社团将成为学生成长、学校发展的重要载体和推动力量。学生社团具有自主性、群众性、灵活性、丰富性、实践性、创新性、生成性和文化性等独特功能，社团活动不仅有助于学生实践知识、锻炼能力、提升责任意识、培养核心素养，同时创造了校园文化，实现了学校教育与社会教育的提前对接，是学生"学思结合、知行统一"的具体实践，是贯彻落实社会主义核心价值观的重要形式，促进了学生的全面、和谐的发展。

5. 基于学校的办学理念

针对课堂教学与实践相脱离、学校德育规划与学生个性发展相脱节的状况，我校确立了"以人为本，追求卓越，全面发展，个性张扬"的办学理念，组织开展了个性化的学生社团活动。不同的学生选择不同的社团，不同的社团培养出不同的学生，实现了人人成长成才的目的，形成了学校的办学特色。近年来，在赵文祥校长"以个性成就个性"教育思想的引领下，我校学生社团蓬勃发展，积累了丰富的实践经验。其最终目的就是让学生拥有更大的能量，以更饱满的面貌去追求并拥抱更加阳光美好的生活。因此，我们应给学生以选择机会的、关注生命的教育，教育者应把个体生命发展的主动权还给学生，把尊重作为教育的第一原则，让学生的生命呈现出色彩，使之真正成为具有充分活力的个人主体。

本课题研究的成果是对社团现状深刻反思和梳理，既有利于当下，又能指导未来。在学术上，可以引起广泛关注和重视，从实践中提升，寻找客观规律，并能更好地指导未来发展和实践。在实践价值上，可以分享经验，借鉴方法和模式，结合自身情况，扬长避短，更好地建设学生社团，为广大学生的发展服务，为广大学生的人生筑基服务。

二、课题研究的方法

用严谨的科研态度、勤奋的调查研究和科学合理的研究方法，为高中生社团发展提供方法和策略。本课题以哈三中的学生社团实践为基础，研究高中阶段学生社团建设和发展所具有的规律。通过文献研究、调查问卷、实践总结、问题分析、实践检验等方法和手段，分析高中学生社团活动在当下教育、高考等各种改革环境中的规律和特性。

三、课题研究的内容

立足近十几年的三中社团工作经验基础，我们主要从三个方面着手：

第一，高中阶段学生社团的状况调查——调查中国高中六校联盟（哈尔滨市第三中学、海南中学、江苏锡山高级中学、西北师大附中、北京三十五中、青海湟川中学）社团活动的情况；

第二，高中阶段学生社团工作的实施方法和策略；

第三，高中阶段学生社团发展中的问题和对策。

在课题研究过程中，课题组积极主动、创新研究，为了增强课题成果的客观性和科学性，以"中国高中六校联盟"为平台，拓展了研究范围，研讨了六所全国重点高中的典型案例，使得课题成果更具权威性和科学性。我们顺利完成了课题研究的预期任务，成果颇丰。发表研究论文两篇，刊登在权威杂志《黑龙江教育》2015年第12期上。另外，还富有实效地出炉了一份《中国高中六校联盟高中生社团问卷调查报告》以及若干社团活动纪实材料。2016年4月2日~4日，我们举办了课题实践活动即"中国高中六校联盟·全国中学生未来商业精英挑战赛"，还举行了课题研讨论坛即"中国高中六校联盟学生社团建设高峰论坛"，并印制课题成果论文集。在课题研究中，课题组透过高中生社团建设与发展中出现的现象，发掘其不足和问题，并在理论研究的高度上，深入思考，积极实践，认真探索，在总结与反思中积累经验、提高认识、深刻思想，从而促进高中生社团健康、科学、有力的建设和发展。而研究结果还具有借鉴和推广价值，更能为其他兄弟学校启智创新备能助力。

四、课题研究的成果

（一）当前高中学生社团发展现状

随着学生生涯教育的推进，学校对高中社团建设越发重视，各学校学生社团门类众多，活动开展得风生水起，学生参与热情高涨。社团活动的开展不仅丰富了学生学识、提升了多方素养，而且有力地推动了学生生涯教育的规划、定位和发展。

20世纪50年代，学校就涌现出了一批学科兴趣科技小组。物理学科无线电小组和滑翔机小组的学生自主研究、安装了电子管5管的收音机。20

世纪80年代，在教师的指导下，谷明同学成功安装了半导体收音机；化学科技小组从粗盐中提炼了结晶盐；生物科技组亲力亲为种植农园实验田。1980年，微机小组成立了，其成员在各级各类比赛中屡获佳绩。

20世纪60年代学校的体育运动蓬勃发展，并取得了诸多成绩。学校田径队在哈尔滨市的比赛中始终保持前三名的成绩；花样滑冰队、冰球队、速滑队、体操队为国家输送了许多优秀运动员。在学校运动队的启蒙教育下，有的学生走上了体育专业发展的道路，如20世纪50年代哈三中的毕业生刘颖秋曾经获得过全国花样滑冰冠军，毕业生于在州为20世纪60年代国家男子冰球队队长。

同时，学生还自发组建了学雷锋小组，定期到儿童公园、火车站等公共场所做好事。每到节假日，学雷锋小组就会到退休老教师家中，帮助老教师打扫屋子，为他们梳头，陪他们聊天，为退休教师送去温暖。

到了20世纪90年代，学校社团出现了蓬勃发展的态势，学生会、校园广播站、《馨绿》校报、蒲公英文学社、送温暖小组纷纷组建。

从最初的兴趣小组到现在的学生社团，学校的社团发展已经有60多年的历史。学生自主创办的学生社团在60多年中，从少到多、从多到精，特别是2007年新课改以来，学生确定了"发展学生社团，打造第二课堂"的理念，推动了社团活动在规范化、系统化方面的进一步发展，并在社团活动与综合实践课程的结合上开始新的探索，使学校社团经历了从教师组织指导到学生自主创建、从单纯兴趣社团到与个性完善相结合、从零星松散到规范化制度化、从所在区域内活动到跨区域甚至走出国门活动等飞跃的过程。到目前为止，哈尔滨市第三中学两个校区（南岗校区与群力校区）共有国际素养类、艺术修养类、身心康健类、闲暇教育类、时政经济类、科技创新类、学科延伸类等10大类近60个学生社团。哈尔滨市第三中学的学生社团已经发展多年，现在已经成为学校德育网络的构成部分、课程开发的重要突破、学生成长的实践平台，进一步丰富了哈尔滨市第三中学的办学特色。

据不完全统计，近10年间，学校有一万多人次参加了社团实践活动。在社团活动中，学生的团队精神、责任意识、领导能力、组织能力、个性特长等都得到了普遍的提升。其间共有300多位教师指导了社团的实践活动，同时社团活动又促进了教师的专业化发展，得到了家长、社会与上级部门的认可与肯定。

2012年12月，在黑龙江省德育工作会上，学校社团在现场进行了精彩的展示，获得了省市领导和同行的一致好评，赵文祥校长在会上做了社团建设的经验交流，让更多教师了解了学校多年来社团活动的蓬勃发展。2014年，学校分不同时间举办了三场东北地区性质的模拟联合国会议、商业挑战赛和美式辩论赛。2015年5月，学校课题"当前高中学生社团存在的问题和对策研究"获批为共青团中央全国重点课题，标志着学校学生社团建设踏上了一个新的台阶。

2015年，学校社团再创佳绩，取得了诸多成绩与荣誉：2月份，在第一届全国中学生创智大赛中两人获个人一等奖；5月份，在第二届国际青少年创新设计大赛中国区，两人获得一等奖；7月份，在由中国人工智能学会、中国机器人教育联盟、上海太敬集团主办的全国机器人创新设计大赛中，哈三中代表队凭借"Sorry Sorry""江南style""Loser"分别取得四人舞冠军、双人舞亚军、单人舞季军的突出成绩；8月份，在第二届全国中学生创智大赛中两人获个人一等奖，团体获优秀团体奖；同月，在首届中国高中六校联盟微电影节暨校园文化为主题的微电影创作大赛中，哈三中微电影社团选送的两部参赛影片分获"最佳导演奖"和"最佳男主角奖"，由于高宇昂和王轩同学在"视听语言"课上表现突出，被各参赛学校一致推举为颁奖仪式的主持人；9月份，哈三中科技创新小队参加了上海同济大学土木学院、机械与能源工程学院、材料科学与工程学院、测绘与地理信息学院、航空航天与力学学院五个学院共同举办的第五届同济大学中学生结构设计邀请赛，力战全国31所高中获得了"杰出创意奖"，彰显了哈三中学子扎实的理论知识和超强的动手能力！

但是在学生社团发展中还存在以下几个主要问题：

第一，学校对社团指导教师重视不够，虽然多数社团有社团联合会的学生为其发展和建设服务，但活动质量总体不高，社团的科学化管理问题及活动质量问题突出；

第二，社团与学校课程设置的有效衔接薄弱，活动时间、活动场所、活动评价等保障不足；

第三，部分老师、家长"社团活动影响学习"的观念依然存在；

第四，社团活动受社团领袖换届影响，可持续发展、规模化发展能力不强。

（二）当前高中学生社团建设的一般做法

各个学校在学生社团建设上都有符合实际的有效做法，概括起来，主要包括以下几个方面：

1. 学校的大力扶持和科学管理

学校学生社团发展的经验表明，学生创办社团、组织社团、参与社团不仅不会影响学习成绩，适当地引导反而有利于学生学习压力的缓解、学习效率的提高和学习方法的创新。学校通过召开班子会议，统一思想认识，通过召开全校师生动员大会，明确发展社团的步骤、方法和目标，并从运转经费、备用物资、活动场所、管理部门、指导教师等方面给予社团活动充分的支持。

学校对社团的管理实行"团委、社联、社长"三级管理制度。团委负责社团的组建、注销，活动的监督和把关；组建学生社团联合会，通过社团联合会服务社团、管理社团、发展社团；每个社团的社长负责各自社团的管理，实现学生社团的自我管理、自我教育、自我服务。

对于五星级社团，学校将给予重点扶持，五星级社团的社长，将被授予优秀学生干部称号，在高三自主招生排名时，给予适当加分；五星级社团的指导教师，在评优、评级时给予政策倾斜；学生参与社团活动的评价纳入综合素质评价。

2. 教师的正确引领和具体指导

当前高中学生社团存在的一个普遍问题就是学生社团活动流于形式，缺少应有的高度、深度和效度。社团建设的经验证明社团指导教师是学生社团的生命和灵魂，教师的正确引领和具体指导决定着社团的发展。

海南中学2009年经党委批准实施海南中学社团指导教师的聘用制度，认真落实教师们的待遇和评价体系，加强对指导教师们的专业技能的培养，或直接外聘专业技术人员作为社团技术顾问，提升了社团发展的深度和高度。绿翼环保社和科技社由于指导老师得力，年年都带领社员们参加各类科技创新活动，年年都获得不俗的表现，因此成为学校的明星社团。

西北师大附中视社团指导教师工作量而给予一定的补偿，给予更多的重视，将其纳入学校管理制度范围，给指导老师颁发聘书，将工作量计入老师考核指标中，调动老师的积极性。由经纬文学社、知行国学社和报社定期编辑出版的《青春正俏》《知行》和《校园视角报》，面向全校发行交流，有很高的知名度。

江苏锡山高级中学在社团申报环节也对社团聘请指导老师有着明确的要求。凡有专业老师参与指导的社团，不仅得到传承，而且特色鲜明、成果卓著。如曾获无锡市十佳社团的匡园文学社，就得益于语文老师的专业辅导；又如天馨合唱团，其组建与训练都离不开艺术老师专业化的指导。

哈尔滨市第三中学为了全面了解、研究美式辩论规则，英语教研室主任杨玉芹老师亲自带队赴北京参加比赛，并邀请了美式辩论的国外专家到校为全组教师培训、为学生宣讲。通过开设选修课、举办校内赛、渗透到课堂教学等方式，在校内推广美式辩论活动。因为指导教师团队的辛苦付出，美式辩论社取得了优异的成绩。学校美式辩论成员多次在北京、上海等地举办的辩论赛中获奖。2014年11月，学校成功举办了第一届东北三省高中生美式辩论赛。社长王熙悦同学获得哈佛大学中学生美式辩论邀请赛亚军。创新智能联盟社团自己组装3D打印机，研究创新产品，目前已经获得一家南方企业的资助。这一社团的指导教师有三位，分别来自信息技术教研室、物理教研室和通用技术教研室，他们分别从各自专业的角度，对社团的创新设计作品进行评估，提出建议。商业精英社团除了有校内指导教师外，还邀请了知名企业管理人员、市青企协成员及黑龙江大学的教授对社员进行培训、指导。灯谜协会请来了中华灯谜协会副会长、黑龙江省灯谜协会秘书长等名家，为学生授课、答疑，效果显著。

指导教师负责确定社团发展的目标，对常规活动提出建议，对社长工作做出评价。对指导教师的选择，我们采取学生邀请、学校认定的办法，这样既保证了学生社团的自主性，也调动了教师的积极性。根据社团的需要，我们还到校外聘请相关的专业人士做指导教师，为社团提供了更加广阔的教师资源，同时也得到了社会各界的大力支持。学校办教育不只局限于校园，教师不只局限于哈三中的教师，学生的成长也不只局限于课堂。通过参加社团活动，学生视野开阔了，认识深化了，能力增强了，也为未来充分自信有力地融入社会打下了坚实的基础。

3. 学生的自主管理和自我超越

社团的组建分为学校发起与学生自主建立两类：学校发起的社团主要着眼于学校的总体办学思路；学生自主建立的社团关注自身的兴趣和需求，必须经过方案制定、递交申请、社联审核、团委认定"四个环节"，同时拥有社团章程、"十人联名支持"、指导教师和完善的活动方案"四个必备"。

规章制度包括学校管理制度、社团章程两部分。学校管理制度由团委、学生社联共同起草，包括社团成立与解散、活动管理、社刊管理、社团活动室使用、财务管理和社长选拔等制度。社团章程由社长负责起草，包括社团宗旨、活动内容、活动方式、组织机构等内容。

社团宣传、社团申报及社员招新活动统一进行。学生申报组建新的社团，也可以根据自己的兴趣选择两个社团报名。招新活动安排在新学期开学初，面向高一、高二两个学年，可以跨年级，跨班级，跨文理。为了保证社团的专业性与健康成长，想加入社团的学生要经班主任书面推荐，招新活动结束后社团将录取情况反馈给班主任，然后统一公布。

社团实践活动形式主要包括日常分散活动和统一活动两类。活动前一周要把活动计划交到社联，指导教师签字后，报团委批准。活动场所主要由学校提供，也可申请在校外开展活动。

社团评价包括日常评价与展示评价，最终确定社团星级。日常评价以常规活动的次数、质量、影响以及社团成员反馈为根据；展示评价以现场统一显现的展位布置、活动气氛、评委投票为依据。

（三）当前学生社团建设的策略

随着社团数量的增多、规模的扩大，学校社团建设和发展过程中所出现的一些问题也越来越突出，这必然会影响社团活动效果，制约社团活动对学生成长、学校发展所起到的积极作用。我们在实践中采取了一些对策，较好地解决了一些问题，但有些问题的解决方法仍在积极不断的探索中。在国际教育本土化、本土教育国际化的趋势下，社团可以适应社会需求，开拓学生视野，成就学生个性，培养国际型人才。在未来的办学理念下，社团建设和发展将越来越凸显它的地位和分量。在摸索的道路上，课题组从自己学校出发，辐射全国东南西北著名高中，深入探讨和研究了解决目前所存在问题的策略。

1. 秉承办学理念，建设富有本校特色的社团文化

由于观念陈旧、重视不够、管理散乱等因素，中学生社团建设容易盲目跟风、照抄照搬甚或流于形式而最终流产，而我校在学生社团建设中，借鉴其他兄弟学校宝贵的社团建设的经验与方法，但不会一味模仿、全盘吸收。学校秉承"以人为本，追求卓越，全面发展，个性张扬"的办学理念，根据学校实际条件、学生自身特点，建设出充满活力、生机无限的具有哈三中特色的学生社团文化。努力办好小社团和精品社团，像哲思社就是一个精品社团，虽然只有几个人坐而论道，但志趣相投，内容深远，意义重大，很具三中特色，也鲜明强烈地展现出了三中社团的文化风采。

2. 制订生涯规划，辐射积极而有意义的社团能量

开展社团活动需要破解的最大难题就是学生学习与活动的矛盾。学习的紧张、有限的精力、竞争的残酷、高考的压力等原因，让这一矛盾对立的一面十分突出，甚至有人会想，参加社团活动是不务正业、可有可无的。

面对这样的问题，我们通过不断的宣传和实践，积极引导家长、老师、学生正确协调处理社团活动与学习备考之间的关系，并通过社团正能量的辐射影响，使其明确认识到社团活动的积极意义。同时，为社团建设插上"生涯规划与指导"的翅膀，助力学生发展和社团建设。既然学生社团的基本形式为体验式，可以以人生规划为引领，以职业规划为方向，以学业规划为基础，让学生在社团中认识自我、发展自我、完善自我。学生社团发展的经验也表明，不仅学生创办社团、组织社团、参与社团不会影响学习成绩，而且科学有序、适度合理的引导与活动还有利于学生缓解学习压力、丰富学习方法、提高学习效率。并且，社团活动锻炼，可以让学生勤于思考，乐于实践，在提高各种能力的同时，学会沟通和理解，懂得职责和担当，铭记奉献和感恩，从而以更加阳光而成熟的面貌去面对未来的生活。当前，高中学生社团还存在一个普遍问题，那就是学生社团活动流于形式、内容单一且缺少应有的高度、深度和效度。我们针对这一问题，进一步研讨，寻找有效的解决办法，积极探索立足学校、丰富活动形式、改善活动效果并提升学生素养的模式，让学生在社团活动中获得个性的解放，实现了更高远的发展。

像志愿者社团立足校园服务同学，组织建立"学霸答疑室"，让理学社的学霸们指导学弟学妹们学习成长，使得学术研究充满了志愿服务、奉献爱心的美好精神。他们走出去做各种公益活动，为他人带来方便和快乐，在社会实践中实现了自己更为广远的人生价值。商社参与二手书市的组织、策划，打造真实市场环境，营造书香校园的氛围，从而培养学生勤俭节约的良好生活观念和行为习惯。商社在举办东北地区的商赛中不断积累经验，并进一步成功举办了全国比赛。会议地点选择五星级酒店，让学生真实感受商战的气氛，体验商业精英的工作状态，进而，培养学生的商业头脑和智慧，更有力更充分地锻炼学生组织协调、统筹管理、灵活运作等更具社会性和时代性的能力。

在模联活动中，学生既开阔了国际视野、培养了外交风度，又丰富了谈判技巧、提高了学术水平。特别值得一提的是历届社长，他们都通过模联社团的历练，以优异的成绩和表现被国外优秀大学录取，走上一条适合自己的全新道路。具体情况如下：

第一届秘书长张天璞同学本科被美国宾夕法尼亚大学沃顿商学院录取，考取了哈佛大学法学院研究生；第二届秘书长王陆晨同学被哈佛大学录取；第三届秘书长乔治同学被英国剑桥大学录取；第四届秘书长陈天骄被纽约大学电影系录取（亚洲首次）；第五届秘书长苏丹同学被莱斯大学录取；第六届秘书长赵一泽同学被莱斯大学录取；第七届秘书长王羡同学被杜克大学录取；第八届秘书长尚晋同学被纽约大学阿布扎比分校录取。

可以说，本校社团活动日趋丰富，认识渐变深厚，其在校园里辐射的能量也更加充沛深远，对学生快速成长，成为社会栋梁之材的意义也显得越来越重大了。

3. 加强制度建设，形成专业而又严密的发展局面

为了使社团活动更加健康有序、高效有质地进行，我们不断加强社团各项制度建设，严格管理社团各项活动运转。社团活动的参与者，一定是学有余力、兴趣专一的同学，如果学业过重，成绩波动大，难以专心，活动就会成为负担，而且活动越多，负担就越重。为了避免这一问题，招新所用的社团报名表，必须有班主任签字。招新还要进行严密专业的考试，以此提高社团活动的门槛，形成有条不紊的良好竞争环境。像每年模联招新要通过报名、笔试、面试等诸多环节从500多学生中选拔仅60余人，人数众多，规模巨大，却毫无混乱，每一次选拔都高效有序地完成。像学校还严格设定社团活动时间，社团活动不得占用自习、午睡、上课时间。期中、期末考试前后两周不安排社团活动，保证学生有充足的时间备考、反思。

社团活动根据年级层次特点分清各自性质。高一以参与为主，高二以管理为主，高三以观摩为主。社团存在和发展过于依赖社长，社长进入高三，出国、毕业等因素导致一些社团会逐渐萎缩甚或解散。社长素质差异很大，社团成长周期短，可持续发展能力较弱。为此，我们建立了社长的选聘制度。上届社长推荐差额人选，社联组织集中换届。加强社联对社团的指导以及对社长进行选拔和培训，在这个过程中，促进社团成长和发

展。学校还创立了社团托管等制度，不断完善创先争优的激励机制，让三中学子发挥潜能，尽展其才。

学校建立配套管理制度，优化发展；引入竞争淘汰机制，激励发展；定期进行社团成果展示，鼓励发展；打造精品社团，引领发展。克服社团活动的随意性、零散性，强化"课程"意识，让社团活动与校本课程、研究性学习相结合。目前社团存在的时间、场地、指导教师等一系列问题的解决，通过社团活动课程化，就可以得到解决。

4. 动员多方力量，完善各项科学合理的保障机制

本校各个社团在"成长比成功更重要"的理念指引下，遵循社团联合会申请、遴选、管理和淘汰的机制，由学生自主创建、自主选择、自主管理。同时采用聘任制方式为社团配备专业指导教师，保证社团活动的质量，真正促进团员的发展。

社团活动的有效开展，需要充分的活动时间、专门的活动场所和专业的指导老师。而目前高中生社团活动普遍存在着活动时间不足、场所设备不全、老师指导不到位等问题，影响着社团活动的质量和水平，也大大降低了活动的吸引力，甚至使社团活动流于形式。

活动时间不足是我校面临的很大挑战。由于学生晚上六点放学，之后不能开展活动。活动的时间就只能安排在中午。中午12:10~13:10休息，活动时间安排在12:20~13:00。活动时间短导致学生吃不上饭，只能边活动边吃饭，这样一来，休息、吃饭、运动等时间就自然被全部挤占了。既影响学生的身体健康，又会使活动草草收场，这便导致活动质量降低，开展的成效也可能因此大打折扣。面对这样的时间挑战，我们一方面要指导社团做好很经济细致的规划，减少甚至砍掉不必要甚至多余的程序环节，让活动不横生枝蔓，不拖泥带水，更紧凑更快捷，从而在有限的时间内提高活动效率。一方面也可以利用周末、假期等休息时间开展活动，让活动不仅得到更多的时间保障，也能在空间甚至内容上拥有更多的拓展。

我们也在研究社团活动课程化的问题，社团活动也是课程，不过，目前，其课程化的体现还不够明朗成熟，操作上缺少系统性和规范性。我们尝试社团活动与选修课、校本课程、研究性学习的整合，让社团活动进课表和评价体系，从根本上解决这一问题。

社团数量增多，活动场所也受限制。群力校区有42个社团，但只有5个活动教室、1个社团联合会办公室，只有大型公开活动才能申请多媒体教

室。社团活动分AB周隔周进行，一个社团每月活动两次，学生对社团活动体验不深，特殊需要不能满足。另外，活动室挨着班级教室，也不便于开展活动。像摇滚社的排练声音较大，影响学生和老师午休，需单独安排排练室。学校应加快社团活动场地建设，同时开辟室外、校外活动场所，也可开辟网络，通过网络平台进一步开展活动，让活动更具多元性，影响也更深远。像学校的灯谜社团，每周尝试进行网上灯谜竞猜活动，使活动变得更加有声有色。

指导教师是学生社团的灵魂，教师的正确引领和具体指导决定着社团的发展。不过，有的教师参与社团指导工作并不积极热情，指导自然也谈不上充分到位；更有甚者，只是挂名，徒有虚职，并不参与实际工作。针对这样的情况，本校注重加强对指导教师的培养与激励。青年教师群体有热情、有活力，特长突出，风格明显，我们便充分调动青年教师群体的积极性。同时，还发展并健全指导教师的评价激励机制，让更多有思想、有作为的教师参与到社团指导工作中来，给予教师更多锻炼成长的机会和平台，这也成为探索教师专业化成长的一条新路。同时，学校还为社团指导老师发放超工作量补助，并为社团指导工作做出突出贡献或带来优良成绩的教师颁发社团优秀指导教师证书，从不同角度给予他们充分的肯定和鼓励。学校还调动各个教研组的专业力量，发挥其自身优势，为能与学科相应的社团活动献计献策献力。比如，在"商赛"中，社团便与政治教研组合作，政治组高文亭老师在吸纳有兴趣、有情怀的老师基础上，以专业的学科知识和头脑共同研究指导商赛，不仅指导本校学生，还为哈市其他学校的学生做了精彩而到位的辅导讲座，可谓是专业指导竞赛，学识成就梦想。在"创新智能联盟"社团中，通用技术教研组罗富华老师通过自主研发的高中生座椅等多项专利，激发社员挖掘更多发明创造的灵感，并有力地资助他们开展各项富有意义的创新活动。我们还充分挖掘、整合并利用学校现有的优质资源，调动家长、社会等各方面力量，提供更多样的场所、机会、支持和指导，从而为学生社团活动的扎实开展与深入体验保驾护航。

5. 联合全面行动，杜绝社团任何细微的安全隐患

安全问题已经让教育放缓前进的步伐。人身、出行、饮食等安全问题，在社团活动中也会发生，即使是一点点小问题，都有可能影响大局甚或酿成大错，所以，我们必须清楚地意识到，安全无小事，人人需尽责。

面对安全问题，我们首先要充满信心，敢于担当，直面风险，哈三中每年举办大型商赛、模联会、美辩会、TED会等，在加强教育、周密筹划、严格管理的同时，大型活动部门也要联合行动，发挥合力，集思广益，防微杜渐，釜底抽薪。像本校商赛在筹备、开会过程中进行了细密周到的安全问题的保障，校安全办、政教处联合负责学生秩序的维护和安全管理，制定安全预案并上报教育局备案。安全保障合理分工，像教育局安全处处长、安全办主任、保安进驻酒店，进行24小时无间断巡视。理学会在进行化学实验时，要求老师指导、跟随。学校不同社团成员外出参赛，学校一定会派老师带队，确保安全。同时，在学生安全保障方面，也可发挥家长的作用，让家长以主人翁的姿态积极参与到社团活动之中，这样，就形成了全方位立体的保障机制，从而使社团活动更加顺畅和谐成功地举行。

（四）需要进一步研究的方向和问题

教育行政部门、共青团组织越来越重视高中学生社团的发展。学生社团也在促进学生全面发展方面，起到了重要的作用。希望高中社团的发展在接下来朝着规范化、系统化、特色化、社会化方向发展。在课题研究过程中，课题组从本校社团建设出发，拓展到全国各地六所著名高中学校，在交流、总结、反思的基础上，总结出一定的规律和措施，也引发更前瞻的探索和思考。学生社团建设任重而道远，在未来，还有更多的事情需要我们深入探索。

1. 社团建设与教师专业化发展的有机结合

当前，学生社团活动已成为提升学生核心素养和因材施教的必要补充。我校有的教师因"材"而开展了各种社团、选修课；有的教师因"材"而组织了众多"文化沙龙"与讲坛。这些活动，不仅激发了学生的兴趣爱好，也培养出学校优秀的教师团队，发挥了教师专业优势，让教师实现了自身价值和职业梦想。

教育的核心是学生，教育的灵魂是教师，教师的教育尤其重要。这种教育要唤起教师自主发展的意识，基于个人的人生价值与追求，发展个体内在潜能，不断提升自身的专业素质和能力。教师专业发展不是依赖外在的技术性知识的灌输而"被塑造"的，而是一种"自我理解"的过程，即通过"反思性实践"变革自我、自主发展的过程。这个过程同样需要教师对自己兴趣、爱好与特长的探求。教师教育与提升的目标不是追求教师对知识的记忆、掌握与运用，也不是要求教师接受一套现成的、权威的教育理论体系，而是要激发教师的学习主动性，发展和提升教师的主体精神。只有教师掌握更丰富更精深的专业理论知识，深入学生群体多方体验，并融入社会勤于实践，才能从自己的狭隘思维中解放出来，而中学社团为教师们提供的正是这样的园地。从教师专业发展的特点及发展过程看，教师职业生活是一个不断探索、实践、反思的过程，教师的实践是一种反思性实践，反思是教师教育教学生活中借以不断发展的重要手段，除了课程中的探索实践与反思，我们还要提倡在社团活动中与学生接触交流，了解学生需求，反思自身不足，促进自身的专业发展。

教师发展是学校发展的核心，体现着教师成长的个体性、发展性，反映着教师成长的教育信念和教育追求。哈三中提倡建立校社团活动指导中心，也为教师们的专业成长、学科拓展和深化探究提供了较好的平台，我们欣喜地看到，带领各个竞赛类社团社员参加模拟联合国等国内外大型比赛并获奖的指导教师们脸上的自豪与欣慰，看到带领学生篆刻练习的指导老师眼神的专注，看到志愿者社团的指导教师们真心奉献时眼中流露出的赞赏……每位老师都是忙碌的，每位老师又是无比充实的。而这也在缓解职业倦怠、促进教师身心健康发展等方面，有着不可替代的重要意义。

2．社团文化与时代精神的深度融合

社团活动的自主性、灵活性、民主性、实践性、社会性，决定了社团组织有能力参与学校的校园文化，成为校园文化活动的承担者。实践表明，社团组织的活动更有生命力、感召力。最终形成以社团等学生组织为主体的，相互配合的各有担当的校园文化大军。人人都成为校园文化的享用者，也都成为校园文化的创造者。

合而共赢，打造兄弟学校联盟，实现社团资源共享。在深刻总结和反思目前社团发展实践经验中，不难发现：当下各学校社团建设品类多而不精，做而不实，多数停留在粗浅的体验式活动中，尚未达到"高""精""尖"的层次。究其原因，主要缺乏占据全国甚至全球高度的视野和观念。在全球化和高科技飞速发展的今天，教育也应该与时俱进，增进校际合作和共享，打造社团发展共同体，形成合力和分担，充分分享资源，降低内耗，为学生发展助力。

以学生发展中心为依托，建立健全社团辅导体系。社团建设在学生丰富自我、获取社会经验、学习处理各种关系等方面具有不可估量的作用和价值，而学校建立健全社团辅导体系的方式和方法有待深入研究。可以尝试在充分调动本校教师积极性的基础上，通过培养学生导师、外聘专家、调动家长与社会力量等方式打造专业化指导教师团队，提升社团活动质量。

3. 社团发展与学校育人目标的高度契合

通过加强学校课程建设，把社团活动纳入学校课程体系之中。完善学生综合素质评价，把学生社团活动情况，纳入综合素质评价体系。加大指导教师保障力度，把教师指导社团纳入工作量、评级评职体系当中，确保社团活动有持续的物质、经费、时间、场地、教师的保障。

社团类型多样，活动形式灵活，学生发展多元，让每一个学生在学校都能找到适合自己的社团，让每一个社团都能引导和促进学生个性特长的发展，进而提升学生的核心素养，而学生的个性解放和全面发展也为现代化建设和中国梦的实现，积蓄着巨大的能量。

社团多年发展的点滴记录，学子深情动人的成长回忆以及教师对社团发展的深入思考和建设性意见，希望能够带给同仁和学生一些灵感与启发。虽然我们前行的脚印深深浅浅，但是，我们会一直带着教育的美好梦想，砥砺前行。希望通过我们努力的研究、探索与实践，能为中国高中社团的发展增添一丝力量和信心，同时，我们也期待中国高中社团的发展能够繁花遍枝，各美其美，芬芳满园！

（注：此文为哈三中申报国家级课题团"当前高中学生社团发展中的问题及对策研究"结题报告，有增补修改。）

哈三中及全国高中六校联盟《高中生社团存在问题及策略研究》调查问卷分析

（问卷设计：闫宏斐 卢庆泽 问卷统计：何显贵 杨晓芳 问卷分析：卢庆泽）

摘要：

在传统观念中，高中生定是在高考的指挥棒下，全身心投入在知识的题山书海中，为实现人生理想和目标而努力奋斗。但当下高中生活却呈现出新的发展趋势和现象。本文通过试卷调查的方式，调研了哈三中本校（南岗校区和群力校区）及全国六校高中联盟中的锡山高中、北京35中、海南中学等学校的师生300人，其中有效问卷272份，了解到目前高中生在学习之余，丰富的社团活动现状和存在问题，并尝试梳理出高中生社团建设与发展的规律和有效方法。

高中生活从来都不是单色的，而是绚丽多彩的。谁的青春不丰富，谁的青春不多彩？如果你问一个高中生，最难忘的高中生活是什么？恐怕多数人都会描述那深植记忆中的开学式、升旗校会、班团会、成人礼、艺术节……更有许许多多同学们自己创建的各色学生社团，承载着高中阶段的美好时光，成为学习之余的自我培养和个性舞台。而哈尔滨市第三中学在20世纪50年代，就已经涌现出一批"学科兴趣科技小组形式"的高中生社团活动，20世纪90年代学生社团雨后春笋般蓬勃发展，涌现了"学生会""校园广播站""《馨绿》校报""蒲公英文学社""送温暖小组"等各种社团。到今天，哈三中已经拥有成熟而稳定的"国际素养类、艺术修养类、身心康健类、闲暇教育类、时政经济类、科技创新类、学科延伸类等10大类近60个学生社团"，其中不乏像模拟联合国、商而为赢商赛、模拟法庭等活动覆盖全国的品牌社团组织。但在高中生社团建设和发展的过程中，始终存在一些问题和困惑，因此，在2015年团中央进行科研课题征选立项时，我校领导和团委学生会，决定申报《高中生社团发展存在问题及策略研究》的课题立项。令人惊喜的是我校申报的课题在全国大专院校的众多申请中，脱颖而出成为仅有的两个高中学校立项课题中的一个。

课题立项成功之后，校领导非常重视。第一时间组建了课题小组，并开展了切实有效的研究活动，下面就课题的调查问卷研究情况做简单分析和总结。

一、调查问卷的设计

调查问卷是课题研究中收集数据、了解存在问题等现状的最佳方式之一。因此，闫宏斐副校长和卢庆泽老师首先设计了调查问卷的调查范围、问题数量、调查内容和问卷发放方式以及回收方式等。考虑到调查对象主要集中在学校，以高中生为主体，范围涉及部分教师和校领导，以及部分教师既是教师又是学生家长的双重身份，所以，我们设计的问卷本着简洁、高效、下发和回收周期短的理念，在众多的问题和困惑中，遴选了20道最有针对性和现实性的问题，编辑成了这张"高中生社团活动调查问卷"的初稿，后来征求了部分在校高中生的意见，又进行了第二轮的问题替换和修正，同时为了避免主观片面性，确定了选择题的题型，放弃了文字主观题。最终，调查问卷成型，并迅速开始在我校南岗校区和群力校区两个校区进行问卷调查。

二、调查问卷的发放与回收

为了不影响学校和学生的日常教学活动，不占用学生的过多时间，我们采用了"以点带面"的问卷调查方式。从我校南岗和群力两个校区中各选择了四个班级，分别代表尖刀班、快班、平行班等不同的学生层次，每个层次随机选择一个班级，利用午休和课间的时间完成了问卷调查。然后，巧借我校与全国高中六校联盟的教学研讨和交流活动，委托闫宏斐、冯岩等人分赴江苏、甘肃、海南、北京等知名高中进行了随机的问卷调查，基本是当天发放，当天收回，高效完成了问卷的发放和回收。

各美其美
共
芳菲
Gemei Qimei
Gong Fangfei
——哈尔滨市第三中学校社团发展中的问题及对策研究

三、调查问卷的数据统计及问卷分析

题号	A	B	C	D	E	F	空	总数
1	0	270	0	0	2		0	272
2	191	65					16	256
3	173	89					10	262
4	21	156	42	4			49	223
5	54	39	78	47			54	218
6	47	68	72	44			41	231
7	51	88	51	24			58	214
8	74	64	38	38			58	214
9	70	91	26	25			60	212
10	60	28	112	24			48	224
11	34	91	37	59			51	221
12	67	88	56				61	211
13	62	17	96	30			67	205
14	108	60	4	37			63	209
15	69	78	63	17			45	227
16	115	69	31	42			15	257
17	134	53	63	9	70	18	15	347
18	22	88	138	13			11	261
19	44	73	140	53			13	310
20	122	96	10	12	18		14	258

调查问卷印刷300份，下发300份，收回272份。在问卷中主要反映出了下列问题。调查问卷调查对象范围为普通教师、学生、高中学校领导、家长和教育行政管理者，问卷发放过程中，发现学生有270人，教育行政管理者2人，在这些人中有75%的人认为在高中阶段参加社团是必要的，但也有25%的人认为在高中阶段只要把学习弄好就可以了，参加不参加社团并没有什么必要性。在受调查的272人中，有66%的学生已经参加了各种学生社

团活动，而34%的学生并没有参加社团活动，因此在问卷的数据反映中，调查结果具有66%的亲身体验性和亲历性，而34%的结果具有间接性，或者是看到同学的社团活动，或者是听说的社团活动，因此，在进行数据分析时，要考虑到这个直观的因素。

对于学生参加社团的原因，在问卷中有这样的体现。在272位被调查者中，有9%的同学认为高中学习压力太大，需要找个地方释放压力，而这个地方就是学生社团组织；有70%的学生认为在社团里可以找到与个人爱好投缘的志同道合者；也有19%的学生仅仅是从众心理作祟，别人参加自己也参加，别人不参加自己也没想法；但是令人欣慰的是除了个人主观意愿的驱动外，竟然也有2%的同学是受家长的要求参加社团活动，说明在当下高考的压力下，也有极少数的家长能够抵制单纯对高考分数的压力而鼓励孩子在高中阶段能全面地培养自己的兴趣和爱好，让自己的高中生活丰富而多彩。在这个问题的回答中，我们可以看到参加学生社团的动力主要来自学生自己的主观愿望，而可能受到的阻力更多来自家长，仅有极少数的家长能够开明的对待学生参加社团活动这件事情。

而通过第五题的调查，我们可以看到，在不愿意参加学生社团的学生中，原因也是多种多样的。其中有25%的学生因为个人不喜欢而不愿意参加社团，有18%因家长不支持而不敢参加社团，也有36%的学生根本没有兴趣参加社团活动，此外也有21%因为外因，也就是社团活动质量低而不愿意参加。这也说明，高中生社团活动除了要吸引广大学生积极参加之外，也要深刻反思社团组织的活动水平、指导水平和活动质量，做到"酒香不怕巷子深"，自然就能增加高中生参加社团的内外驱动力。在这一点上，通过第6题，我们可以看到只有20%的参加社团的学生对社团活动是满意的，而有19%的学生是非常不满意的。这也说明了在社团建设中，在社团自身组织、管理、活动安排和活动质量等方面还存在着很多问题，亟待解决。

在这种情况下，即使参加学生社团，但参加社团活动的状态也是不一样的。在第7题的调查中，不难发现有24%的学生是积极主动的，而41%的同学处于被动的状态，更有24%只是偶尔参加并不怎么发言，11%的同学极少参加且从不主动发言。

对于社团活动的出席率调查，也仅有34%的同学出席率达到90%以上，而有18%的同学出席率不到50%。这说明社团在管理方面，在活动的主题和质量上，还存在一些社团本身建设上的问题。

而对于社团活动的频率和活动的时间方面，社团组织也存在巨大的难度。仅有33%的社团可以每周活动一次，其他或者隔周一次，或者一月一次，也有平时不活动，只有学校有活动任务时才组织一次。说明部分学校还处于为了应付上级的检查或者参观等情况而做的"面子工程"。目前学校的日常作息时间表排列都很满，每一节课都安排得紧张有序，学生在应付各种学科的学习中，极难拿出时间进行社团活动。有27%的学生有专门的社团活动课，而50%的学生只能利用中午的午饭时间进行社团活动，既影响休息和用餐，造成身体健康上的问题，同时也导致社团活动质量不高。此外，学生社团作为学生自发的兴趣组织，其活动经费的来源是很有限的。在第12题中，可以发现有32%的社团经费依靠学校提供，有42%依靠家长支持，而26%要靠学生拉取校外赞助而保证社团活动的花销。由此可见，有68%的社团需要依靠家长或者校外力量保证经费来源。这也是制约社团建设和发展的重要原因之一。

在社团的管理上，47%学生受学生社团联合会管理，而15%是学生自发组织而无管理，仅有30%由学校团委管理，反映出学生社团缺乏专业教师指导，仅有8%的社团有专业教师指导管理，这也说明专业指导教师缺乏成为社团建设中的一个重要问题。

令人欣喜的是有51%的社团学生是有活动记录和档案管理的，也有18%的社团学生没有活动记录也无档案。说明社团的管理上，同样需要走入正规化和科学化。

在调查社团存在的作用上，有45%的学生认为参加社团可以培养个性特长。而有53%的学生认为参加社团会影响学习成绩，34%认为不影响学习，此两种观点占据了大多数，而也有8%认为完全不会影响学习成绩，5%认为非常影响学习成绩。可见对于社团与学习成绩之间的关系，多数人是不支持的，也有极少数是非常反对的。

但是高中生社团的存在和发展已经呈现崛起之势，而思考高中社团的建设途径和方法，正是我们当下要认真思考和面对的问题。已经不能逃避而摆在高中教育者的面前。这也是这个问卷试图要描绘的高中社团的现状，深入挖掘存在的问题，从而探索未来的社团建设方法和途径。而目前最大的困难可能体现在时间的紧张上。第19题的调查结果证明，45%的学生认为社团活动最重要的条件是时间问题，在繁重的学习、课程和高考压力下，时间是社团建设的关键。而场地、经费和指导教师虽然也具有一定的重要性，但并不是最重要的。而对于目前社团活动发展状况的满意程度，有47%的学生认为丰富有质量，但也有37%的学生认为社团数目多却不精。这也说明，高中社团存在的现状还有很多不尽人意之处。我们等待着每一个热爱学生社团的教师、学生或者其他人的关注，群策群力，共助共进，相信高中生社团定将呈现"各美其美，芬芳校园"的美丽画面。

各美其美
共
芳菲
Gemei Qimei
Gong Fangfei

哈尔滨市第三中学校社团发展中的问题及对策研究

这里是希望的原野，这里是创造奇迹的地方。哈三中旨在提供多样性的教育，提倡以个性成就个性，哈三中社团，传承校园文明，承载校园文化，展现哈三中的学子风采。学校现有近十类六十余个社团。社团丰富了学生的精神文化生活，锻炼了学生的合作交流和创新能力，增强了学生的校园主人翁意识。社团学子们还和北京大学、复旦大学、共青团学校部、哈佛大学、耶鲁大学等学校和北京蔚蓝国际等社会力量合作，为学生的健康成长搭建了坚实的平台。社团的蓬勃发展，丰富了学校的课程体系，为学生的核心素养即社会责任、国家认同、国际理解、人文底蕴、科学精神、审美情趣、身心健康、学会学习、实践创新素质的培养奠定了坚实的基础。

第二章

春华·绽放

Chunhua
Zhanfang

各美其美

共

芳菲

Gemei Qimei
Gong Fangfei

哈三中社团一览

社会责任类： 哈三中志愿者联盟、哈三中新媒体中心、哈三中支教联盟

国家认同类： 模拟联合国协会（中文委、英文委），传统文化社，模拟法庭社，模拟政协

国际理解类： 美式辩论社团、英语fashion秀、英伦美奂社

人文底蕴类： 多语种社、华昕麟台社、星空文学社、现代无题诗社、棠颂诗社、灯谜协会、书法社、新语言相声社

科学精神类： CSI推理社、理学会、哈三中航模协会、无人机协会、信息科学协会

审美情趣类： DIY创意社、微电影社、音乐社、舞蹈社、美术社、第九艺术社、动漫社、摇滚社

身心健康类： 羽毛球社、擎锋足球社、武术社、健身社、御心社（心理社）、成长历新社、美食社、指间绚彩社、棋乐无穷社、魔术社、德馨医护社

学会学习类： Cosplay社、广播剧社、话剧社、演讲朗诵社（辩论社）、环游世界社

实践创新类： 商业精英社团、创新智能联盟

哈三中社团采风

（以下为哈三中部分社团风采展示及发展概况）

一、哈三中模拟联合国社团

社团宗旨： 发展时代意识，培养精英人才。

特色活动： 省模拟联合国大会　模联海外会

社团概况：

哈三中模拟联合国社团，创立于2004年，是东三省第一家模拟联合国社团。在十二年的发展中，既培养了众多优秀代表的领导才能，同时，在地区、国内、国际会议上也取得了无数优异成绩，如作为地区模拟联合国社团领导者，社团在东三省地区长期举行多次省级规模的模拟联合国大会，为推动地区模拟联合国发展做出了重大贡献。

哈三中模拟联合国社团重视学生素质培养、全面发展，深刻践行素质教育的指导方针。经过短期培训，学生能够基本掌握联合国会议流程。在比赛中，使用工作语言中文讲述自己的观点，从一个国家的角度考虑发展形势，并提出议案，进行投票。活动不仅培养了学生的国际意识、学术修养，也使学生在讨论中提出独到见解并学会合作。代表们在模拟联合国社团的培养下、模拟联合国会议的环境中全面发展，逐步成为高质量、高素质的精英人才。同时作为东三省历史最为悠久的模拟联合国社团，哈三中模拟联合国社团通过举办每年一度的三校友好中文会议、省级的模拟联合国大会以及每三年一度的东北地区区域大会，为东北地区的学生们提供接触模拟联合国活动的平台，从而代表深厚的学术素养，为区域代表的质量提高做出贡献。

十年间，社员们不断斩获奖项，哈三中模拟联合国社团地位的不断上升，带动了东北区域更多模拟联合国社团的成立、发展，不仅是东北区域模拟联合国事业不可或缺的力量，也是全国模联社团中的佼佼者。

二、哈三中美式辩论社团

社团宗旨： We think, we debate, we conquer.（我思，我论，我胜。）

特色活动：冬季校内辩论赛　全国辩论赛

社团概况：

哈三中美式辩论社团创立于2013年，是学校规模较大的社团之一。哈三中美辩社目前已经代表哈三中连续组织了两年的地区性辩论赛事，作为主场队伍斩获众多奖项。同时，哈三中美辩社的成员也在多个全国与国际性的美式辩论赛事中崭露头角。

哈三中美辩社意在通过英文辩论这种形式，开拓成员的视野，并在提高英文能力的同时，培养成员的批判性思维与对事实论据的分析能力，进而提高成员思维的逻辑性。"美辩"有的是针锋相对的逻辑理论与事实数据，有的是废寝忘食的编辑、练习与分析。真正参与"美辩"的人都是从内心热爱这项活动本身的人，这也是"美辩"的浪漫之处。是的，你大概可以说我们绝大部分都是书呆子，但我们都有狂傲的气质与理想；同样你也可以说没人会关心我们所辩论的一切话题与内容，但每个辩手都将是日后解决那些社会问题的中流砥柱。"美辩"提供给了每个人平等的表达自己对世界人事的看法的平台，无论正方反方。在辩论过程中每个人的立场都有所规定，每个人都是或正方或反方，很多人认为这样就限制了选择的自由，但这反而能让我们更好地排除臆断分析所给的话题，让我们从不同的角度剖析问题所在。

三、哈三中商业精英社团

社团宗旨：商而为赢，未来精英。

特色活动：模拟商业挑战赛　电梯演讲　商业精英走进校园系列讲座

社团概况：

哈三中商业精英社团成立于2011年（原名为商业计划书写作社团），由政治组老师负责培训、指导，并于2014年4月、2015年4月成功举办了第一届、第二届"哈三中·商而为赢东北地区商业挑战赛"。我校举办2016年第一届全国赛，不仅为学生搭建了更为广阔的实践平台，也开启了我校社团活动的新高度。在五代商社人的共同努力下，商业精英社团早已成为哈三中的精品社团。如今，哈三中商社即将迎来其作为主办方的第三次大型商赛——"中国高中六校联盟·全国中学生未来商业精英挑战赛"。这开启了高中学校开展社团活动的新高度，也受到了全国各地学校的广泛认可。本次比赛提供了超五星级的会务配置、成熟而新颖的比赛模式，更加入了冷餐会等特别环节。在比赛中，将有真实模拟的企业运营，使公司中的每个人都能参与决策，共同缔造最优秀的龙头企业；在比赛中，将有惊险的期货交易大厅，政府仿造真实的价格变动，于乱世中成就商业巨贾。

在这个日新月异的时代，出现了比以往更多的商业奇迹和商业奇才，他们都在用新的商业模式改变着世界。马克思说，"人在本质上是一切社会关系的总和"，作为一个社会的人，我们应该主动去了解商业，培养自己从更加实际的角度去观察和理解社会的能力；我们应该不断地锻炼自己的商业思维和组织领导能力，为将来进入大学和踏上社会做好更多的准备。

四、哈三中创新智能联盟

社团宗旨：想未来所想，创心之所望。

特色活动：创新智能设计大赛

社团概况：

哈三中创新智能联盟前身为哈三中科技创新社，现拥有80名成员，分成五个部门：编程部、美工部、3D建模部、航模部和产品部。各部门分工明确，由高二拥有该部门技能的成员担任部长，现航模部已经独立为哈三中航模协会。

创新智能联盟作为哈三中各大社团中为数不多的比赛社团，参加的比赛自然很多。哈三中的创智联盟，在全国的各种科创比赛中都占据一席之地。

创智出征，谁与争锋。从2015年1月的第一届全国青少年智能创新大会上的最佳PM，到2015年5月的第二届全国青少年创新设计大赛的所有一等奖、二等奖和最佳带队老师、学校的最佳组织奖，再到2015年6月工大建筑节的全市第四、2015年8月第二届全国青少年智能创新大会的优秀创智团队、最佳PM、最佳tech，到最近的2016年2月第三届全国青少年智能创新大会的全国第一"里程碑奖"，最佳UED、最佳OM。可以说，创智联盟在全国各个科创比赛，都是占据领先地位的。

其实创智的高端大气不仅仅体现于各个比赛，更体现在平时的社团活动中。创智联盟目前拥有三台3D打印机、十余架无人机，学生个人专利十余项，个人论文发表十余篇。创智的存在，不仅仅为了在各大比赛上一展身手，更是为了真正的帮助同学体会到科创的魅力。

五、成长历新社团

社团宗旨：愿我们能陪你走过年少轻狂，携手奔走于梦想的烟火之间。

特色活动：世界知识讲座　成长心得交流

社团概况：

成长历新社成立于2012年，社团存在的意义不只为了同学抑或是朋友间的友谊，也是为了自己，为了自己能够变成最好的自己。在哈三中的方寸之间，实现我们心有天下的理想，我们想，世界一直都是一个浩瀚的世界，你一直都是一个渺小到不能再渺小的存在，你和这芸芸众生一样，呼吸着同样的空气仰望着同一片天空。你是这偌大宇宙中平凡的一员。社会永远不能让你坐享其成，我们要通过书本知识和朋友的经验以真实的眼睛和开阔的视野来看待这个世界。社团的活动方式主要是通过讲座、阅读、文化沙龙和会谈交流，让我们从提升自己入手，让自己拥有更理性、更全面、更出色的素养，让自己更好地面对成长。

所以，来吧。即使我们都是一样平凡的人，和你一同面对你的不一样的多彩世界。用我们的互助和沟通，为成长助力。

六、第九艺术社团

社团宗旨：The way it's meant to be entertained.（我娱，故我在。）

特色活动：才艺探索座谈会　艺术节活动

社团概况：

哈三中第九艺术社成立于2015年9月27日，初衷在于追寻最前卫最新的艺术门类。我们认为：一种事物，当它具有丰富而独特的表现力时，当它能给人们带来由衷的欢愉时，当它表现为许许多多鲜明生动的形象时，它就是一种艺术。

第九艺术社从创社至今经过数次改版，终于找到了适合自己的模式，现主要活动分为"九艺快报""知识分子""高能时刻""安利之王"四个板块。集时事热点、深度挖掘、同学互动三位于一体。独创的"九艺反馈卡"让社员将对本次活动的评价和对社团建设的看法充分地表达出来，使得社员们的困惑能得到及时解决。在推行了反馈卡以后的数次活动中，"九艺"收获了高达98%的好评度。

"九艺"凭借不断进取的创新精神、认真负责的工作态度、精心布置的活动场地，一跃成为哈三中活动次数最多、质量最高、出席率最高的几个社团之一。面对甚嚣尘上的议论，以及社员的大量流失，我们始终坚持着最初的原则，探索第九种艺术的奥秘，品味第九种艺术的芳香，感悟第九种艺术的哲理，最终形成了一种凝聚力极强的社团文化！

七、DIY创意社

社团宗旨：艺术在动手中成长，梦想在三中起飞。

特色活动：心灵DIY　T恤手绘展　校园创意大赛

社团概况：

2014年，DIY创意社的历史开始书写，哈三中喜爱动手创作的同学的梦想开始萌芽。还记得每次社团活动的情景，小小的活动教室挤满了同学，大家兴奋地交流着自己独到的见解。在思想的碰撞、精神的交流中，一份份殷切的期盼注入了"DIY创意社"，一股股用心坚持的力量流淌在社员之间。在短短的两年中，五颜六色的围巾出现在周围朋友、老师亲人的身上，杂乱的草纸上随处可见是我们橡皮章印出的精致唯美的图案，女生的头饰各式各样，学习用品变得典雅精致。在那一年我们共同成长，从怯于动手到大胆尝试，从一次次失败到手法精炼，我们收获了最美的青春。

一双手+充满想象的大脑+简单的材料=奇迹。我们热爱动手制作，为每一件自己制作的作品感到满足和快乐；我们沉浸在交流学习中，体会同伴合作的乐趣。我们没有花哨的语言，我们只有动手制作的专注和精致的作品。DIY是精彩纷呈的制作活动，是思维想象的火花碰撞。这就是我们，独一无二的哈三中DIY创意社，热爱手工创作的我们会将DIY精神永远传递，成为三中社团中绚烂的一笔。

八、M.C.Cosplay社团

社团宗旨：We can be anyone.（我们可以成为任何人。）

特色活动：Cosplay快闪　Cosplay艺术节

社团概况：

哈三中M.C.Cosplay社成立于2011年（2007年至2011年为Cosplay部，2011年后彼此分离，相互独立）。现有社长一名，副社长两名，高一社员33名。随着动漫的深入人心，愈来愈多的稚嫩新人渴望成长为一个成熟的角色扮演者，他们早已不满足隔着一层玻璃墙或厚重的帷幕欣赏一次次动漫舞蹈演出，他们默默企盼着自己组织游场和正片，企盼着有一场真正属于自己的完美演出。

M.C.Cosplay社还有这么一群人，他们多年如一日地为自己的梦想而奋斗。他们不仅能够自己练习舞蹈，还可以耐心地教给社员每一个动作，而且能够根据每个人的情况选择适合的舞蹈并进行适当的编排。参加活动的社员每天中午都可以准时参加排练，有的时候甚至连中午饭都顾不上吃就积极参加长达一个中午的训练，这些说着容易但做起来真的很困难。功夫不负有心人，社团于2011年获冰漫舞台剧银奖。感谢你们每一个人的坚持和不放弃，使这个社团成为我们永远的骄傲，谢谢你们所做的一切，谢谢你们为三中的履历留下浓墨重彩的一笔。

九、华昕麟台社

社团宗旨： 纵古博今迎难上，意气风发少年狂。

特色活动： 铭文古诗

社团概况：

"华"字既指中国，又可指才华与繁华；"昕"字寓意我们的社团如初晨日光般充满生机和活力；"麟台"作为自古接受上书奏折的地方，代表了历史与政治。华昕麟台社是一个让生活在科技时代的我们重拾古典文化、重焕华夏文明的平台。

为了丰富同学们的课余生活、提升文化功底，华昕麟台开展一系列有关古典文化的活动，包括历史、政治、文学、传统文化四个模块的内容，不仅仅有演讲、辩论的语言类活动，还会定期开展古典文学比拼。在这里社员们不仅可以提升自己的文学素养，丰富历史、政治知识，提升口才能力，还能够在分组中提升合作意识，结交志趣相投的挚友。

社团以古风为媒，求知为介。纵不能会八方客之哲思，却可畅谈古今之事，以明古今之得失。虽不能梦回汉唐，却可以古为鉴，瞻望远方。执友人之手，共享当世之盛，以华昕麟台，同沐曦光。

十、环游世界社

社团宗旨： Let the travel begin, make the dream never end. （路起，梦不息。）

特色活动： 模拟漫步地球

2014年，首任社长杨大贞把有着共同梦想——环游世界的同学聚集在一起，创办了这个社团。

"旅行，不是浪迹天涯，而是给心找一个小憩的地方。一次又一次抽离出自己的生活，走进别人的人生。穿越那苍茫的群山与深沉的流水，在大雪纷飞的林场、在阳光灿烂的西海岸……你经历得越多，就越知道世界的宽广。远一点的风景，多一点的想象和希冀，这是我们在枯死的生活中渴望旅行的最大意义。"社团以明信片为邀请函，以美食为线索，利用活动时间去倾听别人的经历、有趣的见闻，分享自己的观点，让社员畅谈有关世界各地的纪录片，同时也会举行各类知识问答，增长知识。社员不仅拥有了热情，更学会了为梦想付出不留遗憾。

在一次次活动中，社员们逐渐体悟到了旅行的意义：看很美的风景，听很多的故事，结交很要好的朋友，为自己的灵魂坚守住一片净土。

十一、理学会

社团宗旨：理性思考，探寻真知。

特色活动：理学研讨会　理科竞赛先锋营

社团概况：

理学会成立于2013年的春天，首任社长怀着对理学的热爱，创立了这个充满学术氛围的社团，并为它设计出了独特而有内涵的会徽，在三中社联的社团墙上绘出一抹新风采。

理学会聚集着热爱理学的同学，以社团为平台讨论交流相关知识。这里，可以展露你独到的思维，可以分享你丰富的经验，也可以寻到前进的捷径。在平日的社团活动中，有学长讲解精心挑选出的题目，解答各个学科学习的困惑，也会指明竞赛的特点与方向。

作为少数锻炼理科思维的社团，它除了有助于社员的学习，还会开发大脑，拓宽思考问题的角度，使社员看待问题更深刻。虽然活动中有时会感觉头脑疲劳，知识不能完全消化，但每次活动都能使同学们有所收获。活动在接触新知识中，逐步激发同学的学习热情和兴趣。

在理学会成立后的短短几年中，就有很多身兼数个奖项的社员从这里走出。理学会，用理学寻找真知，用智慧探索方向，共同步入梦想的殿堂。

十二、聆音广播剧社

社团宗旨：团结合作，进取创新。

特色活动：话剧演出　广播剧

社团概况：

聆音广播剧社成立于2014年，首任社长为2013级任若桥。

社员都喜爱广播剧，以社团为课堂与平台，结识志同道合的朋友，并互相切磋技术与配音技巧。在大家的共同努力下，完成了一个又一个以语言、音乐和音响为手段，由机械录制而成的戏剧形式作品。在2015年上半学期与话剧社合作演出《花千骨》，受到老师同学一致好评。在2016年下半学期成功地自行策划、编剧、导演并录制了广播剧《那年，青春无悔》。将广播剧作品发放到各个广播剧聆听平台，并且与哈三中广播站合作，在中午将作品播出，同校内学生一起欣赏。社员们通过听觉手段调动听众的想象力，创造出特殊的艺术享受，在参与社团的一次次展出和作品录制中，懂得了责任担当。

幻想、梦境、回忆是自由的步伐，情节场面是攀升的阶梯，声音是最终的画。我们虽不能描摹画面，却能把戏剧画面呈现读者于心间，我们在剧中自由穿梭时空，为你阐述爱与梦想。

十三、哈三中灯谜协会

社团宗旨：品华灯千行，奏华夏宫商。

特色活动：灯谜竞猜

社团概况：

哈三中灯谜协会由中央电视台《中国谜语大会》第二季培训课程的优秀学员发起创立。我校参加谜语大会第二季并夺得全国银奖之后，灯谜这一项富有传统文化气息，又融合以现代元素，加以网络新词、学科名词、日常用语点缀的传统文化活动，逐渐走进了同学们的视野。短短数月以来，哈三中灯谜协会的成员们在黑龙江省灯谜学会几位老师的悉心指导下，猜谜的热情逐渐提高，猜谜能力也在逐渐提升，并在各项猜谜活动中取得了突出的成绩。

旧句染新墨，涉过繁华十丈皆如水；新词赋旧题，流连诗韵千行扣清商。字字珠玑落，句句风荷香。一段翰墨留香，一曲吹梅芬芳，一阕清歌悠扬，一番意蕴绵长。

因为热爱，所以坚持。在这里我们不只有增损离合、会意象形的谜法，我们收获的更多是一份热爱与坚持。我们的血液里流淌着五千年的文化气息，沉淀了深长意蕴。因为热爱，我们将最美的年华托付给千行华灯，我们深深记得，我们脚下的土地已历过五千年的沧桑，我们的骨血里深深镌刻着五千年来亘古不灭的古老印痕。

十四、F.O.E美食社

社团宗旨：以食会友，以食成邦。

特色活动：饮食文化交流　美食节　厨艺大赛

社团概况：

哈三中美食社成立于2015年11月，于2016年10月17日进行了第一次社团活动。社团现任社长为2014级刘润琦，副社长为李法东和张鹤鸣，迄今共有社员140名。

哈三中美食社普及饮食文化与餐桌礼仪的相关知识，倡导健康饮食，打造中学生健康的体魄，并为社员提供一个发现自我、展示自我的平台。

中国饮食文化的历史源远流长，中国独特的地理环境、文化传统和民族习俗孕育了凝结着中国饮食文化精髓的八大菜系，饮食文化所散发出的文化底蕴、异域风情已为越来越多的人所关注。人们从中餐、西餐、快餐的觥筹交错中感受着不同国家与地区的艺术内涵、文化品位和饮食风格。

美食社立足于传统的饮食文化，旨在研习华夏饮食的内涵和精髓，展现饮食文化的韵味和魅力，弘扬中华传统文化的创新精神。通过努力，把健康的饮食态度带进校园，并普及饮食文化与餐桌礼仪的相关知识，倡导健康饮食，打造健康的体魄，为社员提供一个发展自我、展示自我的平台。社团开展各类饮食文化交流的讲座、美食节、厨艺大赛等活动，展现饮食文化的韵味与魅力，弘扬中华文化的传统创新精神，提高广大同学的饮食品位和生活质量，丰富同学们的课余文化生活。

十五、哈三中模拟法庭社

社团宗旨：有理有据，力求真相。

特色活动：模拟庭辩

社团概况：

社会需要法律，国家需要法律，每一个公民也需要法律，本着"法可昌国，律可修己"的精神，为把我国建设成为一个法治强国，我校2014级学生张宇娇在哈三中校团委和哈三中政治教研室的筹备下，于2014年10月成立哈三中模拟法庭社。

模拟法庭是法律实践性教学的一种重要方式。模拟法庭通过案情分析、角色划分、法律文书准备、预演、正式开庭等环节模拟刑事、民事、行政审判及仲裁的过程，调动学生的积极性与创造性，提高学生法律文书的写作能力。哈三中模拟法庭社为学生提供了解法律基础知识和法庭基本流程、提高学生法律意识和法律修养的平台，让学生提前感受律师的部分工作，建立学生对法律的直观认识和感受，为中国社会主义建设培养法律人才的新苗。社团旨在锻炼学生的逻辑思维能力，培养创新精神，树立学生的法律意识和追求公平正义的责任感和使命感。活动让每一位社团成员都能在模拟法庭中感受到法律的庄重权威，学会用严谨的逻辑辩证思维看待社会现象，学会用法律武器保护自己、帮助他人。

现如今，哈三中模拟法庭社由最初的目的——法律普及上升到了真实案例的模拟庭辩的层次，社员们在民法、刑法、刑事诉讼法、经济法等相关的各种不同类型的案例中小试牛刀，取得了很大的进步。让我们用法律的力量寻求真相，在阳光下前行。

十六、哈三中推理社

社团宗旨：求索、求实、求新。

特色活动：案件推理（社长出题）　推理思维讲座

社团概况：

哈三中推理社由2013级16班徐紫萱创立。

哈三中推理社社员众多，最高峰时期的社员多达150人。大家愿在这片广阔的天地展示自己，充实自己。社团在活动题材上不断创新，改变了原来单一的活动模式，加入更多互动环节，使活动更加富有趣味性。活动中，社员能够在纷繁复杂的情况中发现蛛丝马迹，在技术学术问题上逐步趋于细致。推理社学术氛围浓郁，只有想不到，没有推理社涉及不到的。社员逐渐理解学习推理的奥义与精髓：无论是天文、地理、历史、化学、物理，还是文学、语言、常识、生物、信息技术，所有的知识都要融会贯通。同时要把知识穿成长线，在寻找线索和推理中解决谜题。

推理社是理性的社团，也是任思维天马行空的社团。在一步一步地推理中，社员不仅提升了自我修养与逻辑思维，也学会灵活运用所学知识，相信我们会在"因为""所以"中找出人生的答案。

十七、WE MOVIE微电影社

社团宗旨：心若有意，追梦无悔。讲述我们自己的故事。

特色活动：拍摄微电影

社团概况：

微电影社成立于2012年，原名"成长不NG"。一部相机，一个梦想，几个志同道合的友人，以微小的力量，构筑由衷的渴望。

社员通过拍摄微电影，记录生活中的点点滴滴。社团中有演员，有编剧，有摄影师，有后期制作团队，利用社团活动时间和课余时间商讨剧本、进行拍摄。社员们通过不断学习电影拍摄知识、拍摄方法进行探索尝试，拍摄出自己的作品。虽然器材不够专业，剧本不够成熟，拍摄方法不够老练，演技不够真实，社员仍然尽着自己最大的努力为社团献出自己的一分力量。社员在合作中结识了亲密的朋友，学会了团结配合，并在电影拍摄过程中，运用智慧和才干，挥洒汗水与泪水，克服重重困难，超越层层关隘，走出一条属于哈三中微电影社的阳光大道。

电影是新时代的笔，记录着世界的发展轨迹，而微电影社则记录着我们的成长轨迹，镜头中我们哭过笑过，使用着属于我们的蒙太奇，拍摄出青春的风采。

WE MOVIE，我们的微电影，讲述我们自己的故事。

十八、话剧社

社团宗旨：用激情谱写我们的青春。

特色活动：经典课本剧表演　创新剧目特色会演

社团概况：

忘不了你一句"君当作磐石，妾当作蒲苇"为爱而生，为爱而死的决绝。

作品《孔雀东南飞》

忘不了你一言"今生今世，永生永世，不老不死，不伤不灭"可笑命运折磨的执着。

作品《印象·花千骨》

忘不了你玉树临风，英俊潇洒，引好女万千倾倒的迷人身影。

社团节作品《新唐伯虎点秋香》

忘不了你们"剑拔弩张""摩拳擦掌"率领组员勇敢奋战的激烈。

首次综艺比赛《话剧vs话剧》

哈三中"千变万化"话剧社成立于2009年，是深受大家喜爱的社团。

从查找资料、了解背景、开始创作、准备剧本，到投入排练、规划走位、设计道具情景、增加音效创设氛围、彩排，再到购买道具、租赁服装、申请教室和麦克、安排时间、社交平台宣传、广播、海报宣传，每一个话剧作品都是在这"必经之路"中磨合出来的。过程很艰辛，让人特别劳累，但每当劳累的时候，我们都会想一想，当时参加话剧社是为了什么？话剧是我们真正热爱的东西，怎么可以说放弃就放弃呢？更何况，参加了学校的话剧社活动，我们真的感觉自己改变了很多。从当初的人一多就脸红到现在舞台上的落落大方，从当初办事的手忙脚乱到现在的井井有条。而话剧社的精彩演出、社员的精湛演技，更激起了同学们对话剧的喜爱与热情。

在日后的发展中话剧社还会继续努力，创作出更多优秀的作品！就让我们"用激情谱写我们的青春"吧！

十九、无题现代诗社

社团宗旨：用对诗的执念对抗世界的纷扰。

特色活动：无名题诗　诗歌朗诵会

社团概况：

哈三中无题现代诗社，简称无题诗社，成立于2016年，是全校人数最少却最具活力的社团。无题诗社的成员们堪称才华横溢，也大都作得一手好诗。社团与当下国内顶级诗歌刊物《星星诗刊》的主编有着持续联系，也曾提供过不少优质稿件。

作为一个呱呱坠地的社团，在每次的社团活动中社长或副社在最前面拿着几张纸和某本诗集"讲课"——讲现代诗歌的形成、各个流派、写作手法，也选取大家喜爱的现代诗歌来朗诵。这是传统却令我们觉得舒服的方式，我们的诗社很"暖"，有温度，让人舒服。

无题诗社能够载着那些优秀的人飞向蓝天，实现自我。社长说过这么一句话：一个人可以没有足够高的智慧和其他，但他必须要有足够充沛的美好感情。这种感情包括许多：比如勇气，比如对一切美好事物的向往与执着追求，再比如爱。它们是每一个正直善良的人都不可或缺的一种信念，一种希望。诗社人希望做一个内心强大的人。世界始终纷扰，但我们可以用自己的美好情感来美化。

二十、哈三中"唯武独尊"武术社

社团宗旨：勤学苦练真功夫，戎马书生少年狂。

特色活动：交流武术理论与实践沟通会　户外活动

社团概况：

"唯武独尊"武术社成立于2015年9月19日。武术社经历三起三落的多年蜕变，终于又重出江湖。唯武独尊武术社以传递武术正能量为宗旨，服务于热爱武术并想学习武术的三中学子，以"南拳太极剑刀枪，棍棒相逢德胜强，勤学苦练真功夫，戎马书生少年狂"为口号，弘扬武术知识与中国文化。

武术社社长由2014级14班王乾担任，继任社长孟祥昊。社长王乾对武术有着浓厚的热情，精通南拳、剑、刀、棍等各方面武术知识与技巧，拥有纯熟的武术功底，对社团的管理有着认真负责的态度，加上两位副社长的帮助与配合，武术社的活动逐渐步入正轨。社团成立初期，社团委员会在去年十一假期组织了第一次活动——爬香炉山，欢声笑语中社员们逐渐熟悉，很快地融入了武术社这个新团体中。

社团成立伊始，几位社长首先讲解了南拳、散打、跆拳道和武术理论等方面的武术理论知识，让每位社员对武术有了充分的了解，之后每位社员根据自己的喜好选出了最希望学习的部分。武术社每次活动分为三个小组进行，分别为社长王乾带领的武术理论组、副社长张浩然带领的散打组以及高一社员李睿思带领的跆拳道组，每位组长分别教授组员理论与实践知识。在社团节上，武术社成员带来的武术表演赢得了老师同学们的一致好评，也展示了一学期社团活动和社员们积极排练的成果。

每次活动，都能看到社长仔细示范与社员认真练习的身影。我们热爱武术，积极参加社团活动。我们也真心希望在每位成员的支持与努力下，武术社团能够蒸蒸日上。

各美其美——哈尔滨市第三中学校社团发展中的问题及对策研究　共芳菲　Gemei Qimei Gong Fangfei

二十一、舞蹈社

社团宗旨：所有爱舞蹈的同学实现梦想的地方。

特色活动：艺术节表演　"社响"舞蹈表演

社团概况：

舞蹈社创建于2003年，现任社长杨雨薇。舞蹈社是一个舞蹈爱好者云集的地方，在这里我们交流帮助，斗舞表演，尽情施展自己的才华。我们通过社团展演、社团节、学校视频录制等形式展示着青春靓丽的舞者风采。我们所有人都有着极高的专业素养，编得快，学得快。我们也不只局限于一个舞种，街舞、爵士、现代、古典、嘻哈，样样都不少。热爱舞蹈的同学都在这，他们由内而外散发着属于舞者的魅力，舞蹈在他们心中已经成为生命中最不可缺少的东西。我们的社团活动时间是中午午休，因此我们可能吃不上饭、休息不了，但我们从没有抱怨过什么，因为这是我们自己的选择。在令人难忘的2015年首届社响社团节上，舞蹈社成员的精彩表演燃烧着同学们观看的热情，掌声如雷，高潮迭起，获得很大成功。这就是舞蹈社，这就是舞蹈社的魅力！愿舞蹈社办得越来越辉煌，在一届届的传承下不断创新，所有爱舞蹈的学生在这里实现他们的梦想！

二十二、星空文学社

社团宗旨：灿烂星空，文学筑梦。

特色活动：星空文学社刊节　星空征文大　名家讲堂

社团概况：

星空文学社，包含了无数人的梦想与期望，也蕴含着许多人的支持与爱护。拥有二十年的悠久历史，历任指导教师有闫宏斐、李艳秋、纪聪涛、闫伟峰和李宁老师等，2008年曾获得"全国优秀社团"称号，每一届社长都对文学社细心灌溉，每一位社员都对文学社的发展和成长做出贡献。每一次活动，都有无数人的辛勤准备，每一本期刊，都包含着写手们的文思泉涌和编辑们的耐心批改。星空，是一个团结的社团，是一个生生不息的社团，我们为了梦想而拼搏，为了未来而努力，在诗词中陶冶情操，在生活中发展文学。

有一种深邃叫作星空，有一种魅力叫作文学。

每一个成功的社团背后都有无数人的不懈追求。星空文学社的成长，我们付出了许多，也会为此继续努力。每一个星空人都为仰望星空而整装待发！

二十三、摇滚社团

社团宗旨： 在音乐中挥洒青春的汗水，在摇滚中释放年轻的激情！

特色活动： 艺术节　"社响"摇滚表演

社团概况：

摇滚社团成立于2014年5月，成立初衷是通过在校内的宣传活动，为同学们介绍更多优秀的摇滚乐作品，使更多同学对摇滚乐有更深入的了解，社团也成为喜爱摇滚乐的同学一个彼此交流的很好平台。大家一起听摇滚，玩摇滚，享受摇滚，便是我们的宗旨。

我们会组织社员们进行吉他、架子鼓等乐器的交流与学习，带动同学们对音乐的热情。虽然摇滚社成立时间较短，但社团发展已初具规模。

我们今后还会开展一系列的音乐活动，以乐队现场为核心，努力打造一个品牌社团，为同学们带来激情四射的视觉听觉冲击。

听着激情洋溢的吉他伴奏，踩着节奏感强烈的鼓点，置身于音乐现场一起歌唱呐喊。自由，激情，无拘无束，放荡不羁。啊！让音乐来陶冶我们的情操，让我们在音乐中挥洒青春的汗水，在摇滚中释放年轻的激情！

二十四、"绎彩言呈"演讲朗诵社

社团宗旨： 绎百家之言，呈万家之采。

特色活动： 朗诵技巧交流指导报告会　校园诗歌朗诵比赛

社团概况：

这里有演讲者口灿莲花，声情并茂；这里有朗诵人落落大方；这里有蜕变的机遇。精彩就是从张一张嘴开始，精彩就是在这里被我们创造。言语之中，总有精彩。

哈三中"绎彩言呈"演讲朗诵社成立于2011年，社团的口号是：用语言演绎青春的"绎彩言呈"。

两周一次的社团活动虽时间不长，却尽力使每一名同学都过得充实且快乐。社团活动的主要内容是对社员发音进行练习，主要手段为进行绕口令训练。社团还对演讲、朗诵、辩论等相关知识进行介绍，通过社员间模拟活动增强社员积极性，提高社员语言交流等各方面能力。与演讲高手交

各美其美
共芳菲
Gemei Qimei
Gong Fangfei
——哈尔滨市第三中学校社团发展中的问题及对策研究

流技巧，与辩论能人同台竞技。为朗诵高手搭建展示的平台，为主持能人寻觅知音。强化能力、交流经验就是我们社团活动的目的。

社团近一年以来，拟将自己掌握的演讲朗诵知识与技巧，结合网络多媒体这个平台，积极向社会推介，社团积极向指导老师请教，力争使更多朗诵方面的专业因素融入社团活动当中来。"绎彩言呈"社团是哈三中学子找到自己的兴趣爱好、学到更多的东西、增长更多见识的一个小家。在2015年12月25日哈三中第一届社团节上，社团11名同学一起朗诵了诗歌《当雪敲响时钟》，获得观众们的一致好评。在社员心中，演讲朗诵社不仅是一个社团，更是代表着一种态度、一种风气、一种文化。

二十五、音乐社

社团宗旨： 为才华横溢的你搭建展示自己的舞台。

特色活动： 艺术节音乐表演　Cosplay联合表演

社团概况：

音乐社是一个充满了艺术氛围的团体，在音乐社社长和老社员们的努力下展现它的底蕴，在新老两界成员深度的融合中，展现出真实的艺术。艺术节从来都少不了音乐社的参与。每年的艺术节，在众多班级紧张而又精彩的表演中，音乐社总是能够占有一席之地，向大家展现我们艺术的天赋。直至今日，优美的音乐旋律还依稀回荡在大家的脑海里。

在学校正式招新之前，来报名的学弟学妹们就已经非常多了。音乐社是一个非常受欢迎的社团。

在三中社团节上，音乐社的《晴天》作为压轴节目，没有辜负同学们的期望，以最受欢迎、最受好评的姿态为这场"视听盛宴"画上了一个圆满的句号。音乐社又以新的姿态举办了与Cosplay社联合的活动。这一次活动突破了旧时音乐社的传统风格，融入了二次元文化，增进了两个社团的友谊，并且又一次向全校同学展现了音乐社的魅力。当音乐与宅舞融合，这又是一场美丽的盛宴。

音乐社举办的歌唱比赛，座无虚席，场面宏大，成为三中文艺演出的一大盛事。而音乐社的成员也不负重望，曾占据了所有获奖的席位，在学生中产生了强烈的反响。

音乐社是一个才华横溢的集体，一年年，越来越受大家的喜爱，也获得了越来越多的荣耀，而每一次荣耀之后，又是一个新的开始，社团成员将用美丽的声音继续唱响青春的舞台。

二十六、棋乐无穷社

社团宗旨：思维与友谊在此碰撞。

特色活动：棋类大赛

社团概况：

棋类社成立的初衷主要是为了让大家在课余时间，缓解压力，享受友谊的碰撞与实现思维敏锐性的训练。

每一次社团活动，都是我们所有成员的盛大节日。我们带着澎湃的热情来迎接。搬运桌椅，摆放棋具，张贴海报，哪怕是半小时的时间享受棋类的乐趣，于我们来说就要为之负责为之努力，而为了我们的爱好，我们真心觉得值得。

社团的活动红红火火，社团的传承后继有人。是所有的三中学子，给了棋乐无穷社发展无限的动力，有句老话说：固守其善，以待来者。是后来者的传承，让社团生生不息。所有的社员们决心，用我们的热情和努力，带给三中业余文化生活和三中人生生不息的快乐。

二十七、信息科学协会

社团宗旨：开阔视野，与时俱进。

特色活动：计算机技术应用能力提升夏令营　信息技术大赛

社团概况：

本社旨在让同学们开阔视野，在不同的学科中学习先进的现代知识、发明和技术。如同在茫茫大海提取溴，在成山的贝壳中寻找珍珠，在广漠的沙海中提取黄金，却不像它们那样难以分离。它可以丰富同学们的阅历，拓展同学们的知识面，使同学们不落后于时代、不为时代迷茫。

社团成立，是因为三中的一群喜欢思考的少年。刚刚从初中升入高中，对着这个浩大的世界无所适从。面对计算机技术这个世界纷繁的万象，既着迷又胆怯。渺若星辰的信息量让单纯的同学们望而却步。但三中的学子们没有放弃没有畏葸不前，学子们紧密团结，利用三中的计算机室、机器人基地等资源，为更多的志同道合的计算机和信息技术爱好者打造平台，提升技巧，也为以后的职业规划创造更良好的条件。

社团人立志：我们要在高速发展的社会中如鱼得水。我们立志让计算机技术为更多人所善用。我们要用信息技术造福母校，回报社会！

我们一直在为了这个共同的目标而努力奋斗。

二十八、书法社

社团宗旨：传承书法，弘扬国粹。

特色活动：书法展示　书法创作系列讲座

社团概况：

书法社成立于2013年，南岗校区的一群有志之"士"，有感春日中风乎舞雩的良辰美景，思接千年，要想王羲之的神采，顿生弘扬经典书法技艺之感。于是书法社团很快成立起来，并成为三中较为具有特色的社团之一。

书法社不仅让社员体会到了汉字的深刻意义与丰富内涵，也让大家充分感受到中国字的美丽与多彩。

在三中，既有着和鲁时光、纪聪涛老师一样擅长书法、爱好书法的同学，自幼陶醉于传统书法文化，也有着根本缺乏书法基础，对着自己的笔迹黯然神伤的求真向美之人士。但有共同的一点，大家都有着异常澎湃的热情，积极地联系教师、下载制作教学视频、订制用具。每天中午聆听书法技巧讲解，然后或冥思苦想或伏案疾书……每天写好一个字，都会令我们欢欣雀跃。书法社团让我们陶醉于小篆、隶书、行书、草书，惊叹于《兰亭序》《多宝塔碑》《快雪时晴帖》……丰富了知识，开阔了视野，也找到了志同道合的好友，收获深厚的友谊。

书法社的教学观摩活动和作品展览活动正在一项项落到实处，内容按部就班有条不紊。在社长的带领下，书法社正带着初生的朝气缓缓成长。

二十九、英伦美奂社

社团宗旨：以英语之名，助三中成功。

特色活动：英语口语角　美剧采风

社团概况：

本社团是由哈三中团委和社团联合会为三中学生打造的梦想航母。目的是结合中西文化的精粹，启发参与者的创新性思维；以寓教于乐的形式，激发参与者学习英语和应用英语的热情。希望可以激发同学对英语的热情，提高同学的口语能力，给有兴趣的同学提供平台和机会，让同学们全面发展，充分锻炼同学的综合能力，缓解学习压力。

社团的活动形式分为：话题讨论、名著阅读、节日派对、文化简介、电影赏析、专家讲座、英语戏剧、学唱英文歌、英文饶舌、趣味配音、重温美剧经典对白等。社团成员可以有机会参与和国际部合作的专家课堂，讨论当下最热门的话题，了解海外各国的风土人情。

英伦美免社自成立以来，在我校的艺术节等大型活动中表现不俗，表演的节目生动形象，英语对白发音准确、流畅，深得学生喜欢。

三十、英语fashion秀社团

社团宗旨：提升口语，放眼未来。

特色活动：英语话剧　英语问答　歌曲鉴赏

社团概况：

英语fashion秀，一个致力于提高同学们英语口语的社团，一个每次活动形式都不一样的社团。

社团成立的2015年9月份至今，每次活动都如期进行，迄今为止，我们一共组织了6次活动——英语单词的发音、英语发音技巧及段落练习、英语话剧排练、英语问答游戏、英语自由话剧和英语歌曲鉴赏。力争让活动具备趣味性又有意义，让同学们受益。

讲座活动上社员在黑板上详细地进行单词的讲解，社响艺术节上英语歌曲串烧的节目的展示，提升了大家的信心，各位英语组教师也对社团的口语提升大力支持，让我们有了更多办好社团的动力。

三十一、羽毛球社社团介绍

社团宗旨：志存"高远"，"扣响"青春的大门。

特色活动：羽毛球技巧培训活动　羽毛球大赛

社团概况：

羽毛球社团由2014级6班李尚创办。

羽毛球社秉承"志存'高远'，'扣响'青春的大门"的宗旨，面向高一同学，通过讲解、训练、比赛等方式，让同学们熟悉并爱上这项普及率极高的运动，并且能在繁重的学业中放松身心，增强体魄，锤炼意志，展现跳动的青春。

也许每个人心里都有称霸一方闪耀全场的梦想，每个人都向往你们自己身上充盈爆炸性的力量。但天下没有白吃的午餐，没有群羽飞扬的艰苦训练，就没有你的一路进步与实现梦想。

社团的训练在每天中午，专业的教学队伍，冬暖夏凉的球馆和具有精湛的球技的前辈，为社员们无偿地提供技术指导，这也是别的社团不具备的强大实力。羽毛球社让哈三中学子释放了学习的压力，让哈三中学子挥洒无尽的才华。

我们真心希望哈三中的羽毛球社成员怀着一颗热爱羽毛球运动的心，用热情点燃青春的激情！

三十二、御心社

社团宗旨：御心灵之窗，悟心灵之语。

特色活动：心理学研讨（学子讲堂）

社团概况：

御心社，顾名思义是研究心理学的社团组织。社团成立的初衷是因为一些具备心理学系统知识的年轻学子对心理学的热爱与虔诚。

综合看来，西方重心理学，丹麦与欧洲的其他中学的心理学社团发展遥遥领先，而国内的心理社团开展和交流学习还处在起步阶段。很多的哈三中学子对心理学并不是很了解，沧海横流方显英雄本色，应运而生的是哈三中的心理社团——御心社。其成立目的就是让更多的人了解心理学，热爱心理学。

御心社活动的展开形式主要以授课为主，比如古典心理学再到近代的应用心理学，让同学们360°无死角地充分了解心理学，能看出一些生活现象中反映的心理学知识和懂得如何在生活中运用心理学。社团的成长离不开三中师生的支持。"不忘初心，无愧于心"，是所有心理社团人的心中美好愿望。

三十三、指间绚彩社

社团宗旨：指尖绚彩，解压益智。

特色活动：校园趣味比赛　指尖吉尼斯

社团概况：

指间绚彩社的活动主要以锻炼手指灵活性、开发大脑为目的，主要以益智玩具和手工折纸为活动工具。本社团已开展六块/九块孔明锁的解法、九连环的解法、木拼玩具的组装、巧解鸳鸯扣、川崎玫瑰的折法、多米诺骨牌、搭建比萨斜塔等活动，未来将延续精彩，开展更多的活动。

指间绚彩社的活动很多，意图将学子带进一个奇妙、可以用自己灵巧的双手造出梦想的地方，让学子共同领略，在活动室中，大家学到了多角度的思考和面对困境解决问题的方法，对高中阶段的学子提高抗挫折能力，有着重要的意义。而不唯书本，乐于创造，开动思想，也可以锻炼社员的手眼协调能力。

希望社团的多样活动，给三中校园文化生活增添一抹亮丽的风采。

三十四、志愿者社团

社团宗旨：但行好事，莫问前程。

特色活动：社会志愿服务活动

社团概况：

哈三中志愿者社团成立于2012年，是一支由校团委老师和第一任社长孙慧熙共同努力、一手承建而逐渐壮大的优秀队伍。

如今社团已有数十名骨干，在社团和校方领导的共同号召下，校内注册志愿者的师生达3 000余人。在团委老师帮助下近年来社团得到了迅速发展。

社团曾进行过学雷锋松花江边捡垃圾、全民参与关爱艾滋病孤儿的大型公益活动和新春佳节为抗联老战士送欢乐、缅怀先烈祭祀等校内外大小型活动。

社团曾获得2014年度志愿服务活动先进集体称号。历届社长曾获得联合国青少年爱心大使、第九届优秀"中国青年志愿者"、2015年哈尔滨市学雷锋先进个人、入选第二届"十最百美冰城好人"等荣誉称号。

是什么让志愿者联盟能有如此光辉的历史，是什么让志愿工作能有如此收获？

是它的灵魂。志愿者联盟的灵魂是积极与稳重，"Keep calm and carry on"（保持冷静，坚持到底），作为五大社团之一这就极其重要。志愿者联盟的每一次例会都会迸发出笑声。每一次活动结束后，同学们都会带着笑脸。但在一次次欢笑中，我们也在稳步地进行着提升，从招新到换届选举，每一个环节都进行得十分平稳，这点也很重要。稳中求进会让任何一个组织更具有生命力。

志愿者联盟的灵魂也是"但行好事，莫问前程"。它讲的不仅仅是做好事不求回报，也是对行好事的一种信念。活动过后，每当我们有所回味时，都会觉得那是值得的。

三十五、哈三中擎锋足球社

社团宗旨：热爱足球，热爱三中，热爱生活。

特色活动：校内年级足球赛　哈市青少年组足球赛

社团概况：

哈三中擎锋足球社，成立于2013年10月，首任社长是2012级梁森童。

哈三中擎锋足球社是一个年轻的组织。虽说足球是世界第一运动，在三中也早已普及。据说早年的白羽老师和张俊生老师组织的三中足球队和后期韩sir、宏明与李宁组织的三中"祥之队"，都是坊间赫赫有名的哈市业余球队，在这样的优良氛围熏陶下，课间和中午时分，可见三中众多的足球迷驰骋绿茵场。问题是三中爱好者多则多，但足球爱好者并没有具备相当程度的技战术素养。于是这些足球小将们，群策群力，成立了三中的学生足球社。

为了更好地适应足球训练和比赛，足球社坚持体能基础训练，除此之外，还要进行技战术培训，明确每个队员适合什么位置。面对大家都想当前锋去进球的想法，社员们还要进行沟通和较量。这些既锻炼了社员的身体，又促进了社员的正当竞争和交流。

左树声说："是男儿就该踢球！"足球社员们热爱足球，热爱三中，热爱生活！

三十六、哈三中支教联盟

社团宗旨：志向高远，素质全面，培养能力，服务社会。

特色活动：为农民工子弟、留守儿童、少数民族学生、偏远县（区）中小学生等提供多渠道的义务教学辅导

社团概况：

为了建立哈三中更加完善的社会公益组织，有序开展各项公益支教项目，弘扬哈三中"志向高远、素质全面、培养能力、服务社会"的优良传统，实现哈三中学子更好地帮助那些需要帮助的人的公益梦想，展现哈三中的育人情怀，由高一同学发起，众多优秀同学共同组建的非官方非营利

性支教组织"哈三中支教联盟"正式成立了。

哈三中支教联盟旨在充分利用哈三中高素质的在校学生资源，充分调动广大三中学子奉献爱心、服务社会的积极性，建立起一个重点为农民工子弟、留守儿童、少数民族学生、偏远县（区）中小学生等提供多渠道的义务教学辅导及传播正能量的高中生支教队伍。在奉献爱心、锻炼学生、宣传哈三中精神的同时，培养广大三中学子的回馈社会的意识和社会责任感。

能力和责任是成正比的。在支教过程中体会到帮助他人时的愉悦，感受实现自身价值是一种真切的幸福。面对那些渴望知识的双眼，面对那些为贫困暂时束缚翅膀的追梦少年，我们会继续用自己的力量，去推动，去改变，去奉献力所能及的点点滴滴。授人玫瑰，不只是手留余香，更是让香气弥漫到深远。

三十七、哈三中新媒体中心

社团宗旨：以严谨之行，展母校之风。

特色活动：三中大事记　团委公众号推送

社团概况：

哈尔滨市第三中学学生新媒体中心成立于2015年12月，其前身为哈尔滨市第三中学团委学生会、社团联合会《联合培养计划》项目，现已发展成为团委学生会、社团联合会之外的独立机构，是继学生会、社团联合会、广播站、国旗班后的第五个团委直属学生组织。新媒体中心以"严谨细致，服务三中"为理念，以"馨视角、馨工具、馨思维"为工作目标，充分发挥组织特性，通过新浪微博、微信、QQ空间、校园APP等网络平台对学校组织的各项活动、校园新闻、动态信息等进行宣传和报道，并利用新媒体开展一系列学子发展创新活动。

新媒体中心的基本运作方式是通过采集、整理、编辑、制作等手段进行学校大型活动的更快、更准、更完美的宣传，为学生活动创造广阔、规范的环境，并协助团委其他组织完善各项活动的技术性工作。

群力校区新媒体中心现下设四个部门：记者部、编辑部、企划部、技术部，各个部门分工明确、相互合作，严格遵守《哈尔滨市第三中学新媒体中心章程》，为新媒体中心的发展默默付出着。成立以来，新媒体中心在不断地摸索、创新，力图以高效快捷的运作途径来服务哈三中学子。

三十八、哈三中美术社

社团宗旨：以我之手，绘我之心。

特色活动：美术鉴赏讲座　美术史论坛　美术作品巡展

社团概况：

哈三中美术社是哈三中的美术交流中心，同时也是校内所有美术爱好者的聚集地。

作为一个刚成立不久的年轻社团，我们还稍显稚嫩，但社团活动却日渐成熟，也深受广大社员的喜爱和支持。

社团活动主要以各种交流美术知识和学习绘画技巧为主，兼有中外美术鉴赏及美术史研究学习。通过对多种美术类型的学习和认识，以及中西方美术史学习及美术鉴赏，社团成员的艺术鉴赏力逐渐提升，从简单手绘插图到观赏性较强的油画，从不懂绘画到侃侃而谈，社团成员的绘画技巧及美术鉴赏力都得到了显著提升。

正是因为有了发现美的眼睛和拿着画笔的双手，社团创立以来，已经有多名社团成员在学校组织的大地彩绘、手绘T恤活动中，取得了优异的成绩；社团成员所在班级的班报评比名列前茅，这正是因为我们满怀着让生活变得更美的期冀和渴望用画笔点亮生活的愿望。

在今后的日子里，美术社还会继续前行，为广大社员提供更多展示自己的平台，创办更多有价值有创意的社团活动，让每位社团成员都能在这里画出自己心中那幅最美的画卷。

三十九、哈三中航模协会

社团宗旨：飞起的是梦的高度，翱翔的是心的距离。

特色活动：航模设计与组装　省市级地区赛　航空摄影

社团概况：

哈三中航模协会成立于2015年10月，由南岗校区朱凯嵩、群力校区齐烽联合组建，经过漫长的发展，如今已有火箭部、固定翼部、直升机部、多轴飞行器部四大分部，分跨南岗群力两个校区，有同步相应的有关活动与培训，并且在大型比赛、活动及集训时都有大型的跨校区联谊活动举行。

社团由指导教师罗富华老师亲自带领，并在南岗与群力两个校区都设立专属的活动教室和仓库，在保证社团活动质量的同时更增加了社员的自主性。此外在《中俄科研类飞行器比赛》与《黑龙江省研究性无人机比赛》中分别取得个人、团队一等奖的好成绩。另外航拍这项热门的活动也极大地提高了社员的积极性，也更加丰富了校园生活，为三中校园文化更添一抹新绿。我们的哈三中航模协会——因梦而生。

四十、多语种社

社团宗旨：言葉を楽しく習って，美しい生活を感じる。（快乐学习语言，感悟美好生活。）

特色活动：语言沙龙

社团概况：

多语种社成立于2015年9月26日，首任社长2014级20班王超然将一群热爱语言的同学"拢"在了一起，组成了这个温暖的"家"。

"语言是美丽的，它是连接人与人心之间的桥梁，它可以传达你心之所想。语言就像跳跃在五线谱上的音符一样婉转动听，给人宁静之感。多种多样的语言点缀了这个多姿多彩的世界，可以说没有语言，世界将是一片昏暗。"这便是语言，一个全世界所有人都必须去掌握的技能，一个组成这个世界必不可少的元素。多语种社的每一位成员都被语言的美所吸引，沉浸其中。而我们的目的，就是让这些热爱语言的人更好地去了解与掌握更多的语言。

因为有一群热爱语言的人，所以有了多语种社；因为这群人的坚持，所以有了现在的这个慢慢走向成熟的多语种社。学生讲师写出的满满一黑板的板书诠释了他们对语言的爱，社员们丰富的笔记诠释了他们对语言的渴望。活动中大家一起朗读课文就像是在唱歌一样婉转动听。每一次语言之间的碰撞，都表现出了大家对语言的热爱。一切的一切，都那么美妙。

作为哈三中社团大家庭中的一个新成员，我们每时每刻都在慢慢成长，慢慢成熟。世界那么大，我想去看看。而掌握更多的语言，是看世界的一大前提条件，因为语言是世界的通行证。

四十一、I.AM.动漫社

社团宗旨：I love animation very much.（我爱动漫。）

特色活动： 动漫绘画研讨　动漫作品巡展　动漫配音赛

社团概况：

I.AM.动漫社是哈三中的特色社团之一，成立于2007年，是哈三中成立时间较早的社团。其前身是由热爱动漫的学生组成的"同好团体"，后逐渐发展为包括绘画、Cosplay、动漫交流的社团组织（2011年，Cosplay部独立）。动漫社社团活动不仅局限于动漫，更旨在通过动漫去品读当今社会，了解其他国家的人文环境，开阔大家的视野。

经过多年的社团活动及哈尔滨动漫游戏周边产业的迅猛发展，越来越多的人对动漫产生了浓厚的兴趣，并为之付出。哈三中动漫社无疑是其中的佼佼者。在哈三中第一届"浮声魅影·影视作品配音大赛"中，社长韩昱与副社长孟令育凭借国产动画《十万个冷笑话·哪吒篇》的配音夺得了大赛第二名的好成绩。2015年9月6日，我社与哈尔滨市第十四中学动漫社建成友好关系，并就社团规划和发展问题进行了深入交流。2016年1月14日，我社与群力校区M.C.Cosplay社和南岗校区A2动漫社结为战略合作伙伴关系。三方的联盟组织名称经讨论后决定为"哈三中ACG联盟"。

岁月驰骋，定格了白驹过隙间悠悠似水的流年，恰同学少年，就在社团这片美丽的土地上，谱写了属于自己如诗如画的乐章。熟悉的校园里，流下过自己的汗水与眼泪。那在三中社团这个大舞台上的热忱与付出，欢笑与哀愁，一幕幕出现在眼前，在这里我们种下希望，收获成长；种下勤奋，收获能力；种下友谊，收获相知。嘤嘤鸣矣，求其友声，在社团我们结识了良师益友，我们获得了知识与能力……我们那时相逢社团，一点一点地扎下我们的根系，让我们的生命昂首怒放，充满力量。感谢三中，感谢那些和我们生命一同怒放的社团！感谢你们给了我逐梦的翅膀，给了我勇气与力量！

第三章

星语·破茧

Xingyu
Pojian

各美其美
共
芳菲

Gemei Qimei
Gong Fangfei

模联那些年

◇张天璞

2008年春季的一天清晨，一行七八个人匆匆地走在北京某大街上。虽说是风尘仆仆，但看这一票人西装革履、器宇轩昂，倒也不似闲杂人等，大抵是赶着去做什么重要之事。

"喂，我说你怎么连领带都不打？"一位高个子队员看着旁边一位稍矮的问。

"带着呢，到了会场再打。"矮个儿答道。

"何必呢，多麻烦。"高个儿讪讪地咕哝着。

这时一位貌似是带队的女士插了话进来："他臭嘚瑟呗，想跟别人都不一样。"

矮个儿脸一红，把西装的V字领整个立了起来，假装是挡风，其实则是想挡住自己因为被看穿了小心思而略微发红的脸。

路途并不长，这一路说说笑笑的人很快便走到了目的地。只见眼前矗立着一栋不高却颇具风骨的建筑，定睛观其名，曰"英杰交流中心"。

那是我第一次去参加模拟联合国，是北大办的，那一票人是我所在高中哈尔滨市第三中学代表团的同学和老师们，而那矮个儿就是我了。这一晃，都8年了，而那次的模联和那些年所有模联的点点滴滴，到如今依旧在我脑海中浮现，画面感十足。

2006~2009年我于哈三中就读期间，正赶上一个学校发展承上启下、思潮转型的时代。哈三中校风一贯包容开放，而包括我本人在内的很多学生，都渐渐产生了一种拒绝拘泥于书本、想要走出去全面发展的愿望，而模联正是在这个时候走进了我的生活。当时北大刚从美国引进模联不久，哈三中因其盛名，早早地受邀派团。截至2007年我本人开始参与，已有过几次参会记录。早先都是当一般交流活动做的，校方会出面临时招募英语能力较好的同学组团参会，但没有设置永久性校内模联组织。

2007年起，主抓模联的英语组吴霞老师、张莉老师以及王明伟副校长认为有必要效仿外省高中成立永久模联社团，放手让学生负责组织、培训以及全国性大会的准备工作，以最大程度利用模联给学生们带来的提升综合素养的机遇。而我就是在这样的大背景下荣幸地成了哈三中首任模联社主席。那些年我做的事有两件：代表学校去参加模联及管理模联社团。

当时我最喜欢出去参会。年轻人，本来就爱新鲜，能去趟首都北京或者上海，还是去北大或者复旦那样的名校去展示自己，想想就觉得心潮澎湃。会前组织方一般会安排同一个会场的代表们互相认识，破破冰。也不知道他们是否晓得，我们开会几个月之前就已经开始在QQ上沟通了，可能还互发过照片，如今见面倒是有种老友相逢的感觉。

开会的时候更有意思，大家在会场上用英语唇枪舌剑，散了会一大堆人一起圈在一个宾馆的小房间里准备第二天会议用的各种文件。如果是夏天，还没有空调，各位"外交官们"便当真是汗流浃背，一边喂蚊子一边夜以继日地赶工和做场外斡旋。有时太晚太累，就叠罗汉似的睡在一屋子，不少还穿着西装。第二天大家伙都顶着一双熊猫眼、穿着挂着褶子的西服，一边打哈欠一边再继续代表着自己心中的祖国奋力拼搏，抑或为了全世界人民之疾苦奋笔疾书，团结各邦，采取行动。我当时总觉得，如果我们长大了，真的做了外交人员，也这般拼命，那么这个世界一定会变得更好。

一般会议结束了会颁奖，大家都想拿最佳代表，但很显然名额只有一个，所以到后来我也就抱着一种重在参与的心态了，而且其实会议结束后所有人都惦记着另外一件最有意思的活动：地球村。北大很够意思，把整个交流中心都留出来，给各国代表准备展台展示自己的民族特色。记得我在北大代表的是卡塔尔，所以还特意从服装城订制了阿拉伯大袍和头巾及绑绳。当时天气已经有点热了，但我和安理会的搭档就这么穿着那布料不怎么透气又容易起静电的袍子，绑着头巾在展厅里走来走去，宣传卡塔尔的民俗文化等。不过走走的好处也是有的，其他国家的展台上，少不了好吃好喝的，也有好多其他的奇装异服，真正的一个地球村。于是大伙就这样一起吃吃喝喝照照相，畅谈一下人生理想、以后的打算，最后也不忘互相留下联络方式，就这样开开心心地结束那几天的活动了。

参加了三次全国的模联，每次情况，大抵如此。那个年代，中国的精英高中生们都会去参加模联大会，每次去参会都能碰见好多有意思的青年才俊。许多年后再看，他们之中好多都走出了国门去海外打拼，如今大多颇有建树，甚是有种龙行天下的感觉。我与很多当年的模联同仁依旧保持着联系，逢年过节互致问候。行李往来，做客家中，岂不乐哉。

然而，事后观之，让我受益最大的，并不是参加模联会议本身，而是组建和管理哈三中模联的日常。哈三中不愧是知名学府，在黑龙江全省尚对学生课外活动不大支持甚至颇为反对的背景下，文章初始提到的几位负有远见的老师和校领导就决定成立社团并放手让学生自己去干。我是首届主席，在英语组老师们的帮助下，从社团的架构设计、常驻委员会招募、成员选拔和培训、针对全国性大会的准备工作，一应事项，通通都抓了起来。这些项目列出来也就是两行字，但是个中精彩却是只有做过的人才知道。记得那时候设计海报，也是脑洞大开，用了很多修辞性很强的问句摆在宣传海报的开头，甚至还编了几个勉强能算作打油诗的顺口溜给同学们介绍模联。选拔成员的英语听力和笔试题也是我从英国广播公司节目里面节选出来并编辑成试卷的。之后再要跟英语组的老师们一起商量设计英语的口试流程，并分工面试官选拔社团成员。这协调工作也是种考验，学业压力本来就大，自己的时间其实并不多，而英语组的老师们很多是需要带毕业班的，所以如果需要汇报工作或者请求帮助，只得想方设法管理好时间。有时候还会遇上社团成员的班主任老师不愿意让学生花太多时间在课外活动上的情况，这时也只有登门拜访、走它十几个班的教室去跟老师们保证不会耽误太久；抑或是去老师们的办公室卖卖萌、要要赖，想尽了各种办法。这些做下来，总算社团初成建制，没有耽搁参加全国大会，而很多外班的同学也都熟悉了我这个到处"安利"模联的矮个儿。如果说人总要长大，那我想，我就应该是那个时候开始的吧。

2009年起，我离开祖国赴美求学，尔来将近七年。这期间在美国的大学里，课余生活的选择变得丰富起来，但时不时地，我也总想去那模联社凑凑热闹。后来我在美国念法学院，除了必修课之外，念了不少的国际法，毕业后将要去供职的律所，恰好也以解决国际法律争端著称，大抵是受了模联那些年的影响，心中早已住下了一个地球村，再也放不下了吧。模联对于我和很多21世纪初的哈三中模联人，都不只是一种课余活动。它承载着那个年代的我们奋发向上的梦想，记录着我们成长的酸甜苦辣，伴随着我们一路向前——像那2008年春天走在北京某大街上的一票人一样，一路向前。

那些年，我们一起模联。

【作者简介】

张天璞，2006~2009年于哈三中以第一任社团主席身份，组建哈三中首个模拟联合国社团，2008~2009年，先后在北大、复旦和蔚蓝国际模联中崭露头角，以每会一奖的完胜记录，集齐了当时全国性模联的所有个人最高奖项，2010年复旦大学全国模联中担任主席团成员。凭借出色的个人综合背景和2360分的SAT成绩，考入蝉联全球商业教育榜首的美国宾夕法尼亚大学沃顿商学院，攻读通用管理学专业。沃顿期间担任全球最大的华人青年领袖平台，全球中国连接（Global China Connection）宾夕法尼亚大学分部主席，2013攻读法律博士（Juris Doctor）学位。业余时间，天璞撰写的多篇论述美国社会现象和法治的文章被知名媒体发表或转载。

感谢三中　感动模联

◇苏丹

　　我在高一的时候接触到模拟联合国社团，当时在模联会议上看到学长学姐们谈吐自如的样子，让我萌生了加入社团的愿望。现在回想起来，加入模联社团在很大程度上改变了我之后的生活轨迹，因为模联作为一个平台让我的眼界与国际接轨，也为我毕业后留学美国奠定了基础。当我在模联会议上模拟国家代表思考问题时，我逐渐意识到在自己生活的小圈子外，还有一个更大的世界，在这更大的世界里有高新的技术，有繁复的生态群落，还有长达数世纪的纠纷冲突。我希望更多地了解这世界的周遭，不仅仅是为了扩充知识，更是为了以批判的思维理解和体会世界的多样，理解每种思想、每个种族、每个国家的独特性与合理性，而这种理解在如今这个愈发国际化的世界里尤为重要。

　　我希望身边更多的人通过模联的舞台扩展眼界，并拥有批判思维的能力。于是，我与整个哈三中模联社团团队将一年一度的省内高中生模拟联合国大会推向了东北地区。2011年8月，来自18所高中的350名学生参加了于哈三中召开的首届东北地区模拟联合国大会。我们邀请了来自东北地区多所重点中学的学生作为主席团成员，使整个会议在学术和规模上达到了一个新的高度。通过模拟联合国的平台，我和许多参会同学有了深入了解美国大学的机会，我们参加海外哈佛模联、耶鲁模联大会，加深了对国际化通才教育的理解，笃定了报考美国大学的心愿。

　　如今，经过四年的留学生涯，我依然感恩模联带给我的改变，因为模联的经历让我时刻关注世界大环境的变化，并体会文化融合的重要，这样的改变影响着我的交友圈与事业抉择，并塑造着我对世界的认识。

【作者简介】

苏丹，哈三中2009级学生。就读期间担任哈三中模拟联合国社团社长，组织召开首届东北地区高中生模拟联合国大会，并担任大会秘书长。毕业后就读于美国莱斯大学，主攻化学与分子生物工程方向。大学期间曾实习于Jefferies & Company和Tudor, Pickering, Holt & Company 等国际投资银行的休斯顿能源投行总部，担任能源部投资银行实习分析师。毕业后将加入位于美国休斯顿的德勤（Deloitte）管理咨询部，担任企业管理分析师。

各美其美

共芳菲

Gemei Qimei
Gong Fangfei

哈尔滨市第三中学校社团发展中的问题及对策研究

模联之于我

◇吕晟元

　　我还记得在哈三中上学的时候，有一门自愿报名的考试，叫作模拟联合国社团纳新考试。虽说是自愿，但大多数人都会选择参加。考试的那个晚上，高一教学区基本不剩下多少人，负责组织考试的老师拿着便携的音响在各个考场播放听力。笔试先要毙掉了90%的人，随后的面试再毙掉50%的人。

　　我最终惊险地加入了模拟联合国社团，当我看到写着我的名字的红纸贴在学校的阳光大厅里，我一下子跳到了我的朋友的身上。所有入选的人在进行了几次必要的模联知识培训之后，就等着参加一些会议了。

　　我希望我能够通过我的文字向你们描绘出会场上的那种紧张的气氛，或者是"外交官"之间语言的交锋。但是作为一名并不出色的前模联人，为你们描绘众多的会议场景去激起肾上腺素浓度的提高实在是太困难了。当然，的的确确有一些记忆冲击着我的回忆，对我今后产生了不小的影响。

　　2011年3月，我去上海参加了我的第一场全国会议——HMUN CHINA，哈佛中国模拟联合国大会。当时我是英国代表，分到了一个非常棒的国家，不是吗？但是我们却没能主导整个会议，澳大利亚是当时的主导者。像我们，就只能另组一个阵营，努力跟进，虽然这样，在一些议题中还是失去了主动性。

　　会议快要结束了，对方阵营即将写完决议草案。为了能够让决议草案尽早提交，并且得到大多数人的支持，我们选择了一个国家写一部分，最后合在一起这样一种在模联会议中常见的做法，可是这种做法的风险却被我们忽视掉了。

　　我们终于把决议草案上交，觉得可算是没有被落下太多，虽然我们

63

的文件可能通不过，但至少还交上去了一些东西。会议一点点继续推进，我们的决议草案却迟迟没有印发全场。在下一个自由磋商的时候，会场主席将决议草案的主要起草国聚集过来，跟我们确认这份问卷的确是我们所写、我们提交的，然后主席告诉我们这份决议草案里有一句话和维基百科里一句话完全相同，于是整份文件被判定为抄袭，不再印发。

好吧，这是个意外收获，开个会还多学会了一个单词叫plagiarize。

当时我脑子里就懵了。我没想到就因为一句话没标明出处就使用就会被判定为抄袭，我也没想到就是一个模联会议，会场主席竟然会动用查重系统。当时也没有办法生气，只想着做一点补救措施，但也无法挽回大势了。

在后来的日子里，我开始关注一些学术上的规则，我知道我在学术场景的表达当中应该更加注重严谨，我知道有一些底线我们是不能碰的，这种较真在我的日常生活中为我增加了一些压力，比如在编辑校报的时候不舍弃任何一个为文字和图片原作者署名的机会，但我认为这是值得的。

我在模联圈里就只待了一年就退出来了，后来就只有在人人上看大家分享各个会议照片的份了。大家在网上传播的基本上都是某个会后的社交活动，或者是决议草案变成决议的嘻嘻哈哈。我们在会议期间被打上了一针针鸡血，穿上正装就好像一夜变成大人一样，将"改变""领导""世界"这些词放到嘴边就好像我们真的做得很好。在会议期间这些词汇不断地刺激我们，可当会议结束了，模联在我们身上究竟还能留下多少烙印？如果我有一天还会回到模联的这个圈子里，我会站在讲台上，给他们讲我的故事。

【作者简介】

　　吕晟元，哈三中2010级毕业生，在高中期间曾担任哈三中学生会副主席。现就读于山东大学环境科学专业，对教育行业感兴趣。

各美其美
共
芳菲
Gemei Qimei
Gong Fangfei
——哈尔滨市第三中学校社团发展中的问题及对策研究

心有多远，路就有多远

——从模联社团浅谈领袖型人才的培养

◇王美

2014年9月初，我很荣幸地收到了何显贵老师的约稿邀请。为三中的社团活动系列丛书贡献一点浅见。书的题目让我产生了很深的共鸣。三中培养的不仅仅是一个学生的学习能力，从三中毕业，我对这一点感触颇深。三年的三中生活，让我成了一个更加创新和全面的人才。借由这篇文章，我把自己在三中的环境里收获的成长加以提炼和总结，希望能给读者以启发和借鉴。

在三中担任模拟联合国社团主席是我最为难忘的经历。模拟联合国社团是三中最大的社团，每年会从三中1 500余人的新生中选拔出70到80人参社。社团以模拟联合国组织的形式对国际问题进行讨论、磋商，并最终形成多方同意的决议草案。与会的每一个社员都会代表一个国家。社员要对该国家的国情做准确彻底的调查研究，以确保在会议当中能站稳立场。模拟联合国锻炼的是一个学生的调查研究能力、表达能力、宣传调动能力、团队协作能力等，极大地拓展了学生的视野，也因此成为三中最受欢迎的社团。

从一名社员成长成为社团的主席，我充分意识到所谓领导力并非与生俱来，而是通过不断培养和锻炼造就的。这种锻炼是从成为一名社员开始的。一如本文的题目，不论你是否是一位领袖人物，心有多远，路就有多远。

成为一名领袖型人物需要调动力。从最基本的活动开始，我开始有了视角转换，琢磨如何使自己的影响最大化。模拟联合国会议最终评奖阶段占比很大的一个指标就是看你能否把在场的各个国家代表联合起来，同意和你合作产生影响力。我很清楚地记得自己的第一次模联会议，那是三中为了准备出国参加哈佛大学会议的小型校内模拟会议。虽然我开始做了充分的学术准备，面对如此激烈的辩论还是心里拿捏不准切入点。从加入小的国家团体开始，我分析他们的观点，加以总结。逐渐从经济市场找到了契机。通过联合一些小国家，我们开发了一个市场拓展模型。接下来的会议就是不断地阐述我们模型的优点，团结更多的国家。当一个团体的成员增加，它的调动力也就更大。随着国家数量的增加，我们的团体越来越有发言权，影响力也越来越大。趋近会议结束的时候，我们成功地通过了自己的决议草案。调动力的体现在影响力上，影响力越大，领导力越强。

成为一名领袖型人物需要有开放的、创新的思维。生活在这个大千世界里，我们时刻都在形成对周遭环境、人和事物的认识。有的认识我们甚至从此固定在脑海里，轻易不会改变。在我担任模联主席期间，令我印象最为深刻的认识就是不要带有偏见地看问题，采纳每一个提议。同时要时刻更新对事物的认识。成见有助于人快速地认识事物，却不利于人保持开放创新的思维。在三中举办的黑龙江省模拟联合国会议上，我和整个社团试用了全新的联大联动系统。它能把所有联大委员会串联起来，将一个委员会的决议延伸到整个系统，可以支持240名以上的代表同时讨论一个议题的不同方面。这个学术体系正是我和3名优秀社员一同构想出来的。其中一个社员是候补加入模联社团里面，并没有在历次会议中表现优异。我十分惊异他会是为数不多参与发明这个体系的社员。进一步讲，开放创新的思维会建立一个未来导向型的思考模式。这种思考模式有助于创新意识的形成并强化创新的能动力。领袖人物不一定是最具有创新思维的人，但一定是最会追求创新并及时将灵感付诸实践的人。

我十分庆幸自己选择了三中，在这个环境里见证了自己的成长，见证了三中教育理念的独到之处。通过三中的社团活动，学生学习之外的能力得到很好的提升。超前见识和突出能力的结合使我成了一个全面的领袖型人才。我的老师常说，美好的选择可以造就一个人，而正是三中给我的选择才造就了今天的我，让我有机会有能力去创造一个更新鲜缤纷的世界。

【作者简介】

王羡，哈三中2011级学生，曾任校模拟联合国社团主席，学生会副主席。任模拟联合国社团主席期间，曾举办过黑龙江区域模拟联合国大会，成功实践联大联动系统。现就读于美国杜克大学。

各美其美
共
芳菲
Gemei Qimei
Gong Fangfei

哈尔滨市第三中学校社团发展中的问题及对策研究

模联·磨炼

◇尚晋

　　还记得高一刚开学的时候，那时的我还是个初中刚毕业不久的毛头小子，班长来通知模联社团报名。当时的我觉得这个社团听起来很高大上，由于我自诩英语还不错，便积极踊跃地报了名。谁知道，模拟联合国这项活动竟然伴随了我整个高中生涯。

　　可以说，模拟联合国是我高中三年参加的最有意义的活动，没有之一。在我加入社团的2012年，自北京大学将模联活动引入高中已有五六年，那时又正值出国留学热潮兴起，而商赛等其他活动还未普及，可以说是模联活动正如火如荼的几年。同时我校作为东三省最早开办模拟联合国社团的学校，在吴霞老师和历届主席的带领下，在模联活动上有着丰富的经验。在模联在全国高中盛行而我校拥有全国顶尖的培训队伍的背景下，我可以说是搭了个顺风车。

　　模联活动中最主要的自然是参加会议了。得益于模联活动正值巅峰时期，各种大大小小的会议可谓是层出不穷，我也有很多机会表现自己。虽然会议规模有所不同，但是每次会议前我的心情都是一样的激动。在开会前几周代表们就要开始对议题和所代表的国家进行调研，同时完成立场文件，而在会中则要用英文完成一次次的演讲和交涉，同时还要书写大量的文件。最开始的几次会议中由于缺乏经验和英语不流利等种种原因我都表现得不尽如人意，但是在老师与前辈们的帮助下，不出几个月我就从零经验的新手变成轻车熟路的"大师"。

　　每一次开会对于我都是难忘的经历，会前代表们就开始在各个国家之间斡旋，用尽一切办法让全会场的人认识自己，成为潜在的"合作伙伴"。会中我们唇枪舌剑，各个国家集团明争暗斗，希望更多同僚支持自己。即使休会期间大家也不闲着，代表们想尽一切办法冲破组委会宵禁的限制（如果有的话），凑到一起完成一篇篇工作文件，每天往往要熬夜到凌晨才能入睡。而到了清晨又要爬起来前往会场进行新一天的磋商，即使再困再累也要为自己的国家争得利益。我想，只有这时候我们才能理解外交人员的辛苦吧。

模联对我最大的帮助之一就是提升了我的英语能力。由于在学校课业繁忙，参加模联活动是我为数不多地沉浸在英语环境中的机会，从演讲到交涉到处理文件，一律都是全英文。因此虽然每次会议只有两三天，但是全英文的环境使我的英文表达和写作能力有了很大的提升，我相信我托福能取得117的高分与我的模联经历是分不开的。

除此之外，参加模联会议还开阔了我的眼界。我因模联会议"出差"到北京、上海等城市十余次，高一的寒假我们甚至去纽黑文参加了耶鲁大学模联会议，不仅见识了各地的风土人情，还结交了天南海北的朋友，让我得以与全世界各地的精英交流。可以说只有模联才能给予我这种国际化的视野。

高二成为模联社团主席后，我的管理组织能力更是得到了历练。从社团纳新的宣传到代表的日常培训，从全国大会的名额竞选到带领学校的代表参加会议，从管理十几人的会场到组织东北三省几百人的大会。这些东西说来轻巧，但是在学生课业繁忙、家长不支持参加课外活动的大背景下，每一次活动都极其考验我的协调能力，每一件小事都见证着我作为一名模联人的成长。

甚至到上了大学，模联的经历也一直在帮助我。我的学校常常被称为"小联合国"，因为我们有来自全世界130多个国家的学生。得益于我在参会期间对各个国家的调研，每当一个同学告诉我他来自哪个国家时，我总能说出一些常人不知道的该国的政治经济状况，常常令别人叹为观止，也让我结交到了许多挚友。

三年间，是模联见证了我从一个稚嫩的代表成长为一个受人尊敬的主席。我相信，不论我身处何地，都不会忘记那些年我在会场上挥洒的汗水，在房间熬夜书写的文件，和与我共同在全国大会上拼搏的同僚们。我们都不会忘记我们曾有一个共同的名字，那就是三中模联人。

【作者简介】

尚晋，哈三中2012级学生，前哈三中模拟联合国社团主席，前校学生会副主席，现就读纽约大学阿布扎比分校，获得四年全额奖学金。

展示自我，提高自我
——我的社团梦

◇尚东剑

2011年，我有幸考入具有九十年历史、久负盛名的省级重点中学、全国百所名校之一的哈尔滨市第三中学。入学伊始吸引我的不是"全面发展、因材施教、打好基础、培养能力、减轻负担、提高质量、生动活泼、发展个性、培养学生的创新精神和实践能力"的育人原则，而是琳琅满目的社团纳新广告。因为立志出国留学，我把目光投向"模拟联合国社团"。

初次体验哈三中社团的魅力是在学校模拟联合国社团的招新大会，模联社团作为我校有影响力的学术类社团，吸引了许多爱好英语、目光高远的同学前来报名。阶梯教室内座无虚席，我和同学们紧张而好奇地等待选拔测试。经过严格的笔试和面试，我荣幸地成为哈三中模联社团的一员，方知什么叫联合国精神，"那是一种追求和平、追求合作的积极精神。模拟联合国协会成立的目的就是通过这个组织让全世界的年轻人真正了解自己生活的社会，了解周围的国家以及世界各地人们的生存状态，这样才能意识到自己肩上的责任，尽自己最大的努力帮助世界上的人民获得更好的生活。也许只有我们更多地了解世界，才能做一个合格的世界公民"，在会议中我亲身经历了模拟联合国会议的流程：阐述观点、政策辩论、投票表决、做出决议，熟悉了联合国的运作方式。多次随学校参加常春藤模拟联合国中国会议2012(ILMUNC 2012)、WEMUN EXPO 2012、黑龙江省高中生模拟联合国大会、OMGMUNC等省内外知名会议并获得一些奖项，在英语学术、人际交往、辩证分析和逻辑思维能力中有所斩获。

随着英语水平的提高，便想用英语涉猎其他领域，正巧2012年的春季学期，学校发布了2013香港理工大学创新与创业精神国际学生创新挑战赛通知，这是一项专为全球中学及大学生而设的国际商业计划书设计比赛，

69

旨在推广学生的创新及创业精神。该比赛从2010年开始举办，已经吸引了来自全球80余个国家及地区的超过370支团队的加入，我校同学们跃跃欲试，欲与来自世界国家的高中生同台竞技。在积极备战比赛的同时我萌生了一个想法："能不能为各位参赛同学提供一个交流平台呢？"通过与校团委老师的积极沟通和正式申请，经过数月的规划和筹备，我校商业精英社团（原名商业计划书写作社团）正式成立，作为黑龙江省唯一一个涉及商业领域的高中生社团，开创了黑龙江省乃至东北地区高中生商业类社团的先河。在日常活动中通过讲解、学习、讨论商业计划书的基本写作规则，提高商业分析能力和英文写作水平，同时邀请高校教授指导选题及写作，最终我校共有3个团队10余人参与此次比赛。虽然没能在众多国际参赛队伍中力压群雄，但我们从中得到了日常课堂上很难获取的知识，培养了社团成员的领导力和创造力。

社团成立后，我们一直致力于打造一个让中学生全方位认识商业、了解商业、融入商业的平台。在社团的不断完善中，融入英语训练，让同学在丰富课余生活的同时充分提高英语能力。2013年夏，应蔚蓝国际的邀请，我校师生赴京参加蔚蓝国际"商而为赢"商业精英挑战赛，在全国近30个代表队中取得前十名的好成绩，并获得"最佳代表团奖"，得到了组委会的一致好评。我作为学术审计和社团负责人参与其中，不过由于缺乏相关的比赛说明和背景知识，必须要从头学起。随着比赛的逐渐深入，我向由北大光华管理学院、宾大沃顿商学院在校师生组成的组委会虚心求教，在这个过程中我逐渐了解了基本理论和游戏规则，也初步体会如何成功的组织一次"商而为赢"比赛。这次比赛我是抱有学习与吸取经验的态度参与，将新商赛概念引入我校，并成功举办一次有影响力的区域性商赛则成为我的梦想。通过这次活动，也为我校商赛社团发展提供了新的机遇。

在不久后，为深入学习和进一步吸取经验，我校又多次组织学生赴全国各地参赛，例如第一届"商而为赢"东北区域商业挑战赛、"商而为赢"线上挑战赛、微世界2014寒假峰会等多项赛事，均夺得了前三名的好成绩，也为学校争得了荣誉。每项赛事我都参与其中，曾担任学术指导、媒体总监、秘书长等角色，不仅提高了学术水平和组织能力，为今后我校能成功举办一次商业挑战赛，更为今后的大学学习打下了坚实的基础。同时，学校团委联合政治教研室开展了"第二课堂"，为社团指派了多位优秀的指导教师，提高了社团的学术水平和影响力。

2013年12月，应蔚蓝国际的邀请，我校成为第二届"商而为赢"东北赛的主办方，作为秘书长，我感到肩上的担子更重了，这无疑对我是一种考验，因为我还没有组织这样大型比赛的经验。数日后，组委会成立，我们积极向学校申请，基本确定了比赛的日期和场地。当然，这只是第一步。随后，我们开始了漫长的外联工作。由于当时东北地区对于商业挑战赛的认知度还很低，我们必须从头做起，联系相关学校学生组织负责人，进而基本确定了参赛人数。欣慰的是，与我们预想的不同，共有260余人报名参赛，同学们的热情感动了会务组成员，但这对我们的学术能力和会务能力也是个不小的挑战。为了更有效率地筹备整个比赛，我们组委会分成了学术组和会务组。学术组主要负责比赛模块的确定，规则的更改与修正以及前期的培训。而会务组负责的内容则更加细致，涉及餐饮、住宿、交通、物料设计与会场布置等诸多方面。由于我曾经多次带队参赛的缘故，我被分配主管会务，在近两个月的筹备期内，我们开了无数次会议，研究了多套筹划方案，处理了很多细节问题，设计了一套近乎完美的物料，唯一的目的就是为同学们呈现一次完美的会议。

2014年4月，在学校领导的支持下，经多方努力，我校成功举办了哈三中"商而为赢"东北区域商业挑战赛，来自东北3省5市18所学校的265位代表，在三天中模拟组建公司，并扮演公司的CEO、CFO、COO等高管，进行市场调研、广告投放、产品研发、市场营销、财务结算、上报报表，比拼各公司的销售业绩。最终来自我校的"Vast公司"脱颖而出，拔得头筹，荣获本次商赛冠军。在成功的背后，我们付出了难以想象的艰辛，多次组织志愿者进行学术培训，一遍遍地排练开幕式流程，分装物料到深夜，比赛首日清晨4点去接站，无数次为代表讲解比赛规则和推演沙盘，熬夜统计成绩。当然，一些突发事件也会让我们措手不及：房型不够，物料袋的发放，比赛时间紧凑，大巴未能按时发车等，这些都考验了整个会务组的危机处理能力。回想过去，在数次比赛中，我经历了从参与者到组织者的转换，每次比赛都能给我带来不一样的感受，获取了不一样的经历，至此，我的梦想也圆满完成。在2014学年，社团方面捷报频传，不仅在各类比赛中获得殊荣，也在新一年社团招新中吸引了众多同学参与，在哈三中乃至哈市学子中拥有很大的认知度和影响力。

最难忘的是2014年7月26日至8月3日的最后一次商赛，从来不写博文的我在"商而而赢"新浪微博上留下了难忘的感想，杂乱无章的博文既描述了当时的心情也反映了社团的发展和创新。而如今，高中生社团活动在我校开展得如火如荼，多年来，学校关注学生的自主教育与发展，坚持开展各类社团实践活动，现在学校社团种类繁多，共有十大类四十余个学生社团，为学生保持个性与发展个性提供了实践的平台，并成为我校学生课余生活的重要组成部分。中学生社团的发展为丰富校园文化和校园生活发挥了重要的作用。在社团活动中，学生的团队精神、责任意识、领导能力、组织能力、个人特长等都得到了普遍的提升。现在，社团实践活动已成为三中的一大办学特色。而我，曾经作为学生社团活动的参与者、组织者、管理者和社团活动的受益者，深感学校的社团活动带给我的巨大影响。如今在美国读计算机工程专业的我，十分感谢母校为我们搭建了这样一个丰富多彩的平台，遥祝母校桃李满天、人才辈出、誉满神州、永铸辉煌。

【作者简介】

尚东剑，哈三中2011级学生，在校期间担任模联成员，参加比赛均获得出色成绩，以优异成绩考取美国北卡罗来纳大学，现留学国外进修计算机工程专业。

今天小社长明天接班人

◇李法帅

　　大家好，我是哈尔滨市第三中学商业精英社团的社长李法帅。哈三中商业精英社团是黑龙江省第一个涉及商业领域的专业性社团，成立于2012年，前身为哈三中商业计划书写作社团。2013年，在校领导的关怀与支持下，哈三中商业精英社团经过重新整合之后重新起航，成了在校团委的领导下、校政治教研组进行学术支持的一流品牌校本活动，同时也是全省规模一流的社团。

　　从2014年1月，我作为一个普普通通的社团成员代表学校参加了第一次全国商赛之后，我便开始了属于自己的商赛之路。从参赛代表到冠军得主，从一名普通的参与者到社团的核心成员再到社团的领袖，我觉得对于我个人而言，社团带给了我很多机遇，也有更多的挑战。

　　从平凡的一分子到一个核心，从一个基层成员到成长为一个领袖。成为社长，让我承担的工作顿时多了起来。接任之初，我只是感到无比自豪，为能够通过自己的表现赢得这个领袖位置而欣然自满。但是慢慢地，我发现商社社长并不只是一个名头，更意味着一种责任，一副压在肩头的重担，需要用辛勤全面的工作来完成老师与学校的嘱托。

　　说到全面繁杂的社团工作，就不得不谈一谈它给我带来的巨大收获。社团工作锻炼了我的组织能力，在平日的校园工作中，要将社员们组织起来，对他们进行专业的接轨大学的商科知识培训和针对各种商赛的比赛项目的培训。在校外参加商赛时，要组织所有成员出行、入住、比赛、归家的一系列流程，这大大地锻炼了我的组织协调能力，同时，在这之中出现的一次次突发状况更是提升了我的心理素质和抗压能力，比如在8月份参加全国赛凯旋后，代表队中一位成员身份证丢失，到达火车站后却无法进入，在时间急迫的情况下，我将其余代表先行送入火车站等候，然后带他

73

与铁路方协商并证明身份，补办了临时身份证并赶在发车前安全登上了火车，保证了大家安全归家。一次次如此的经历让我完成了从不谙世事到成熟稳重的蜕变。社团工作也培养了我的大局观与业务能力。在接任社长之后，我观察事情与工作时从个人的角度更多地转变到了从全局的角度。小到培训时间、地点的选择，大到出行方式、后勤保障的确定。让我更能够站在一定高度思考问题，为所有参与者着想。参与比赛策划的经历，更是让我的业务能力大为精进，与主办方、承办方学校以及入住酒店的一次次协商交谈，更是引领我从青涩稚嫩的小兵成为统筹全局的将领。

可以说，商社不仅赋予了我权力，锻炼了我的能力，同时更多地让学校内热爱商业的同学有了发展的平台。一次次的参加商赛，丰富了大家的商科知识，提升了大家的专业能力。和商业精英、专业人士的接触，也坚定了大家在商业方面的信心。在商言商，商而为赢，而我们，生而为赢！

丰富的社团活动让我成了一名真正的领袖，而遵从校领导指示、带领社团取得更多的成绩、更大的进步也是我以及其他社团核心成员下一步努力的目标！希望哈三中商社越做越强，能够真的帮助到更多热爱商科、热衷商业的学子们。也祝愿哈三中的明天更加辉煌，傲立中华之巅！

【作者简介】

李法帅，哈三中2013级学生，2013级南岗校区五班班长，哈三中商业精英社社长，哈三中校园之星。曾获"省市文明青少年""三好学生"称号。高中期间曾获微世界全国商赛第二名、蔚蓝商赛东北地区赛第一名、蔚蓝商赛全国第二名。

商社管理的思考

◇王一凡

2015年6月，我有幸成为哈三中商业精英社团社长，接手了这个全国知名的哈三中大型精品社团。近一年来，在社团的组织管理上也有了一些心得与体会，便借此广阔的平台，将其分享给全国的高中社团人。

我对社团的概念，或说理解，是始终在变化的。哈三中商社最早是依托于比赛创立的，在初入社团时，我便将之定义为比赛选手培训中心，哈三中商社培养出了一代又一代的优秀参赛队员——全国峰会，两个中文会场的冠军及英文国际会场的杰出公司；中国高中六校联盟全国赛上，在近六十支参赛队伍的比拼中拿下冠军公司奖项。哈三中商社总能在各类商赛中表现出卓越水平，比赛水准毋庸置疑。然而，因比赛而生的社团就真的要为比赛而生吗？在2014~2015年，经历了六次大型比赛后，我才意识到，社团，作为活动组织的承接载体，应该是学生共同发展的平台，是志同道合者共同发扬兴趣的聚集处。换句话说，社团，就是一群有共同爱好的人，共同爱好，便就是社团的名称了。商社，说到底，就是一群爱好商业的人，商社的主体不是比赛，而是这群人，是每一名有共同爱好的同学。似乎这是清晰的，简单的，必然的。但了悟、感受并铭记这一点，却是一切谈及组织、管理、发展的前提。

在明确了前提的基础上，我们开始关于活动组织的讨论。以一字概括组织，便是"链"。在商社的两年里，我逐渐摸索出这条链——"参与、体验、收获、传播"。每次活动组织，大到全国商赛，小到校内讲堂，都应遵循这条链，面向这群人（社团成员或目标学生）去设计、组织、开展。首先是如何让人参与，这就涉及宣传与前期准备展示，任何活动都应该有完备的策划方案与相匹配的宣传手段、力度。以此获得学校的支持、学生参与的热情与相应的影响力。其次体验，是任何活动的核心，为此，

75

活动应有足够的内容部署，明白想让参与者有怎样的感受、怎样的体验，这绝不是一个"好"字便能概括的，体验中的每一项都应经过深思熟虑。在搭建体验后，参与者会自然走到收获这一步，这时，活动的意义便得以真正体现了——参与者能获得什么？知识、能力、素养、人脉、成绩、加分项、可用证书……包含什么，包含多少，这都是设计时该考虑并真实提供给参与者的。最后，便到了传播，它分为两部分，一部分伴随活动全程，比如此次六校全国赛哈三中团委每天的微信推送，作为活动本身由内而外的传播；另一部分是参与者对于活动的评价与宣传。可以说传播是活动对于所有非参与者的一切展现。同时，传播也是下一次参与的准备。这个活动链条，这是社团活动向前迈进时应有的循环往复的过程。

关于社团管理，我也想用一个字——"块"来概括。当社团达到百人规模后，管理层与管理层分工便显得尤为重要。作为一个有学术内容的大型社团，理想的架构应如图所示。

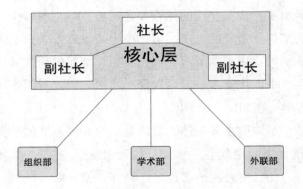

其中，社长与副社长作为社团总裁、代表与负责人，可以随时接管一切工作并负责与校方对接。组织部负责一切活动设计与准备，学术部负责对于一切比赛内容、学术知识的整理、讲授，外联部负责与其他社团进行校际、区际乃至国际交流及与相关比赛、教育支持方沟通联络。各部门及核心层分工明确，又协调有序，工作模块化，又能自由拼接为整体。下面试举一例。

假设举办一场黑龙江省校际商赛，组织部与外联部共同协同相关协办单位部署会务内容，学术部负责比赛规则制定或修改，外联部与学术部共同完成校际宣讲与前期培训。其中，会务内容、学术内容、宣传内容都需要有核心层人员作为第一汇报人全程跟进并知晓实时状态，对接校方做出决策。核心层也可随时机动参与到任何工作任务中。各部门相互配合完成相关组织任务。而一切协调，便在于核心层的管理，核心层人员应有足够的管理能力、协调能力、号召力与影响力。这是社团发展的重要保证。

针对如今中国大型社团发展模式，用一个字概括便是"面"了。由分散走向整体，以点为中心辐射成面是当今大型社团的未来发展趋势，地域内或跨区域联动已成一种潮流，各种社团联合体应运而生，同类社团共同促进，不同社团交流借鉴的风尚促进着全体繁荣与发展。对此，我的看法是应积极融入，避免对立。在共同体中求得整体发展，避免个体差异矛盾，争取作为以点带动区域内面的创立与发展，这是哈三中商社的任务与目标。

作为一名马上步入高三的学生，我也将逐渐下放社团的权利，但放不下的是牵挂。以上便是我对社团本身、活动组织、结构管理、未来发展的看法、思考与感悟。不忘初心，方得始终。一日商社人，一生商社人。我，此生坚信。

【作者简介】

王一凡，哈三中2014级学生，在校期间任商业精英社团社长。

一个商社人的自白

◇朱元英杰

各美其美

共
芳菲

Gemei Qimei
Gong Fangfei

——哈尔滨市第三中学校社团发展中的问题及对策研究

当接过写这篇稿子的任务时，也就是现在，刚刚从商赛中冷却下来的心又莫名其妙地开始了躁动，也许是激动吧，但我想倒不如用难以平复来形容更为妥当……其实这也算不上是任务，本来我们几个社长就打算在"退休"时发表一篇说说来缅怀一下"过去"，这不过是换了一个平台而已。于是坐在桌前，注意力再也无法集中在作业上，我第一次开始尝试着去回忆我所走过的路，回忆商赛所带给我的一点一滴……

第一次接触商赛，当然是从商社开始的，那时的我对商赛毫无概念，只能从字面上来理解，和商业有关，仅此而已，少得可怜，甚至连比赛形式都没有基础的认识，直到第一次培训，第一次碰沙盘，第一次校内模拟……一步一步，我对商赛的认识也加深着，尽管还是非常浅薄，那时的我天真地以为商赛就是要一遍一遍地推演沙盘，功夫下到了，自然就厉害了……犹记得那时我和我的小伙伴们，在培训模拟沙盘时，利用午休时间，一遍遍地推演，也记得当初的"元曦公司"，那属于我们5个人的"元曦公司"在校内赛上的积极拼搏，这些略显稚嫩的经历，却成了如今珍藏的记忆……

之后就是实战了，第一次参加东北地区挑战赛是在10月的长春，就是那时，我开始了解到，真正的商赛，远没有我想象得那样简单，而真正的商赛也远不止沙盘这一项比拼，也正是那时开始，我对周围的世界有了留意，在我们的身边，有哪些不方便的东西值得我们去改进，有哪些先进的理念值得我们去学习，又有哪些别人所没有想到的领域可供我们去进入……没错，这才是真正的商赛中所涉及的真正有意义的一部分，去发现别人所没有注意的，去创造别人所没有想到的，打开原本被应试教育禁锢的思想，思维便不再僵滞，视界也不再狭隘了……当然，还远不止于此，期货交易，待价而沽这个词想必再合适不过了，投资与投机，更是这个项目的代名词，在其中所蕴含的经济学原理更是使我受益匪浅；同样的，使我受益匪浅的还有人际交往，被认为是最基本的社交技能，也正是当代学生所缺乏的，在商赛这个平台上，锻炼自我想必是再适合不过的了。而对我来讲，最为珍贵的应当是友谊了，我的组员们，我的搭档们都是我最为珍视的对象，也将会是我人生最宝贵的财富。

后来，一次次的参赛，大家一次次的合作，一次次的奖项，仿佛都在诉说着我们的付出是有回报的。当然，还有后来一次次参与组织的经历，一次次仿佛"出差"一般的出行，也都在为我的学生生涯点缀一抹靓丽的颜色，不过随之而来的，也有烦恼，暂且把商社商赛算作兴趣吧（实际上我不希望用兴趣来形容，我对商社和商赛的情感，可以说早已超越了兴趣），兴趣与学习之间的关系，成了最令家长担心的一点，尽管我觉得我做的已足够好，但家长的希望貌似没有止境，于是乎，在多方的压力下，我开始学着去处理这种微妙的关系，效果看起来是不错的。我想，这种能力，应该会是使我受益终生的吧……

从商社接触商赛，又在商赛中收益，想必是很多人的真实写照，而商社所带给我的，还远不止于此，副社长的位置，注定了我不能在高二就抽身于商赛，也注定了更多的不理解与不支持，但好在，我不是孤身一人，社长，另两位副社长，还有高老师等，都是我的支柱、我的同伴、我的兄弟。可以说，管理一个社团比组织一次比赛要难许多，好在我们有老高，也好在我们有我们的社长们，王一凡、陈天援、付峻岭，不同的分工，不同的擅长，支撑起了整个社团，有时我甚至会想，他们这些能力卓绝的人在以后会怎样叱咤风云，而他们如果汇聚在一起，又会掀起怎样的风浪，很庆幸我会遇到他们，更庆幸他们也认识我，（哈哈）总之，一言以蔽之，有他们，足矣。

回想完毕，过往云烟，历历在目，唯希望以后的日子里，能不忘初心，待耄耋之年，仍会记得这些一点一滴，那也算是不负当年了……

【作者简介】
朱元英杰，哈三中2014级学生，哈三中商业精英社团副社长。

为了商而为赢

◇郭乃华

各美其美
——哈尔滨市第三中学校社团发展中的问题及对策研究

共
芳
菲

Gemei Qimei
Gong Fangfei

当参加完属于我的最后一次商赛后，我或许拥有了一些属于自己用来沉思的时间。这些时间很美好，值得用来回忆。

当初我加入商社时，我并没有想到这究竟是一个什么样的组织，更没有想这个组织所能带来的东西，或许是能力，或许是荣誉。但是当时，我不过是一个只有一些好奇心的"感兴趣者"。

第一次商赛，一次简简单单的校内赛，或许参赛选手水平参差不齐，或许还存在许多计算上的错误，或许……但是我喜欢这比赛。我想一场比赛的精彩之处，似乎并不在结局，而在它的过程。当我人生中第一次身着所谓的"正装"；第一次去进行一场商业上的合作，这令我多少有一些惊喜和新鲜感。从一个连财务报表都无法处理清楚的财务总监，到瑕不掩瑜的第四财年报表的条理清晰，这个开始或许还不坏。

有了第一次的校内赛第五名，或许就会想得更远，更何况我相信我的实力，商赛不过是用一张报表、一部手机就能解决的事情。但是有时候事情并非那样简单。

我渴望一场公平的竞争，一场人人同等重视比赛的竞争，但比赛绝无可能按照事先的剧本一步一步地发生。我所身处的竞争，本身便是一场规则不完善的比赛，存在着无数可能被攻击的漏洞，而这些也的确受到了攻击。我们没能按照如期的剧本完成比赛，收获的成绩并不能算是十分理想。

比赛永远不可能是一帆风顺的，但是我们会争取做得更好。规则？当其他人能够利用规则，我们也可以。或许漏洞也是规则的一部分，商赛中，或许这也是比拼的部分。于是，我又一次站在了商赛的会场门外。

很快，我们就再次遭遇到了失败，这次我们的原因……毫无疑问，是人为的。我第一次见到了"炮灰"的存在，在此之前，我只在历史小说中见到过：手无寸铁的平民成为军队驱赶的前锋，用于消耗敌军的有生力量。这不是一个理应用于形容自然人的词语。

但是这种事情的确发生了。一些公司......令自己处于破产的边缘，甚至直接破产以获取资金，以挤压敌对的公司，这种行为按理说是不应该出现在比赛中的，这是明显的利益输送行为。很遗憾，我们的联盟，抑或说，我们的商社，不可能做出相同的行为来应对。即使遭受了失败，对于我们的决定，我依然矢志不渝地赞成。商社是一个为荣誉而战的精英组织，而非随意丢弃自己利益以成全他人的公益社团。每一家公司都应享有自己的决策权与交易权，每一名参赛代表都应是独立的，商而为赢的。或许我们的商社能够如此的兴旺，也恰恰是因为我们的宗旨吧。真心投入的比赛才是最完美的比赛，哪怕失败，也当悲壮，轰轰烈烈。

因此，我始终走在为一份荣誉而战的道路上，或许我终于等到了成功。2015年4月的东北赛，我收获了第二名的成绩。当然，这场比赛的水准大幅下降，但是付出总能等到回报。我们的成功，一样是建立在精密的计算与精准的预测上。

再后来，我渐渐地学会了更多，学会了如何"拉拢"其他的参赛队伍，学会了如何利用规则上的漏洞为自己攫取利益。或许，这是能力上的一种提高，人际交往能力上的一种增强？我无法给出一个结论。

回忆得也差不多了，或许我还要问自己最后一个问题。我为何要参加这么多次商赛，为了什么？

其实答案已经在我的脑海之中了。商，而为赢。我之所以站在商赛的会场中，因为我希望得到那份荣誉，哪怕我最后并不会走上经商的道路，哪怕我与商赛渐行渐远，我也永远会记得，我为荣誉而来，又为荣誉而去。

谨以此文为记吧。

【作者简介】

郭乃华，哈三中2014级学生，哈三中商业精英社资深成员，学生会编辑部副部长。

给"模法"社的情书

◇杨艺涵

各美其美
共芳菲
Gemei Qimei
Gong Fangfei
——哈尔滨市第三中学校社团发展中的问题及对策研究

感谢你，以清馨花朵般的姿态，绽放在我年轻的岁月里，扎根在我细碎的记忆里，叫我纵然随流年漂泊多舛，亦可重觅往事细嗅芬芳。

也许，你真的有魔法吧？

我记得初来三中时的怯懦与不安，我记得递出报名表时的局促与好奇……我忘记了很多东西，但我依旧记得你我初识时，洒落在教室桌角的那缕阳光——一年前的我，怀着满满的热情，来到了这个叫作哈三中模拟法庭的大家庭。每周二的中午，暂且放下沉重的学业，在一楼的教室和大家围坐一起，探讨法律知识和大家共同感兴趣的事件，这已然成为我每个星期埋藏在心底的最大期待。那时候我们人不多，但彼此的和睦深深感染着我——只有两岁的你，和我一样只是个孩子呢！在学姐积极组织活动的影响下，我羡慕着她在讲台上的毫无畏惧，渐渐打破了拘束与局促。

四季轮回，往事如阳光般温和。一年前的我不会想到，如今的我也已踏上讲台、成为模拟法庭社长的一员。努力地筹备招新、迎接那些如我当年般怯懦局促的新鲜面孔加入，认真地安排活动，因无时无刻不在考虑学弟学妹们的兴趣和需求而细细斟酌，紧张地策划比赛，只为换取社团发展和成熟的果实……我们曾被失败困扰，为困难焦虑，因一份方案强忍睡意激烈探讨到深夜。这奋斗的一路上我们依然保持微笑，因为我们知道这是你馈赠给我们的痛苦磨砺——时光沉淀后看这两年来在疼痛拔节中生长，我能清晰地看到在三中，你带给我们的蜕变。

细想有你陪伴的岁月里的诸多美好，我也曾思考过，我们作为社团的管理者一同编织这份美好的原因。我想现在我有了答案了——这份动力，来源于我们对你不变的热爱。我喜欢简称你为"模法"社，想来你也许真的有魔法吧——把一年前那个刚入学的羞怯女孩，变成了现在的我。我忘记了很多东西，但我依旧记得招新后的第一次活动，我对学弟学妹们说出的那句"我们年轻的家庭，让它在我们的手中成长"。

也许在你的眼中，这短短两年我只是作为组织"模法"前进路上的一位过客，而在我心中，这是我们共度与成长的全部时光。感谢你的陪伴和带给我的蜕变，这样的告白你接受吗？

感谢你，以清馨花朵般的姿态，绽放在我年轻的岁月里，扎根在我细碎的记忆里，叫我纵然随流年漂泊多舛，亦可重觅往事细嗅芬芳。

【作者简介】

杨艺涵，哈三中2014级学生，新高三备战军一枚，开朗的理科妹子，担任哈三中群力校区模拟法庭第二任社长，组织"2016寒假模拟法庭辩论赛"等社团活动；担任校园广播站编辑部副部长，"第七大道"民谣乐队吉他手；曾参演校园话剧、民谣摇滚音乐节。社团工作两年，收获诸多感动与回忆。

"模法"心得

◇何雨轩

各美其美
共芳菲
Gemei Qimei
Gong Fangfei
——哈尔滨市第三中学校社团发展中的问题及对策研究

第一次接触这个社团是因为一张宣传单，是来自上海卓识的一张第一届全国中学生模拟法庭辩论赛的宣传单，因为自身从小就喜欢法律的天性，我报名参加了这个比赛，和我的队友们（也就是群力校区现在的社长副社长们）一起代表哈尔滨市第三中学参加了这个比赛。那一次我觉得很光荣，不仅仅因为实现了我一个梦想，更是因为，我是代表着整个学校，代表着东北赛区参加的比赛。这一次比赛带给我了辉煌，也带给我了遗憾和反思。我们在比赛过程中可以晚上晚睡把书状改得面目全非，也可以不顾一切在获得半决赛胜利的时候大喊大叫……然而我们还是没有夺得那次比赛的总冠军，没有代表学校赢得那个第一届全国赛总冠军的殊荣，但我们知道，毕竟我们努力过，追求过，从没放弃过……坐在回来的飞机上我脑海里总是浮现出这样的一个念头，为什么我们不能有自己的团队呢？为什么我们就没有一个足够强大的社团呢？于是，2015年8月，我向学校提出来创建一个属于我们自己的社团的想法，学校同意了，我很兴奋，也很焦虑，因为我们没有经验去管理、带队整个社团。曾经有过一段迷惘的时光，但现在看上去却是那么的美。终于我们克服了重重的困难，让全校的人第一次在社团招新的大会上见到了那个陌生的社团——南岗校区模拟法庭社团。

于是在2015年的9月，我开始了作为南岗校区第一任模拟法庭社团社长的生活。我每周都会按时地进行一次活动，一共四个月办了十余次活动，我想在我能成为他们社长的时候把我知道的一切教给他们，希望他们以后可以举起这个大旗，为这个社团，为三中传承下去。每次活动中看到他们的眼神，我很清晰地看到了欲望，一种求知的欲望，我很欣喜，也很后悔，我并没有时间看一些专业书，我很害怕会讲错一个内容，甚至一个字，因为这样有可能会让他们对法律的理解有偏颇。经过了四个月的磨合，他们成为我心目中最棒的社员，而我，成为他们心目中那个完美的社长，于是我筹备了校内赛……

因为诱惑太大抑或因为野心太大，从参加完全国赛的那一天起，我就想在自己的学校，甚至整个东北赛区举办一个大型的比赛，在12月份会考后的一周，我见到了一位至今难忘的老师——吕春霞老师，这是我们的带队老师，一位温文尔雅的淑女老师。我把我的规划、我的想法和吕老师交流了一番，听到吕老师支持的话语，我再一次坚定了我的想法，开始以社团名义筹备校内赛。筹备起来之后才明白这是多么不容易的一件事情，拉赞助，找专业老师，组织报名，安排场地……这过程中有着只有我们才懂的无奈与痛苦、欣喜和疯狂。当看着报名人数的日益增加，我看到了希望；当报名人数超过80人的时候，我内心五味杂陈；当我真的筹划好一切事情的时候，我内心多了份释然。这就是我要坚守的社团啊，它现在很强大，强大到让更多的不认识的人认识到了它的魅力；这就是我要完成的梦想啊，它现在很真实，真实到我伸手就可以碰到。但我想这不是终点，这只是一个开始，一个起步。

后来我才渐渐明白社团的含义、哈三中社团的含义，这对一些人来说是有共同兴趣爱好的人聚集的地方；这对一些人来说是改变自己未来人生道路的地方；这对一些人来说更是梦想起航的地方。我感谢我的社团，感谢哈三中，更感谢那个当初勇敢的我。

感谢三中的平台，让我们可以更好地锻炼自己的能力；感谢三中这个平台，让我们可以更好地放飞我们的梦想；感谢三中这个平台，让我们可以更好地做最出色的自己！

【作者简介】

何雨轩，哈三中2014级8班班长，2015年7月代表学校参加上海卓识集团举办的2015全国中学生模拟法庭比赛，带领团队取得第二名的好成绩。于2015年8月创立哈三中南岗校区模拟法庭社团。于2016年1月举办哈三中第一届模拟法庭校内赛，获得圆满成功。

辩论——口才之外的差异人生

◇陈子丰

各美其美
共
芳菲
Gemei Qimei
Gong Fangfei
——哈尔滨市第三中学校社团发展中的问题及对策研究

老师命我写点东西聊聊在三中的辩论经历对生活的影响，感到十分惶恐。一来我毕业后从没离开校园，想要见一见真正的"生活"的面目恐怕还要等到博士毕业；二来印象中似乎高二时三中举办第一次辩论赛，临阵磨枪硬头皮上了几场，还接受了一次师大附中的挑战，就是我高中时参加辩论的全部经历了。上大学之后，辩论活动趋于专业化，占用大量时间，于是很快打了退堂鼓——终究只是个门外汉。同一届中，高中时天分不及王天白口若悬河、赵大卫机智幽默，后来李竞菁在学院辩论队横扫八方，更是望尘莫及。怎奈师命难违，"门外汉"只好姑妄言之。

与辩论相关的才能大家首先想到的也许是口才。高中时辩论，我主要靠的也是口才：叛逆青春期顶嘴练就的"伶牙俐齿"，能在对方抛出的问题还没落地之时就夹枪带棒地塞回去，颇得周星驰《九品芝麻官》遗风；加之平静骨骼清奇的脑洞和没理也能搅三分（钟）的谜之自信（故而在二辩三辩的位置上经常会过早耗光己方的时间），气场上压倒对方一般不成问题。只不过辩论作为"绅士的游戏"这一点，我从未体会过。对方鲜嫩可爱的男辩手赛后投来心有余悸的目光，每每让我有"赢了比赛输了人生"之感慨。故而十分羡慕赵大卫同学举重若轻，无论何种强敌当前，都能保持魅力，"谈笑风生"。

其实就论辩的口才而言，这项技能在人生中大多数时候是用不到的。现实中激烈到如此地步的争论除非是"撕X"。俗话讲最容易事后后悔发挥不好的两件事：一件是和喜欢的人说话，一件是吵架。大约只有后者才需要这种并敌一向、千里杀将的本事，然而生活中又有多少敌人、多少架可以如此惊天动地地吵呢？如果将辩论中学到的辞色锋利的吵架术用于恋人之间关于"游戏和逛街哪个更无聊""豆腐脑吃甜的还是咸的"的争执，估计所有的辩手都将被达尔文进化论淘汰了。我认为，比起临场上口才的历练，更重要的是准备过程中的思维训练。辩论中正反双方抽取的论点一般都是非常极端的非黑即白。不考虑情况的多样性和复杂性往往双方都难以站住脚，这才体现出辩论的公平和技巧。为此，辩手需要从各种角度思考，尝试找到最具有说服力的立场进行立论，并绞尽脑汁地收集一切可以服务于这一立论的逻辑和证据。同时，还需要用几乎同样的精力揣测对方可能的立论方式和论据积累，以便在临场中有针对性的反应。经验丰富的辩手会经历从"我想到了什么"到"我还有什么没想到"的升华。在这个过程中其思维的深度和广度都会得到拓展，甚至还可能养成独特而周密的思维方式。在实际生活当中，个人常常面临艰难的抉择，和辩论类似，所有的选项往往都非黑即白，不尽完美，但却必须从中选择。这时候，在辩论的训练中获得的思维方式或许会帮助你考虑到更多的层面和因素，将决定权交给理性而不是掷骰子般的盲目。

从另一方面说，多角度思考的过程也是一个主动"人格"分裂的过程，强迫自己设身处地站在别人立场上。辩论每每让人发现，对一些所谓公论已定的问题，实际上存在着如此之多不同的意见，每种意见的持有者都认为自己所持的就是公论。例如曾经有过一个辩题："国家是否应该尽量提高公民福利待遇"，抽正方。受儒家"老有所养"思想和现代社会观念影响，联想到北欧福利国家养老度假一般的美妙生活图景，觉得站在道德制高点上几乎必胜无疑。结果队友就提出了不同见解：过高的福利待遇是否会阻碍生产积极性？保障高福利的高税收是否会牺牲个体权益？北欧国家的高福利社会是否是建立在全球市场的产业转移上，是否能够复制？基于不同的事实积累和主观情感，从不同的尺度、立场出发，这些问题或许会导向完全不同的答案。不需要最终认同这些答案，尝试进入这些答案的努力本身就可以带来改变，小而言之可以让人以更包容的态度面对生活中的种种差异，更顺利，也更自如、愉快地和这个参差多态的世界和睦相处；大而言之可以使互为"他者"、面貌与选择迥异的群体增进理解，找到对话的平台基础。这也是在希腊时代辩论勃兴的"初心"所在，辩论不是为了以口舌之快西风压倒东风，而是为了让所有声音都有被倾听的机会，观点不同的各方可以相互理解和说服，最后达成能被更广泛接受的结果。时至今日，以罗伯特议事规则为代表的政治辩论方法仍然是民主程序中重要的环节。而学生时代辩论经历所培养的，不仅是富有理解力、思虑周全的个人，还有懂得表达，也能够倾听的公民。

【作者简介】

陈子丰，哈三中2008级南岗校区学生，2011年高考省文科状元，考入北京大学中文系，北大中文系硕士研究生就读。

我与辩论

◇杜胜楠

相较于大多数人略显单调的高中生活，我想我的世界，增添了许多色彩，比如主持，比如辩论。即便是到了大学以后，为了期末和各色缤纷的社团活动，"刷夜"成了一种生活常态，我也最难以忘怀高二时为了辩论赛的辗转反侧——那种"寤寐思服"的期待和珍视。

不是每一个腹有诗书的人都拥有三寸不烂之舌，但一个头脑空空的人却是一定无法舌灿莲花的，因为辩论不仅是一场与对手的较量，更是一次与自我的博弈。

每一场辩论都有不同的辩题，而这些辩题大都看似有是非，其实无错对，即便是有所倾向也不会有失公正。从实在的知识而言，每一场辩论第一件要准备的事情就是从题眼入手，查找资料，也就是所谓的"论据"。这样的论据可能来自于客观科学，也可能是来自某句名人名言或者众所周知的俗语谚语。正所谓动之以情，晓之以理。如若你博学多识，立论的时候便可以信手拈来轻松许多。如若你最初并不了解许多，那么通过这样一个搜集论据的过程，也可让你开阔眼界，拥有更全面的思维。与我个人而言，便从此道学到了许多课本中从未提及的知识以及常识。

与此同时，从学习时候的举一反三，触类旁通，再到生活实践中可上升为战略层面的远见卓识，思辨能力本身是生活中一项不可或缺的能力。辩论一道在这方面的训练是极为显而易见的。在主观的自我说服之前要先能够客观的辩证分析，也即孙子所言知己知彼，百战不殆。就像是真正的博弈高手绝不会被困于眼前，而是走一步看三步。首先要站在对方的角度，搜集有利于对方的论据，然后问问自己要怎么反驳。接下来是要为自己的每一条论据寻找纰漏，若对方发现并提出，我是否可以用其他的论据加以解释或者将话题和视线转移。再在如此的权衡利弊之后，对自己手中的材料做出取舍和排序。这种自我批判、自我否定再"自我救赎"的思维模式到今日我在大学中进行许多课题研究也是十分严谨实用的。

"辩论"二字皆不离嘴，如我前文所说，每一场辩论的背后都会有许多必然或偶然的"智囊团"，或博览群书学富五车，或只是电光火石捕获灵感的一个瞬间，而能否让这些"武器"发挥出应有的、所向披靡的效用，在很大程度上取决于辩手的临场发挥。首先你要足够镇定，足够敢说，不惧于对方的咄咄逼人，亦不惧于场下的万众瞩目，将所要表达的内容清晰、简洁而有力地展现出来。同时，你要足够机敏，毕竟辩论场上不会给你充足的时间去假设去推演。当你的灵感迸发在0.01秒，你口中就要在同一时刻有足够的、逻辑缜密的语言表达出来。当然，也要做足先期准备，极力避免"祸从口出"。

虽然有大智慧者常常寡言深沉、一语天机，然而关键时刻的伶牙俐齿、能言善辩也绝对可以成为一个人的比较优势，让别人可以更好地了解自己的"内在美"。最简单地说，来到大学以后，在各种活动、组织还有实习中都要经历各种各样层出不穷的面试，好的口才和优秀的应变能力虽然不一定是"必杀"，但却足够成为重要的、有区别性的加分项，能够帮助你抓住更多的机会，完成一次成功的"自我推销"。

最后，在辩论的过程中，我时常提醒自己，一场辩论的胜利永远都不会只属于某一个人，而是整个团队的荣耀。辩论是一项极其考验默契和情谊的活动，队内的成员要根据自己不同的辩风、不同的擅长之处进行分工，有攻有守，有理有情，在不断的磨合当中学会配合，做到共进退而不自乱阵脚。比如在通常的赛制设置下，每队会派出四位辩手，最好的配置便是一辩能够先发制人、先声夺人，二辩三辩灵活犀利、攻守相配，四辩则要善于总结、善于陈情，能够扬长避短，为整场比赛画下点睛之笔。

也许在高中阶段尚不明显，但在大学生活中乃至参加公司面试时便会发现，团队合作是一项被极为看重的能力。因为无论是在学生社团中组织活动，还是在公司里进行案例调研，一个人绝对不可能完成所有的任务，只有一个团队才是坚不可摧的，高效高能的。"独行侠"会成为一个hero（英雄），却绝不可能成为一个leader（领导）。

除却日常的学习，辩论也只是我高中生活里的一部分，每参加一种不同的活动，便会多一些不同的体悟，不知不觉中，便会找到另一个更好的自己。

【作者简介】

　　杜胜楠，哈三中2009级学生，2013年哈尔滨市文科高考状元，现就读于北京大学光华管理学院，在Strategy&PWC Advisory Consulting（普华永道国际事务所策略咨询顾问）部门实习。曾任2014年北京大学全国中学生模拟联合国大会未来人权理事会主席，光华管理学院学生会秘书处秘书长，2015年北京大学国际暑期学校学生助理。爱好广泛，喜欢舞蹈、读书、羽毛球。

回忆里的交锋
——记在哈三中难忘的辩论经历

◇杨熙程

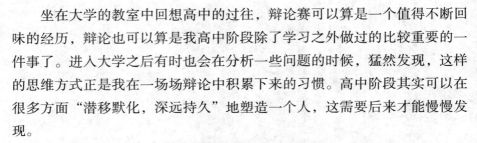

坐在大学的教室中回想高中的过往，辩论赛可以算是一个值得不断回味的经历，辩论也可以算是我高中阶段除了学习之外做过的比较重要的一件事了。进入大学之后有时也会在分析一些问题的时候，猛然发现，这样的思维方式正是我在一场场辩论中积累下来的习惯。高中阶段其实可以在很多方面"潜移默化，深远持久"地塑造一个人，这需要后来才能慢慢发现。

我是喜欢辩论的，代表班级参加过学校的辩论赛，也代表学校参加过全国范围的邀请赛，这些都是出于内心对辩论的热爱和对辩论过程本身的享受。这种热爱在高中时期一直不曾消退，以至于即使在紧张的高三，看到下一级的学弟学妹们的辩论赛还是像打了鸡血一样。

辩论需要这种热爱。

对于我来说，辩论赛所谓什么"思维的火花"、什么"言语的历练"，不过是一些冠冕堂皇的说辞。我热爱辩论是因为无论在准备还是在比赛中，辩论都能让我内心深处的攻击性得到合理而充分的释放。心理学中有句话，"攻击性是人生命中最有活力的部分"，这句话用在我这里恰如其分，尤其是在我面临着眼前的期中期末考和并不遥远的高考这样一种压力之下。我一直觉得，所谓"辩论"，实际上就是某种形式的"吵架"，只不过吵得有规则、有深度、有技术含量，因此，这样一种"吵架"，才显得激烈却不野蛮，这样一种"吵架"，才能让场上激烈对峙的双方在比赛结束之后"深情"地握手言欢（尤其是在校外面对来自全国各地陌生的对手，这种感情尤为强烈），因为只有对手才会知道这样一种攻击性的释放对彼此来说是多么享受又是多么珍贵。

除了短时间的酣畅淋漓之外，辩论还使我收获了更宝贵的思维方式。

最重要的方面可以算是对观点论证逻辑严密性的要求。一方面，于自己，当自己提出或者论证一个观点的时候，总会要求合理的逻辑论述支撑，也会要求相应的事实支持。另一方面，于别人的文章中所提出的观点，也总会去审视其逻辑和事实的支撑是否严密妥当，倒不是因为对作者要求严苛，而是这样便能分辨文章是符合事理的分析还是片面甚至偏激的感情煽动。

另一方面，是对无论是文章还是知识，我愿意去理清结构和体系。这一点可能是出于在辩论队伍中所承担的分工。在我参加的所有辩论赛中，无论是传统规则还是美式规则，我大多担任了为队伍建立逻辑结构的任务。这样的经历能让我在学习知识的时候将庞杂散乱的知识点精简为体系，然后用这种体系及其变化解决无尽的问题，真可谓"万变不离其宗"。

到了大学，其他事情也渐渐多了起来，辩论的事情也慢慢放下了。但是每当阐发观点或接受别人的观点时，总会想起曾经的辩论经历。可能人不可能永远像高中时期那样热血沸腾，但是这种回味绝对算是一种辩论带来的深长的余音。

【 作者简介 】

杨熙程，哈三中2012级学生，曾任班级班长，校辩论社团成员，2015年高考考入北京大学。

将暮未幕，我的上海未央

◇张滋悦

2月3日

灯火通明，车水马龙，我在哈尔滨。

再执笔，忽而没了那种心境，那种拼到凌晨只为一场胜负的心境。我不知道如何去记录这场比赛，就像我只是做了一场冗长的梦。

1月28日

凌晨四点的闹铃像触发了我的开关，我们忙碌着，我们在彼此看不见的角落里默默忙碌着，我们在尚未苏醒的漆黑机场高速飞快地驰骋着，我们在清晨的微光中，在飞机的轰鸣声中沉沉睡去。

夜幕降临，雨水琳琅，我在上海。

几番辗转，总的来说，在飞机被延误在青岛又从浦东改迫降到虹桥后，我们终于到了富豪会展公寓酒店，整体感觉就是"高大上"！这里，重要的事情说三遍，不是模拟法庭，是政策性辩论！政策性辩论！政策性辩论！

1月29日

晨光微熹，雾气缭绕，我在上海。

上午的培训课，我们坐在第一排，满怀期待地看着刘杰（Peter）大叔走上来，面带微笑地告诉我们："我是你们的主讲老师之一。"唯一的希望——他只是相关工作人员也随之破灭了。不过Peter的课讲得很棒，人品也相当好，当然这是后话。对于我们这些外貌协会的人，第一印象不解释。还有贾培德老师，暂不说他是金马奖获得者，暂不说他是台湾的金牌辩手，就单单是那富有磁性的嗓音，就值得让子博（闫子博）抱着电话和妈妈倾诉。这几天，辩题的类型种类、论点的构成、正一申论（1AC）的根属性和需求性、质询技巧、反一申论（1NC）的五种策略、2AC和2NC

的计划、解决力、损益比、反驳和总结、核心议题典范什么的，让我们头晕转向。只有吉吉（滕鑫喆）这位战士还在彻夜奋斗着，她绝对发挥了模联主席的优势，每天奋斗到凌晨四点……再看我，只熬了一个零点，就开始感冒腹泻了。而下午呢，我和我的搭档欣宝（杨雨欣）来到小组讨论房间，看到了我们的馒头（Mentor）、包包Roy（包如一）。然后，他面带微笑地告诉我们，我们开始玩游戏……天黑请闭眼，谁是卧底，我和欣宝也融入了其中。后来，我们开始激烈的讨论与写稿，原本在三中见过许多大神的我们，也不得不被我们队友的妙语连珠所折服。那次模拟辩论，对手是我队的小天才（余峥霖），尽管我和欣宝之前查了许多资料，也险些输掉比赛。就这样，循环赛慢慢地，慢慢地，向我们逼近了。

2月1日

剑拔弩张，斗志昂扬，我在上海。

虽说政策性辩论反方胜的概率远远高于正方，但对于我和欣宝来说并没有写反方的稿子，只查了些资料，还是有些发怵。谁知，第一场比赛结果公布，竟然真的打反方！我们忐忑地来到比赛现场，初涉辩场，真的问题层出不穷：给定时间说不完，资料找不到出处——要知道政策性辩论的资料要求可是很严格的，还有听不懂南方朋友的口音……这无疑浪费了很多时间。或许是幸运，或许是反方真的那么好打，我和欣宝就真的赢了第一场。随后的第二场，我们遇到了很强劲的对手——他们强有力的证据、令人信服的说辞、连环发问的方式让我们这场正方甘拜下风。虽说正方失败，我和欣宝觉得差在个人平时的修炼上，为防掉以轻心，我们开始写反方的稿子。而第三场的胜利就要归功于刘杰老师，也是本场裁判啦，我们的对手执着地认为自己会赢，就连我和欣宝都想为他们和刘杰老师的唇枪舌剑点赞，可又不解他们这样出色的口才为何不发挥到刚才与我们的辩论上，否则我们不可能取胜吧。可那天晚上，我又一次因为水土不服而早早睡去。我不知道的是，我的队友在凌晨一点还召开了会议，分享今天的经验与得失，而欣宝代表我去参加，记下了许多，回去后又查资料写反方稿忙到了凌晨四点……或许以前比赛我总是尽全力付出很多的一个，可这次，真的要好好谢谢欣宝。次日的比赛，第四场，在吕姐姐面前真的丢面子，临阵磨枪的反方还是没有胜利，唉！随后，我们又在第五场重拾信心扳回一局。尽管最后我们因一次比赛的失误挥别辩论，但我会记得很多……

这里不得不提吉吉学姐，在我们暂别辩论的晚上，她却成功获得半决赛资格，应吉吉邀请，我和欣宝去她的宿舍贡献我俩之前的资料，算是略尽绵薄之力吧。继而，我们有幸欣赏到吉吉的资料册，散在地上，简直将客厅变为了"雪地"！我们被学姐大大震撼的同时，也在默默祝福着学姐。最后，吉吉不负众望，拿下亚军的宝座，为我大三中增光添彩！我看到每个人开心的笑容，忽然觉得，这场梦，也该醒了。

2月3日

将暮未幕，上海未央。

坐在飞机上，我突然不知道如何描述。我只知道，我会记得每天我的室友子博干练的收拾节奏，记得她在我生病时打来可口的饭菜，记得她陪着我查资料到深夜；我会记得吉吉满地的资料与满满的付出，记得我胃痛时她的安慰与药物；我会记得李涵将她的空间让给我讨论，会记得临别上海在机场请我和欣宝吃的麦当劳；我会记得吕姐姐（吕春霞老师）对我的关心，记得她步行一个多小时给我买藿香正气水，记得她为我们这些吃货带回的鲜肉饼，记得她和我们分享她赞不绝口的绝味鸭脖，记得延误在青岛机场请我们喝的鲜榨苹果汁；我会记得欣宝熬夜的黑眼圈，记得她用宾馆的记事纸挤着写下反方的稿子的认真模样，记得比完赛一起看的《鼠来宝》，记得她费力连VPN（虚拟专用网络）去找国外的有力证据，记得我们一开始的互不相识的客气到后来熟识的默契……这些，我都会记得。

突然想起怎么形容这些记得了，就像现在的飞机外的景色，暮霭沉沉，可我知道霞光不会落幕，就像我飞往哈尔滨。可我知道上海的某个角落，有我的背影和足迹，那便是我的梦。

将暮未幕，我的，上海未央……

【作者简介】

张滋悦，哈三中2015级学生。在哈三中学生会学习部工作，群力馨思学生讲堂创始人，高二校园辩论赛决赛主持人，高中六校联盟工作小组成员。在班级中就任英语课代表一职，喜欢弹古筝和摄影。深爱法律的庄严肃穆，曾于2016寒假赴上海参加全国首届政策性辩论比赛。

永在我心的美式辩论团

◇王熙悦

　　我还记得最早的美辩社只有寥寥十几人，和群力浩浩荡荡的社团大军混在一起，只有一间D区一楼积满灰尘的闲置教室做活动用。然而从来没有人认真地听过关于辩论的什么，大家总是三三两两聚在一起吃泡面和薯片。正午的阳光有点燥热，斑驳地聚在黑板上映成一片。我眯起眼睛，也看不太清黑板上到底写着些什么。

　　我给很多学弟学妹都讲过下面这个故事。我第一次参加美辩比赛是在上海，周围是一队队来自外国语学校的代表队，身边充斥着各个学校的带队老师辩论教练。预选赛第三轮，我遇到一组上海本地的选手，其中一个被我逼得哑口无言，愤恨地推开桌子踢开椅子夺门而出，留下我们和裁判面面相觑。她临走前还不忘留下一句话："我知道你怎么辩论的，我的同学都告诉我了。"

　　我至今没能理解这句话的意义究竟何在，但在当时却让我感到前所未有的孤立无援。在美辩最早兴盛发展的上海，许多学校都有自己的辩论社和辩论教练，在每轮比赛间互相交换信息和技巧。可那时候的我，是一个人，孤军奋战的一个人。也就是那时候，我坚定地想让哈三中美辩社成为一个响亮的名字，就像我们在高考里的那些辉煌一样，就像我们在模联中的赫赫声誉一样；我想让我们的美辩社成为像令人闻风丧胆的人大附中、上外、南外和杭外附中辩论队一样的，有着成熟而完整的体系，丰富而广泛的资源，积极而认真的辩手的队伍。

　　如果这个决心有一个"任务条"的话，我们现在走到的地方，也应该有一半了。

　　我想我永远都不会忘记，我们在上海交大邀请赛上全部打入淘汰赛的那个晚上。我们挤在一间宾馆的标准间里，在床上铺满了白天比赛时的笔记，对着电脑屏幕上新下载的评分表，推测第二天可能遇到的对手。那个晚上在我心中，是一道里程碑式的分水岭。我不再是一个人，我们是一个能够在赛场上互相扶持互相鼓励的团队，一个齐心协力目光如炬的团队。

我也永远都不会忘记，举办一个地区比赛要付出多少心血。让一个庞大的系统顺利运转绝不是一件易事。老师和学校的全力支持和付出，也让我感到"三中"这两个字的力量，而这样的力量更让我坚定了要让美辩社成为三中骄傲的决心。

2014年全国冠军赛，哈三中只有两对选手参赛，还有一对是靠着学校推荐名额才拿到入场券；而一年后的2015年冠军赛，哈三中有9对选手突破重围获得了参赛资格。

2014年的上海地区赛，从来没有人听说过哈三中；半年之后我们举办了东三省第一次地区级比赛，一年半之后是更加壮大的第二届；在哈三中美辩社中，有哈佛国际邀请赛的国际组亚军，有广州地区赛冠军，有高手云集的北京地区赛四强，有曾在全国积分榜上高居第四的队伍，有数不清的八强和十六强，当然，还有两届哈尔滨地区赛的冠军。

但光荣之下的我们还有太长的路要走。

在美辩的这三年中，我学到的最重要的事情，就是永远不要安于现状，不要感到自己的拥有是理所应当，每一份想要的东西都要靠争取而得到，而不是祈祷有人会把它送到面前。

在2015年的哈尔滨地区赛开赛前两个星期，我们收到的报名选手申请人数还不足以达到地区赛举办的最低标准。直到这个危机真切地摆在我们眼前，我们才意识到，一项刚刚起步的活动并不会像传统一样自动延续。在交大邀请赛上，我们并没有获得同前一年一样耀眼的成绩，这也让我明白，我们不能在身边的世界飞速前进时安逸自满。在和美辩联赛创始人交谈时，他也表露出对于东北地区辩手积极性的担忧，而我们也注定不能拥有一线城市那样唾手可得的资源，一切都要靠自己争取。

但我们已经从零走到了现在，用两年的时间从几乎是零的昨天走到了小有成就的今天，又何必惧怕未知的，注定前途艰险却亦会硕果累累的明天。

美辩教给每个人的东西都不尽相同，它告诉我该如何成为一个老师、一个领导者和一个协调者；它告诉另一些人如何变得坚定、温和而不失缜密；但我们都不约而同地学会了更理智、更冷静、更客观地看待问题，面对困难，更学会了如何成为一个优秀的辩手，一个出色的人。

　　我决定开始辩论，是因为在NHSDLC联赛主席David Weeks的讲座上，看了一段2012年总统大选中奥巴马与罗姆尼的竞选辩论（Presidential Debate），我前所未有地笃定：这就是我想做的事情。

　　而我现在依旧前所未有的笃定，这就是我想做的事情，只不过，多了许多人与我同行。

【作者简介】

　　王熙悦，哈三中2013级学生，哈三中美式辩论社社长，哈佛中学生美式辩论赛亚军，以优异成绩通过美国高考，就读于美国乔治城大学。

心理社团我做主

◇武星辰

各美其美——哈尔滨市第三中学校社团发展中的问题及对策研究

共芳菲

Gemei Qimei
Gong Fangfei

很荣幸能受到学校团委邀请来撰写一篇关于我们心理社团的文章，在此，我简单谈谈自己在心理社团工作与成长的感受，希望能为学校社团的发展略尽绵薄之力。

心理学一直是我的兴趣所在，我想竭尽自己所能让更多的人了解心理学，所以我才接任御心社社长一职。相比国外，国内的心理学教育十分匮乏。学校自然会设有心理学课程，但我想一方面是由于团体辅导性质的教育健康心理学的受限，另一方面由于部分同学并未对其重视，学生们也并未对心理学有过充分的了解。市面上也不乏充斥着有关心理学的通俗读物，但有些内容却将心理学演绎的出神入化，难免误导了读者，认为其具有神秘性。但实际上真正的心理学并非如此，它是一门思维科学，锻炼着人们的思维；它是一门哲学，丰富着人们的思想内涵。据于此，我的社团宗旨也是：让更多的人了解心理学，热爱心理学。

心理社团的活动有着丰富的内容，我却有着不同于他人的新做法，好为人师，勇为人师，作为学生讲师的一员，我也有机会站上讲台，采用个人授课的形式，讲授钟爱的心理学知识，我想到的是毕竟对心理学有过真正了解的学生还在少数，而广大社员也都是对心理学有着浓厚的兴趣，我的付出可以提升他们的兴趣，满足他们对心理学知识的追求。有许多人都是说自己知道心理学，还知道它很多东西，可往往一到嘴边就不知道该说些什么，他们很多人是对心理学没有一个系统的概念。所以整个学期，我讲授的是系统性很强的心理学课程，我在第一堂课先把它的基本概念和应用讲清楚，然后从古典心理学入手，让同学们了解它的历史渊源，然后进入近代的心理学派的蓬勃发展，为之后的现代应用心理学打下核心理论基础。再然后我会分专题详讲应用心理学，例如认知、社会、犯罪、发展、人格心理学等，毕竟应用中的心理学与同学们的生活息息相关，所以我才会想让他们对此有个深入的了解，至少能看出一些生活现象中反映的心理学知识和懂得如何在生活中运用心理学，这便是我开展活动的目的所在了。

每次的活动其实就是一个学术交流的平台，对于双方都是有益的。每次在备课时我都又能重新梳理下头脑中的内容，在做课件时又能找出核心内容，而在活动时社员们提出的新问题又能引发新的思路，我们双方都是在相互学习，共同进步，而由于讲授者的身份，可能平时了解知识时只是限于了解，但传授知识的任务却逼着我必须深入理解，正应了老师和我提起的教学相长的道理，使我对知识的丰富性和严谨性有了更高层面的追求。

刚开始授课的我并没有多少经验，只是将自己认为该讲的内容全盘输出，但其实效果并没有想象中的那么好。后来我才了解到，个人的思想不能强加于他人，我们要尽量起到的是引导作用，而不是一味灌输。内容不求大量但求重点和关键被理解。同时，兴趣依旧是学习最好的老师，尽管一开始我认为加入本社团的人都是有着浓厚的兴趣，但其实并非如此，也有一些只是因为好奇心和凑热闹而来。所以我们还要尽量在枯燥的知识中穿插有趣的环节，与生活实际相关联，让他们能形成自主思考。社团的受众面毕竟还是几十人的少数，当在讲堂面对的是全校学生时抓住他们的兴趣就尤为重要了。所以在馨思讲堂讲座时我将每个富有哲理性的知识都尽量简化成通俗易懂的段子，还会和现场同学演绎互动，但内容还是心理学的核心知识，也希望的是大家在开怀一笑的同时能够有思索有收获。我在第一堂课就对社员们说，社团是为兴趣而生。每次活动我都会强调兴趣的重要性，两周一次四十分钟的活动其实什么也学不了，我也只是起到了一个导向作用。平时课外在QQ群里我会和他们常沟通，并在群里发一些自己总结的心理学讲义。社团是为了丰富学生们的课外知识，同样社团也是在培养每个人对自己内心深处兴趣的真正追求和热爱。

我们的心理社团也只是在刚刚起步，但是在蓬勃地发展着。我们的生活也不只有学习，我真心希望心理社团能够越办越好，继续引领时代潮流，成为三中的一大特色。

【作者简介】

武星辰，哈三中2014级学生，御心社社长。乐观开朗，积极向上，和同学们相处融洽。爱好各种体育运动，也同样喜欢读书。积极参加学校各种活动，并组织好心理社团活动，勤于钻研，学以致用。希望让更多的人了解心理学，热爱心理学。

心理社之我见

◇汪天航

各美其美
共
芳菲
Gemei Qimei
Gong Fangfei
哈尔滨市第三中学校社团发展中的问题及对策研究

随着社会的发展，教育机构对中小学生的全面发展更为重视。社团文化成了中小学校园活动的重要组成部分，是校园魅力的重要体现，也是培养中小学生素质，促进中小学生素质拓展的有效载体。

从初中到高中的不断学习过程中，作为一名学生，我们承受着来自各个方面的积极或消极的心理压力，避免不了需要排解、找人倾听，但是成为高中生的我们，却极少有倾诉的对象，我们经常会看到或听到这样的新闻：某高中生由于学习压力大或者其他原因一时想不开，选择了自残甚至轻生。研究发现：青少年中抑郁症患者比例正逐年增加。学生需要的不只是身体健康，心理健康也十分重要。所以我们成立心理社初衷之一：帮助同学们以及社员正常解缓生活与学习之中的压力，用积极的态度面对生活。

正值青春期的我们，常常会出现叛逆的心理。与父母产生争执，这似乎成了我们青春期生活中密不可分的一部分。青春期阶段，心思比较敏感，自己往往会因为一小句话、一个动作，而弄得心理郁闷焦躁，产生抵触情绪，并将这种消极情绪带入学习生活中，影响学习不说，还不利于在校园的交流沟通，也不利于我们心理的健康发展。甚至有些同学将自己内心封闭，变得自闭起来，造成了心理上各方面的阻碍，少言寡语，终日消沉。所以我们心理社成立的另一个初衷是：加强亲子、师生、同学间的交流，学会换位思考，加强学生与周围人的沟通与联系。

在社团活动期间，我们将会开展和心理方面有关的一系列活动。如：心理测试、观看心理电影、与同学们一起探讨心理问题并开导同学。营造良好的心理咨询室环境，使同学们的校园生活更加丰富，与同学们达成更好的交流。并且我们还会普及一些有关于心理的知识，如有关于微表情的研究。同时我们还会介绍一些心理现象，丰富社员的心理知识。

　　社团活动组织期间，因为活动组织者是学生，专业知识不够丰富，并且讲解经验较少，所以有些专业性较强的活动举办起来比较费力，时间有限，而需要渗透的东西较多，东西就比较浅显。知识毕竟是有些枯燥，社员积极性有所欠缺，但是我们会时不时进行一些游戏或心理测验。在碰到一些难题时，还会与心理老师进行沟通。

　　通过心理社团活动的开展，社长们的组织能力有所提高，心理方面的专业知识也更加丰富。同时，校园活动的开展也让我们枯燥的学习生活多了许多趣味。

【作者简介】

　　汪天航，哈三中2014级学生，心理副社长。喜欢研究跟心理有关的任何现象、资料，喜欢看心理电影，喜欢开展心理活动，喜欢跟人打交道，喜欢帮助身边的所有人。立志将心理社团办得活色生香！

感谢有你，一路相伴

——记我与心理社的故事

◇王天雪

各美其美
共
芳菲
Gemei Qimei
Gong Fangfei
——哈尔滨市第三中学校社团发展中的问题及对策研究

Part.1 前言

高一看到心理社这个社团时，就有一种莫名的期待。

也说不上什么原因，这个社团人并不多，活动也不像某些社团那样轰轰烈烈。记得有一次的活动主题是校园抑郁症调查，当时的社长整理出来一份调查问卷，我们就在综合楼一楼拦截路人，那感觉就像是菜鸟级别的推销员一样，你不听我的，我就跟着你。

抑郁大家应该是都会有的吧，我本来觉得这个社团的初衷，有那么一点排忧解难的意味。

其实并不是。

心事也就只能放在心底，况且，很多时候，我们更愿意把难以启齿的事情留给QQ和微信的对话框。

所以说，当时我觉得，所谓社团，也就是爱好相同的一群人在一起玩玩闹闹吧。

这样也很好。

Part.2 进行时

接下来呢，我变成了社长。

然后我发现，很多事情，并不像我想象中一样容易。

社团招新，手绘海报，制作视频（虽然这份作品的确是粗糙简陋到"登峰造极"的境界），见面会，举办活动，有时候如果需要的话，可能还会写点东西去记录些什么。这样一个小社团，简简单单的运作，也是需要经营的。

很惭愧地说，我算是个三分钟热度，还有点玩忽职守的人。加上由于前一阶段的会考，实在不能说有什么像模像样的活动。

但这里面的很多事情还是难以忘记。

新高一入学，社团才真正忙了起来，社团招新轰轰烈烈的开展，的确是让我这类拖延症严重的人头疼不少。难得我提前挖到了一个初中同学帮我制作海报，只等具体要求下来，我简单搜集一下素材就可以开工了，没想到要求手绘。这让作为手残党的我欲哭无泪，最后还是勤劳的副社长解决了这一切。

接下来的见面会，来的人说多不多，说少不少，也还算经营的下去。

再然后，为了活动内容绞尽脑汁，确定之后收集素材资料，筛选整合，然后贴出一张不起眼的通知海报盼望着多几个人来参加的心情，还是足够真实的。

就比如那次做的心理测试，想在网页上搜索一些有点含金量的心理测试题，莫名其妙地进入了垃圾网站，最重点的是我难以治愈的选择困难症又在作祟，挑了好久才找出一个勉强可以的打印出来，然后手写一张海报挂在外面，也顾不上这歪歪扭扭的字迹似乎有些招摇。总算是顺利地完成了这次的活动，尽管足够冷清。

Part.3 后记

老实说，我的社长工作并不能说成功，社团不瘟不火的发展与人为因素还是有一定联系的。但我希望自己可以改掉三天打鱼两天晒网的缺点，用这个社团教会我耐心和责任去回报这个从一开始就吸引我的地方。

最后，感谢换届时社长对我的信任，感谢心理老师给予我们的帮助指导。也希望心理社往后的路途，安安稳稳，红红火火。作为天蝎座，我身上似乎并没有天蝎的各种闪光点，反而多出了类似于拖延症，三分钟热度的坏习惯。在接下来的日子里，我会尽力改正这些问题，将心理社发展的越来越好。

【作者简介】

王天雪，哈三中2014级学生，现任南岗校区心理社社长。爱好心理学，勤奋钻研，为人热情大方，善于从生活、学习的实际找到引领同学们的亮点，希望对心理社的发展做出贡献。

思路岔路口之高中社团

◇张亦弛

各美其美——哈尔滨市第三中学校社团发展中的问题及对策研究

共芳菲

Gemei Qimei
Gong Fangfei

如今已然踏入大学校园，回首高中生活，我所组织和参与过的社团活动仍是我最为怀念的部分之一。在其中所经历的个人的磨炼与成长，对于社团文化理解的攀升，也是我在这里最想要通过一些案例分享给各位老师和同学们的。

起初作为学生会社团部的一名干事并在后来成为部长，我见证了我校社团由不到二十个飙升到近四十个的飞速成长，同学们的热情足以从一个角度说明社团活动对于学生的必要性——它是学生在课业之外寻求多样化学习、全面发展的一种既有乐趣又有时效的极佳方式。当然这种热情也需要适当的由老师们来进行引导，才能持之以恒地发展下去。然而也存在着这样的不足：在数量的提升之下并未带来质量的提升，很多社长逐渐缺乏了最初的积极性，一些社团活动形式单一，内容枯燥无味，实质性内容少，我想不仅仅是他们缘于自身面临的各种压力和能力上的不足，还由于社员们未对社团活动进行足够的重视，某些时刻懒散应付的态度让社长颇为为难。或许各校在未来可以由老师们进行社长培训和对学生进行社团文化教育，让学生充分认识到社团活动真正的意义所在。

而对我影响最大的事件，就是应社团发展现状而生的创立社联的想法和把它付诸实践的过程。做出改变无疑是艰难的，可若是不做出改变高中学生社团已然出现的问题将更加严重。在发起成立的过程中，无论是我自己还是老师，甚至其他社长都曾有过犹豫——成立一个有三个部门的具备一定规模的组织是否能够真正带来帮助，是否会处理不好工作与学习的关系？毕竟在高中学习的压力较大，在各项活动中投入的精力需要合理分配。从这里我学到了另一点重要的东西，即要在深思熟虑之后，从对学校文化发展最为有利的方向果断地行动，并要持之以恒地用心于此，最终社团能够取得的成绩都源自于平时的用心努力，自我提升。在几次讨论之后，哈三中社团联合会顺利成立了，一些社团骨干加入社联中来，凭借他们对我校社团深入的了解来提出更好的方针，进行了一系列评比活动，对于大型活动的组织也更加从社团本身的角度出发。当然社长们在一起讨论的过程不仅有其乐融融的温暖，有时也有针锋相对的矛盾。我还记得有一次开会时社联的部长们，也是社长们都抢着说话，让我和副会长几乎插不进去话……这样的工作热情也极大地丰富了社团工作的内容。

我们举办过的耗力最久、参与社团最多、最为精彩的活动莫过于2012年的大型社团展示会，并有幸邀请到市教育局领导参加。我们筹划了将近三个月，每个社团都拥有一个独立的展示台，并可以在中心舞台进行表演，当时音乐社演奏的悠扬的音乐，美食社飘扬的饺子的香气，传统文化社展示的中国民俗，都在我校社团发展、校园文化蓝图上添上了充满魅力的一笔。

如今哈三中社团正站在崭新的起点上，在不断解决问题的同时努力向着有内容、有乐趣、有目标的方向迈进。我在这里也愿哈三中社团乃至全国社团能够越办越好，让汗水能够浇灌出娇艳的花朵！

【作者简介】

张亦弛，哈三中2008级学生，在校期间创立首届社团联合会并担任会长，曾组织过多次大型社团演出及展示会，哈尔滨市社团活动积极分子、广播站编辑部成员、校推理社副社长。在校园生活中喜欢以放松积极的心态面对一切，全力做好自己能做的事，为校争光！现就读于吉林大学。

理学会的回忆

◇张与之

各美其美
共
芳菲
Gemei Qimei
Gong Fangfei
——哈尔滨市第三中学校社团发展中的问题及对策研究

传奇之始不一定轰轰烈烈。

我们的起点就是一杯咖啡。

那是2014年寒假的一个再平常不过的下午，年假刚结束时咖啡馆顾客还不多，桌上卡布奇诺的香气氤氲浓厚得让人迷醉。窝在沙发里聆听着学长们种种高中学习生活中独到的见解，不知怎的谈及学科竞赛上，懵懂的我听闻学校乃至全省的竞赛在全国范围内处于落后水平不免愤愤不平，随口说了一句"要不我们建立个搞竞赛的社团吧"。

要是所有美好都能一蹴而得，或许我们也不会这般梦寐以求了吧。

历经两个月的折腾，我们的组织总算以"竞赛学社"的名号面世，谁知情况并没有想象中的顺利，没有指导教师，没有固定活动场地，参与活动的同学也只有十来名。还是高一学生的我主要负责协助刘博[1]学长做一些管理、宣传的事务，印象中无论人多人少，他都会极为认真地备课、严谨但不严肃地讲解；他的逻辑十分清晰，力求将每一道题背后的思维过程展示给大家；他的板书也令人叹为观止。他的种种言传身教让我获益匪浅，也坚定了将社团办大办好的信念。

而美好的时光总是匆匆易逝的，讲了8堂课的刘博学长即将升入高三，紧凑的时间已不允许他像之前那样用一整周的时间备课再呈现出来，这意味着重担必须由我们这届扛住。郭启新[2]学长提出以"理学会"正式作为我们社团的名字。"理者，物之固然，事之所以然也。"我们研究的是理科的知识，我们崇仰的是世间的至理。从此一种神圣的使命感始终萦绕在我

①刘博，哈三中2012级学生，高中时期获数学、物理、化学竞赛一等奖，现就读于北京大学数学科学学院。
②郭启新，哈三中2012级学生，现就读于北京大学。

的脑海中，我力求尽善尽美，唯恐玷污这神圣的名号。接下来毫无疑问我需要寻觅一些帮手，一些愿意与我前行的同伴，毕竟独木不成林。于是我邀请韩畅出任副社长，他也创设了化学分部，我找到刘梓铭和秦家琰分别担当物理、数学分部的讲师，还请滕冉、程墨、王思旭作为理学会的学术顾问。一个强大团结的队伍由此诞生，多亏有他们的鼎力相助，否则理学会不可能发展到今天。

这时正值社团换届之际，社团需要明确的发展方向，我们希望打造一个供全校同学进行学术交流的平台，因为在应试的体制内，学生始终处于竞争的氛围，平时很难有彼此讨论、分享的机会，甚至反而存在着恶性攀比。我们希望使整座校园沉浸在互帮互助的学习氛围内。经过反复讨论，我们决定借鉴学生讲堂的模式，先采取高二带领指导高一的思路，建立数学、物理、化学三个分部，致力于在午休时间为那些学有余力的同学讲解一些课本之外的知识，包括学术发展前沿、科学家们苦心孤诣探索的历程等。

我将上述的这些想法写成书面报告递交给闫宏斐副校长，以期得到支持。当然，任何的改革都势必会遇到阻力，再加上当时正在备战数学联赛以及要准备自己的课程，那一周多我都是每晚一点多入睡，后来甚至感到有些心神憔悴。但让我欣喜雀跃的是闫宏斐副校长对我们的想法给予了充分肯定，并且解决了教室问题，我们终于有一间单独的社团活动教室了。教务处梁英辉主任、总务处黄永志主任、团委张月老师都尽可能地为我们提供便利、创造条件。我们邀请到了260多名同学前来参加宣讲见面会，我们将自己精心制作的讲义一一派发，建立了哈三中数学交流群和理化交流群，随时随地在网上为学弟学妹们答疑解惑，还将自己家中闲置的书籍带到社团分享，并统一到书店购置一些新书，一切看起来正向好的方向发展。时至今日，我还清晰地记得我自己的第一堂课的情景，那天有将近100名的"学生"，自诩见惯大场面的我也不免紧张，做了一次深呼吸，在心中为自己打气，我想到刘博学长讲课时或许也是这种心理吧，我尽可能地将这个课堂想象成平时与同学讨论交流的场景，于是之后便渐入佳境。当我将六道经典例题剖析完之后，和同学们说，"今天就到这里，大家回去午睡吧"，教室内响起的掌声对我来说仿佛天籁般，让我心中产生一种成就感：这是我的事业。

回顾高二那一年的工作，我们还是以学科竞赛中的知识点、题目为课堂的主要内容，因为这毕竟是在高中生现有的基础上，最适合挑战、锻炼思维，补充、拓展知识的方式。韩畅擅长将抽象的化学理论用生动的语言、形象的例子描绘出来，刘梓铭的讲义堪称教科书般全面细致，秦家琰的课堂总能让人感叹数学的奇妙，我们几人在一年中举办了52场这样的专题讲座，其中我自己的课有20余场。再简单的事情坚持下来的人都很少，但这些人也大多获得了成功。我们也遇到了前来参加活动的同学不断减少的情况，毕竟并不是每一个人都适合难度如此大的课程，但我们始终有一个十余名社员组成的核心团队，到今天的七次大考中有六次的学年第一名是在这个团队中的。他们天马行空般的思维常常让我自愧不如，于是我在课堂上也经常让他们自由讨论，阐述自己的见解。我们共同组织策划了科学节知识竞赛，所有题目均由自己搜集命制，预赛、复赛、决赛场场火爆，题目涵盖多个方面，也有体育、文艺等内容，让所有人见识到原来还有这么多有趣的知识，原来博学的学霸们还可以这么酷。活动邀请到了很多的校领导，并得到一致好评，还被记录采访登在新闻网站上。还记得我的最后一堂课是印度数学家拉马努金的生平介绍，这位天才一生中神助般地发现提出了各式各样优美的恒等式与不等式，我希望以这样的方式带领大家体会数学的奇妙魔力，它是混乱无序的自然中自成其道的井井有条的体系，在这里一切都是有逻辑的，一切都是完美的，这也颇符合我内心中"至理"的形象。我更希望以此勉励自己像拉马努金那样坚持内心所好，一辈子。

最终，我选好了"继承者"，在竞选中他们发自肺腑的慷慨演讲让我心中充满信心与希望。那么就该到了说再见的时候了，我得去为自己搏一个未来了，看戏人也终成戏中人，高三就这样向我挥了挥手。一年中我经历了八次大考的洗礼，喜悦过，失望过，但从未绝望过，因为永不放弃是我在理学会工作一年中学会的。而到今天终于可以静下心回顾、反思，才发现自己能走过这么长或光明或黑暗但精彩纷呈的路，真的是一种天赐的幸运。

我也始终相信，苦心人天不负，付出一定会有回报的。2016届三中综合排名前十名中有7人是理学会成员；2015年数学联赛中三中破纪录地取得了21个省一等奖，11人为理学会核心成员，4人进入省队，全部为理学会成员，秦家琰获得金牌，迟舒乘、黄桢获得银牌；2014生物联赛中哈尔滨市无一等奖，2015年三中4个一等奖，3人为理学会成员，2016年6个一等奖，

3人为理学会成员，2人进入省队，全部为理学会成员；2015年化学竞赛中4人获一等奖，3人进入省队，全部为理学会成员，韩畅、刘诺奇获得银牌；2015年物理竞赛中7人获一等奖，5人为理学会成员，刘梓铭以第一名进入省队……

当然，理学会绝不会被一时的荣誉冲昏头，未来还有更多的辉煌等待着谱写，我们打算利用高考后的这个暑假寻求学校更深层次的支持，使理学会能为更多的同学服务。记得妈妈曾心疼我，让我不要去操心那么多"闲"事，也担心过我会因此成绩下滑，当时我只是微微一笑并未在意。而当有一晚一个学弟对我说出"我们都很感激你一直以来的付出"时，我热泪盈眶，才终于明白了我坚持的意义所在，其实我只是简单地想像我的学长一样，期望着为这座我们深爱着的校园力所能及地做些什么，所以看到下届、下下届的学弟学妹们成绩的突破以及收获他们的感激，已经是对我们莫大的褒奖。我也希望这种精神能够薪火相传，生生不息。

感谢我的十七岁的天空中有理学会，有其中每一个人的存在。

【作者简介】

张与之，哈三中2013级学生，即将就读于北京大学元培学院。获得全国高中生数学、生物竞赛省级一等奖，物理、化学、计算机竞赛二等奖。哈三中南岗校区社团联合会首任会长，哈三中学术性社团理学会社长，在高二期间主讲数学竞赛课程25堂，帮助多名学生获省级国家级奖励。

以播音热情，赴未来之约

——广播站工作有感

◇辛奇隆

各美其美

共

芳菲

Gemei Qimei
Gong Fangfei

哈尔滨市第三中学校社团发展中的问题及对策研究

作为2013级哈三中广播站站长，我在广播站度过了两年多的时光。在这两年多的时间里，我接触过四届主播，也见证了上百次的播音。同时，我也在思考，对于这四届主播来说，以整整一年青春所奉献的播音经历，到底能够为他们的未来带来怎样的改变。我也相信，这改变，也正是如今我们投身于社团活动最纯粹的原因。

引发我这般思考的，是广播站对主播们独特的严格要求——对播音工作始终如一的热情与投入。与其他社团活动不同，广播站每天的播音都可以直接传递到操场上的每一位同学，因此，每一次播音的节目质量都将接受每一位同学最直接的检验，也容不得一丝疏忽。每一位主播都需要自主完成采集素材、节目设计、编辑稿件、导播、播音及互动等一系列纷繁复杂的工作，而主播对其中任何一项工作的投入也直接决定了节目的质量。因此，广播站的主播们不仅有极强的工作能力，更有一年如一日的坚持与奉献。曾经作为晚辈的我，也被前辈们对播音的热情与投入所震撼。而更为震撼的是，对于绝大多数主播来说，在一年的播音工作结束之后，便再也没有机会拿起话筒，向听众们传达自己的声音。即使如此，主播们却依旧坚持着、奉献着。事实上，不仅仅是广播站，如今参加社团活动的学生们，也仅仅只有一小部分的学生能将社团爱好作为职业的追求，并为此追逐一生。然而，同样的，参加社团活动的学生们也从未因人生规划的不同而影响过他们对社团活动的热情。

而这般热情，也让我想起了西方教育体系中对学生课外活动的重视——在本科大学申请中，课外活动几乎与学术考试占了相同的比重。而这，也让我看到了东西方不同教育体系下对学生综合素质活动相同的重视。更让我明白，真正关键的，并不是社团活动本身，而是参与社团活动的学生们。正是经历了社团活动对能力、品格的磨炼，学生们才能在人生道路中走得更快更好——社团活动不仅是人生道路的沿途风景，更是帮助学生走向理想之巅的台阶。因此，我也明白，广播站主播们对播音的热情，能够为他们的未来所带来的，也不仅仅是一段青春年华的美好记忆，更多的，是主播们对他们所热爱的事业执着的追求与对这追求始终如一的坚持。而这追求与坚持，相信，也能为在广播站奉献了青春的主播们的未来，带来一份踏上理想之巅的美好。

而作为广播站一员的我，也愿明哈三中广播站十几届主播之志：愿以播音热情，赴未来之约。

【作者简介】

辛奇隆，哈三中2013级广播站站长，高中三年阅读外文原著200余本，同时接到世界八所高校邀请，自学心理学并发表学术论文，是2016年黑龙江省唯一一个被哈佛大学录取的高中生。

广播站小记

◇李婉琪

各美其美
共
芳菲
Gemei Qimei
Gong Fangfei
哈尔滨市第三中学校社团发展中的问题及对策研究

大约在高二那年，机缘巧合，我加入了"哈三中校园广播"的始创团队，在老师们的支持和帮助下，把广播站从无到有地建起来。离开时，站里不仅有每周九档不同类型的常设节目，有一群热情专业的学生播音员，甚至还有了杂志社的广告赞助，学校里大大小小的节日和活动，也经常找广播站做配音协助或是特约节目。

很多同学，也包括那时的我，都曾经担心做课外活动过多，会影响学习，影响高考。不过，好在当时三中有个民间传统：前两年素质教育，第三年应试教育。因此，前两年我们有充足的空间和理由，去尝试新事物，也敢于和老师们聊课外的想法。现在回看当年，心里非常庆幸和感激，高中时代能有这段热爱又努力奋斗过的课外经历，并从中有所收获。

细细想来，课外活动是可以对课内学习有所帮助的。加入广播站的，都是一些有想法有热情的学生，大家学有余力，聚在一起，共同努力，相互学习。为了保证节目质量，主播们每周都要读书看报查资料，不仅要不断扩充知识面，还得保证播音稿通俗易懂，可读性强。站长们和老师一起划定了节目的类别，囊括新闻、音乐、美文、生活常识等很多方面。丰富校园生活的同时，也希望能充当同学们紧跟时事的窗口。毕业前夕听闻港大要来自主招生，我们就邀请了在港大就读的三中校友回来做采访，跟同学们分享了报考港校的流程和面试准备，还有在香港读书的益处与弊端。没想到几个月后，我就真的决定到香港读书了。

更重要的是，组织活动、管理社团可以锻炼学生的能力。高考是高中的结束，却不是其唯一目的。成长中至关重要的这三年，多一些全面发展的经历，对大学生活乃至工作，都大有裨益。从广播站诞生到走上正轨，甚至超出了我们自己的预期。这过程中，我们经常开会讨论，作为主创人员，如何制做出既符合老师、学校的要求，又是同学们真正感兴趣、想听到的节目；作为管理者，如何自上而下地制定方案，搭建出一个稳定合理的组织架构，如何管理和激励这个近二十人的团队，在超过一年的时间里，每周按期播出，保证节目质量，减少播音事故；作为学长学姐，如何筛选并培训接班人，并且在人数翻倍的情况下，协调关系，让大家有效合作，把广播站平稳过渡给下一届同学。这些经验与能力，在大学社团和工作实习中都有所应用，并且渐渐融入我们每个人的做事风格。在之后我遇到的各类选拔中，成绩往往只是一个敲门砖，达标之后，再比较的，就是大家的工作能力和态度，哪怕只是短短几十分钟的面试，也可以感觉到大家的经验能力有很大的不同。

当然，高中时代做社团，也要适度，量力而为。正所谓，两手抓两手都要硬。如果因为做学生活动就放松学习，那只能说明同学们的时间规划还不够合理。大学里，我见到了很多牛人，都是成绩好，学习以外的能力也很强。只不过，毕竟升学压力就在那里，高中生年纪尚小，生硬地要求他们把所有事情自己理顺清楚，可能不切实际。比如当时，有些同学占用了上课时间写稿子，站里禁止了这种做法后，好多人转头就挪用了吃饭时间，我们几个站长也时常连着几顿不吃饭。专注和热情是好的，但过犹不及，如果真的无法协调，还是要减少社团时间和强度，给正常学习和生活让路。最好是在一开始就给自己定一些硬性要求，比如，成绩要控制在一定范围，该读的书、该写的作业不能含糊，每周在课外活动里花费的时间不超过多少小时。不然到了该冲刺的时候，拿不出像样的分数，或是搞坏了身体，就是本末倒置了。

希望我的种种絮叨，给有志于三中社团和广播站的各位学弟学妹们一点启示，路在脚下，你们拥有的是青春和远方。

【作者简介】

李婉琪，哈三中2008级学生，校广播站站长。品学兼优，学有所长，以优异成绩考入香港科技大学。

亲爱的，星空

◇李秋野

各美其美——哈尔滨市第三中学校社团发展中的问题及对策研究

共 芳菲

Gemei Qimei
Gong Fangfei

2006年6月26日，我16岁的生日，中考结束，我和三中的故事也即将开始。在这之前，我就把三中的《名校佳作》翻了又翻，封底上"星空文学社"的名字在我心里默念过千万遍。

2009年6月8日，高考结束，我16岁到19岁的年少时光永远留在这黄墙绿瓦间。

我去过许多地方。我曾在清华园里蹬着自行车和副校长共行讨论着北京的雾霾，也曾在校队里接受过世界冠军的指导；我曾在诺奖得主的讲座上哑然失笑，也曾和两院院士在餐桌上举杯共饮。后来，我上了无数的课，听了无数的讲座，参加了无数次的会议，也经历了无数的赞许、质疑，更因此而收获良多。然而这些都不禁让我想起在三中的每一天，在星空的每一天。怀念那可以无所畏惧矫情的日子，每位师长都给了我无限的空间来发挥自己。那些年，我可以肆无忌惮地讨论文学，虽然如今看来幼稚得可笑，可我却真心地感激文学社的老师们，曾经那么认真地呵护过我内心的那个梦。

我见过很多人。我曾有一个每学期只学习一天就可以考80分以上的室友，也有过三个半小时跑完马拉松全程的同学；有二十岁出头就走遍了五大洲的朋友，也有一毕业就拿着五位数的月薪的朋友。后来，我爬过很多座山，跨过很多条河，见过了很多同行人：他们中有我一生的挚友可以在寒冷的雨夜推杯把盏；他们中有我一生的导师可以在我黯然神伤时激励自己；他们中有的我愿远远地欣赏，有的可以细细地品味，有忘年之好友，有神交之故人。走得远了回头看看，常常会怀念在三中的朋友们，在星空文学社遇见了志同道合的好友。在那个笔纸写作的时代，我们也简单地如白纸黑字，那些记忆里的花儿，我曾爱他们如生命。

我做过很多事。很长时间不再读书和写字，更不曾拿起笔来在稿纸上爬格子。那些时光里我读了更多的论文，研究了很久的数据，在深夜和仪器做伴，在清晨思考实验的进度。最后我没有成为一个以文字为生的人，甚至离它越来越远，走上了完全不同的道路。然而闲暇时光我依然乐于一杯清茶一本书，神游在少年时代的理想中。在走过的地方我愿意坐下来，拿起笔在明信片上写下路上的风景，期待自己多年之后还能记得自己当初横竖撇捺间的心情。文学的魅力，让它未能成为我的人生伴侣，却是我灯前月下常常惦念的红颜。

　　2015年，毕业6年后，我第一次回到三中，石狮仍立，红柱依然。在我心里面，三中永远定格在了2009年。那时老校区刚装修完，那时还有初中部，果戈里大街还是双向通行，每天都在堵车，那年站在新校区的操场上抬头只能看到蓝蓝的天。那时候还没有这么多的社团，而星空却已经是一个响亮的名字。那时我作文跑题，却自视文采斐然。然而作为编辑，每笔每划都不敢懈怠。在很多个夜晚里我洗净双手，展开一份份来稿（是的，那是一个多数来稿都是手写的时代），认认真真地写下或惊喜或遗憾的批注。那些年，每一份拒绝掉的稿件我们都恭恭敬敬地写下一份退稿信并交回到作者的手上。每个人的文章就像一个自己的宝贝孩子，而每一期杂志，就是我们的宝贝孩子，不忍让它受一点点委屈。在没那么多课外生活的时代，星空文学社的一举一动都可以成为课下的热点话题。多少次我战战兢兢地打开学校的贴吧，看看大家的不解、嘲讽、谩骂和愤怒，常常深深自省做得还不够，而对于文字的执着和星空的热爱却让我从未放弃。两个多学期，两本沉甸甸的杂志，包含了太多太多的心血和故事。还记得即将升入高三离开文学社的那一期杂志，由我执笔卷首语，短短的一页浓缩了千言万语，字体都被压缩得很扁。

　　幸而我们的工作还是得到了许许多多的肯定，后来我们办写作大赛、朗诵大赛，在校园中掀起了星空的热潮，更激发了下一届同学对于文学社的兴趣。我们升入高三之后，越来越多的社团出现，越来越多的班级开始筹划印制班刊，也许会有越来越少的人记得《星空》，可对于我们来说，那是日日夜夜的努力和付出。那年的我们觉得在星空文学社的日子似乎只是课堂操场间的细小片段，而如今看来却发觉那时的自己曾创造了如此大的一个世界。

　　2013年，我来到克利夫兰这个五大湖畔的小城；2015年，我开始执笔报道克利夫兰骑士队的赛事，每每提笔，还是会想起在星空的点滴。无论如今笔触如何老辣熟练，我依旧怀念当时在星空文学社的那个少年，就如同沈从文先生所说，"我行过许多地方的桥，看过许多次数的云，喝过许多种类的酒，却只爱过一个正当最好年龄的人"。我从16岁遇见你、爱上你，尽管如今我们一同成长、成熟甚至老去，可我依然想呼唤你一声："亲爱的，星空。"

后记：感谢哈三中语文组闫伟峰老师当年的辛勤付出并促成此文，感谢当年星空文学社全体成员的陪伴。

【作者简介】

李秋野，哈三中2006级学生，毕业于清华大学化学系，现为美国凯斯西储大学医学院生理学与生物物理学系博士，曾任中国科学院昆明植物所实习生，清华大学生命科学基础实验中心助教，凯斯西储大学医学院生理学与生物物理学系研究助理，腾讯体育驻克利夫兰前方记者，清华大学击剑队队长，第十八届全国大学生击剑锦标赛男子佩剑团体银牌，获美国击剑协会佩剑E级认证。

夜空中最亮的星海

——记哈三中星空文学社

◇高云飞

　　时隔许久，收到了闫老师的消息，看我是否能够再写写星空。

　　对着看不见人的屏幕点头如捣蒜，倍感荣幸与惊讶的同时，回忆带着热度呼啦啦地翻上来，几乎可以温暖这小半个冬天。

　　走进星空，我志忐地看着门口大红的招贤榜，在学姐学长的监督下过五关斩六将，在闫老师的指导下培训学习，几番辛苦下来，竟成了那一届的社长。我知道"星空"是什么，它功勋累累，它历久弥新，它是三中人不变的骄傲，也是三中人久远的怀恋。然而星空不仅仅是这些，它是一片星海，在不同的维度闪耀着不同的光彩，由一代代星空人去装点缀饰，由一代代三中人去丰富充实。它是昨日的星空，也是今日的星空，更是未来的星空，置身其中，仿若天穹触手，星辰可摘。

　　如果我能从这片璀璨星海中撷取一二，将它们裹入囊中，陪伴我接下来的日子，如同夏日流萤，暗夜烛光，便如同多了一位爱笑的老友，时常在身旁提点关照。那些久远的星光从回忆一路照进我现在的生活，也将陪伴我以后的人生。点点星光，是星空给我美好的礼物。

　　第一颗星，是坚持。还记得许许多多个在办公室里审稿校稿的日子，还记得因为排版错误懊恼不已的日子，还记得偶遇挫折趴在桌子上偷偷哭泣的日子，不是没有过怀疑，不是没有过胆怯。是闫老师和文学社的伙伴们真诚的鼓励与支持，让我不曾有过一丝放弃的念头。坚持不是一个瞬间动词，是每时每刻分分秒秒的积累。它考验人磨砺人，更塑造人提炼人，带着坚持走下去，或许风雨交加，山穷水复，但总能雨霁云消，柳暗花明。

　　第二颗星，是责任。社长并不是一个轻松的位置，比起荣誉，它更像是一种责任。记得那时候每天早上起床，都要想想今天还有什么任务需要完成，是校园广播，还是小说大赛呢？就好像揣了一颗暖洋洋的星星在怀里，这是一种沉甸甸的幸福。而这颗暖暖的星星，就被我揣到了大学，也揣进了以后的人生。责任感好似虚无缥缈，却实实在在是一个重要的品质，有了这颗星星在怀里提醒着我，就好像身上有了重量，脚步就迈得越发踏实。

第三颗星，是技巧。说起星空教给我的，除了那些潜移默化的教诲，便是管理与工作中实用而高效的技巧了。如何分配工作，怎样节省时间。为什么凡事亲力亲为反而费力不讨好，而合理调度却能惊喜频频。去发掘身边每一个人的优势与潜力，然后加以信任。"星空"本身就如同一架严密的机器，它有着合理的体系和高速的运转方式，能够身在其中研究学习本身已是一件幸事，再加上新鲜血液带来的崭新风气与创意，让"星空"这架机器在我们手下运转得更加稳定与高效。待我来到了大学，进入了学生会组织，进入了校报编辑部，我发现一样的技巧并未失效，并在工作中助我良多，伴我越走越远。

第四颗星，是热爱。再多的修辞，比不过一句热爱。热情是世界上最好的燃料，文学社里的每一个人，都有着相同的情感——对文学的热爱，对杂志社的热爱，对这份工作的热爱，所以虽然利用难得的假期时间开会审稿，埋头于避风塘狭小的电脑间，但每个人的脸上都洋溢着青春的微笑。那是一种发自内心的快乐。当我们将辛劳的结果握在手中的那一刻，就好像握住了整个世界。青春易逝，而时光难寻，我只愿我们的这份热情永不消逝。

第五颗星，就叫它文学吧。星空是一种纯粹文学的理念，它简单而又通透。它是学生们的文学，也是青春的文学。他是三中人的文学，也是一代高中生的缩影。在这里，我们可以尽情挥洒。这里有班级里的糗事百科，有虚拟世界的奇思妙想，甚至有那么一丝未曾言明也难以道破的暧昧情愫。但是管它呢，这是我们的青春，我们的文学，更是我们的星空。我们在这片天空上留下了我们独一无二的色彩，用文学这种亘古的方式，传递出我们青涩的喉音。

这几日收拾书柜的时候，我找到了它们，我主编的那两本《星空》。那一天，我蹲在书柜下面，像当年第一次听到"星空"的名字那样，带着期待与兴奋，翻开了仍旧散发着墨香的纸页，如饥似渴地咀嚼着每一段如今看来尚显稚嫩的文字。星河璀璨，浩瀚无垠，每一抹星光都是一份难忘的回忆，每一点星子都是一件珍贵的礼物，这些星光，伴我离开了我的母校三中，走入了人民大学，走到了法兰西，也将走向更广阔的天地。在这片夜空中最亮的星海下，我会无畏前行…

【作者简介】

高云飞，哈三中2009级学生，曾任星空文学社社长，现就读于中国人民大学国民经济管理专业，在大学期间曾任校学生会学术部部长，校报编辑。获得"校优秀干部""三好学生"等荣誉称号。

心怀星空

◇赵耀

各美其美——哈尔滨市第三中学校社团发展中的问题及对策研究

共芳菲

Gemei Qimei
Gong Fangfei

时光荏苒，岁月如梭，谈笑间，我在三中已经两年了，曾经在文学社的精彩，依然历历在目。

文学社是怎样的一个社团？我曾经无数次地思考过这个问题，在对文学社依旧懵懂的日子里，我遇见了"星空"，加入这个寄托着未来与梦想的社团，便融入了美丽的文学世界，也渐渐找到了问题的答案。

花样年华，邂逅星空，与文学相拥，真是美不可言。

在中国士人的生命中，"文"这个字，便如天上星空一般，沉默而灿烂。康德也说"世上唯有两件事能够深深震撼人的心灵，一件是人们头顶灿烂的星空"，文学是一门心学，文以心载道，心以文示人。文学，映照的从来都是人心，心如星空般浩瀚无际，文学亦然，这或许就是文学社以"星空"命名的一个原因吧。在星空文学社，我们感受着生活的真实温暖，也感受着文学的优雅丰富。忧伤在这里倾诉，快乐在这里传递，交流在这里升华。文学来源于生活，而高于生活，同时又融于生活。通过文学社编创杂志、写作大赛、读书交流、文学讲座等一次次活动，文学的魅力也渐渐散发开来，吸引着一群群意气风发的文学少年，使他们能够真诚面对世界，打开心扉，去书写美丽的人生。

在文学社里，流泪，可以是一种温暖；微笑，可以是一种态度；互爱，可以是一种力量。社团的伙伴们相遇、相识、相知、相励，用文字抒发青春的诗情，也用文字展现生活的真谛。在这里，我知道，有一种魅力叫作文学，有一种深邃叫作星空。文学让我们学会思考、学会成长，我们也让文学变得青春变得多彩，而这一切便在星空下融合，那么和谐，那么自然，那么美好。

星空文学社，包含了无数人的梦想与期望，也蕴含着许多人的支持与爱护。它拥有二十年的悠久历史，曾获得"全国优秀社团"称号，近年在社团联合会和团委老师的帮助下变得更加成熟，更加强大。

"星空"下，文字是多情动人的，而工作又是尽心尽力的。每一届社长，都对文学社用心灌溉；每一位社员，都为文学社倾注才智；每一本期刊，都浸透着编辑们辛劳的汗水；每一次活动，都蕴含了"星空人"付出的心血。星空文学社，是一个温暖和谐的社团，是一个勤奋团结的社团，是一个努力向前的社团。在这里，我们为了文学而创作，为了梦想而拼搏，为了未来而向上，在诗词中陶冶情操，在生活中升华文学。

每一个成功的社团，其背后都有无数人的不懈追求，星空文学社亦然。它不断成长，不断成功，我们每一代"星空人"也在不断耕耘，不断前进。即使前方风雨再大，我们都不会停下脚步，为了璀璨的星空，为了美丽的文学，"留给世界的只能是背影"，我们无怨无悔！

【作者简介】

赵耀，哈三中2014级学生，喜爱文学，现任星空文学社社长。

青春物语　收藏人生

◇徐家诚

各美其美——哈尔滨市第三中学校社团发展中的问题及对策研究

共芳菲

Gemei Qimei
Gong Fangfei

还记得年少时的梦吗？像朵永不凋零的花。

翻开摆在书架上的这本《干杯》，翻开这本记录着三年以来高中生活点点滴滴的互动日记。这就是属于我们高中生活独一无二的记忆。97张青春年少的图画。680页由学生们亲笔写下的"七班编年史"。记录了57名七班人永远不会被偷走的那三年。如果有人问我，你的高中经历了什么？它又给你留下了什么？我会和他说，"青春物语笔记光阴"——这本互动日记，就是我的高中，我的青春，那些日子永远不会忘却！

如今，作为一名哈三中2012届毕业生，在哈尔滨工业大学也已经念到了第四个年头，这些年来，做过班长，办了社团，也在别人的社团里打过工，参加了学校的公派交流，拿下了大大小小不少个证书，也即将面临人生下一个重要的分岔口，大学也算过得充实有趣。虽然觉得青春依旧在，生活的压力还尚未迫在眉睫。但在朋友们的聚会上，少了很多天真无邪的欢笑，多了的是即将毕业、即将面临分离的难过；多了的是对未来、对前途的担忧。觉得自己已经不再是那个不需要考虑太多的孩子，而变成了每一步都要认真考虑和算计的成年人了。虽然没有经历过人生真正的风浪，但每每如此，竟然也会像我们的父辈那样回忆一下当年的模样……更加觉得全班同学一起接力记录的互动日记，如此珍贵！

"青春走笔"是一个全班同学参与的小社团与大舞台。在梁老师的带领下，从军训开始的第一天起，那一支记录青春岁月的笔便已开始书写。最开始，通过几位文笔好的同学记录，让全体同学慢慢熟悉用笔去记录每一天的学习生活，逐渐变成由全班同学轮流记录，到最后班级互动日记真正成为属于全班每一位同学的"高中编年史"。这其中离不开每一位同学的努力和坚持。还记得那时，每天早晨到校后的第一件事便是争相阅读

"最新一期"的班级互动日记，在这个纸质版的班级论坛中有梁老师的跟帖，有大家的留言和回复，有对当今实事的讨论和研究。在班级日记中形成了一种无与伦比的氛围。这一种氛围陪伴我们走过天真烂漫的高一、沉淀积累的高二和决定人生的高三。也让这每一步都走得无比踏实，都走得有迹可循。

终于高考了，同学们也都踏上了人生的新旅途。这加起来足足三十余本，共有半人多高的班级日记也终于要整理成册。梁老师、狄聚鹏与我负责起了班级互动日记的整理工作。在毕业后的第一次聚会中，大家对日记能最终成书都无比期待。也让我们三人觉得身上承担了全班同学的期望。于是送店将纸质版打成电子版，对电子版进行多次反复的校对、审阅、筛选、排版。不记得我们和梁老师一起跑过多少次位于大方里小区内的打字社和印刷社，不记得多少次的讨论、多少次的修改。在三中，在工大，在梁老师家，甚至在老师家楼下的安阳街麦当劳。太多的努力和汗水只为了将这三年来的点点滴滴整理成册。终于在2013年8月8日，看到一本本即将制作好的书在机器上剪裁、胶装、打包。经历了这一切，在这个过程中也学到太多书本上没有的知识和宝贵的经历。在拿到这本《干杯》的那一刻，才觉得一切的辛苦都是值得的。也觉得自己做成了人生中的第一件"大事"。就像梁老师在班级日记的后记中写到的那样，"现在的坚持，避免了多少年后，我再后悔今天……不妨把这样的事情称之为'收藏人生的游戏'。让今天收藏昨天，让明天收藏今天……"

因为这些，在毕业三年后，我可以说我的高中生涯是圆满的，我的高中生涯也是永恒的，那些青春的物语，那些年少的回忆都已被收藏。那一切像美酒，我们举杯可饮。像诗篇，我们犹可笑谈！

【作者简介】

徐家诚，哈三中2009级学生，班长。现就读于哈尔滨工业大学，在读期间共获得人民单项奖学金3次、2014年国家数学建模大赛二等奖、2015年国家节能减排大赛二等奖、哈尔滨工业大学机电学院优秀学生干部、国家二级篮球裁判员。于2015年春季学期赴台湾中正大学交流学习，并获得"优秀交流学生"称号。

笔记光阴，一段温暖的成长

◇关泽华

各美其美
——哈尔滨市第三中学校社团发展中的问题及对策研究
共
芳菲
Gemei Qimei
Gong Fangfei

还记得高一刚开学的时候，我们刚刚结束了军训，第一天上课的那个晚自习。

老师与我们相约用笔记本记录岁月，收藏青春成长的点滴。同学们可以按兴趣参加，定位于全员组织参与班级的第一个社团——青春走笔。

而社团的宗旨是记录学校生活，记录的载体就是一个黑皮本子——不能说是小本子，那是一个皮面的A4日记本。于是呢，班级互动日记的故事就正式开始了。

我当时就在想，互动日记是什么呢？怎么写呢？当然更多的是在想，这有什么意义吗？我本人来讲，是从来不写日记的。

社团吗？写日记吗？记录生活？记录思想？

对于我个人来说，生活朴素又平凡，美好的都在未来，为什么还要写下今天呢？更重要的是想起了一个同学的玩笑：最愚蠢的事就是把自己的秘密写下来，更愚蠢的事就是把它还拿给别人看，最最愚蠢的就是你还不知道那个人有没有告诉别人。

至于记录思想，每天睡前的反思对我来讲远胜于把难以固定的思想写下来。套用量子力学的一句话，一观测，就坍缩。

互动日记，自然也是日记，它的作用我认为也不过就是记录生活、记录思想。但它又不是普通的个人日记，它为一群人所共同记录，共同阅读，共同流传。

记得梁老师说过一句话："你以为，你以为的就是你以为的吗？"正因为并非如此，我们才需要有一个交流的平台，更重要的是有一个表达自己看法的平台。有的话当面不好说，写下来用文字来说；有的事直接不好讲，写下来换个方法讲。有交流才有理解，有理解才能达成共识，才有班级的团结。班级是这样，国家、社会实际上也差不多。

一个班级里有很多不一样的人，有很多不一样的想法、见解，有的想法很了不起，有的见解很独特，这些想法、见解如果不被你听到，那就是你的损失。每个人身边都有这样的朋友来互相谈一谈自己的想法，但不会一个班级里面所有人都能每天在你身边讲述自己的想法、讲述自己对生活的感受。那么有什么办法能够让一个人选择自己感兴趣的内容去了解；让一个人用一次的功夫得到千百个受众呢？于是人类发明了书籍，梁老师带给了我们互动日记。

如果这些想法、感受有幸能够被记录下来，那就是一件很美妙的故事——当你六十岁的时候，翻到了你十六岁的一个想法，就好像你突然回到了那个灯光下奋笔疾书，迫不及待地想告诉别人你的想法的那个夜晚。你或许会想，当时的我为什么那么傻？抑或是当时的我为什么那么执着？等等等等，不一而足。

想法，是宝贵的。更宝贵的是记忆。一个班级只会存在三年，但它又绝不会仅仅存在三年。只要我们想念它，把它当成自己的家，它就不会散。但是现在这个年代记忆早已超载，我们每个人也都在遗忘，但是当我们重新翻开那些泛黄的纸张，我们就知道，我们，回家了！

早就听说，高中时代是十分美好的，会结识那些一辈子的朋友。目前来看，此言不虚，我们正在一步一步印证这些话。对我来讲，高中是我最美丽的一段回忆，给了我无比温馨的感觉，一段最温暖的成长！甚至给了我爸爸妈妈同样的感觉！那天给他们打电话，他们当时竟然在回去看我高中的校园。一想到这些，仿佛我又回到了那座校园，又回到了那些老师、那些同学的身旁……

当然，高中自然还是会有高考的压力的。想必也会有同学或者是家长在想写班级日记有多么大的作用？会不会耽误孩子的学习呢？分享三年实践经验，我的理解是：

第一，互动日记并不会影响学习。就现实意义来看，它与班级其他特色活动一起凝聚了班级的力量，树立了班级认同感，维护了班级的团结稳定，为学习创造了重要的精神力量。接力记录时光，在潜移默化的积累和引导中，互动日记创造了我们的集体人格！

第二，我坚持认为一个人如果只学习是不会学好习的，他需要全面发展。我现在在辩论队，前两天刚打完一场五院联合个人赛，我们学院只有我进入了决赛。我不得不说，互动日记锻炼了我的思维，把我从刚上高中那个连话都说不清楚的小孩，训练成现在这个能说清楚话、能表达清晰自己想法的大学生。

第三，互动日记温暖了我的高中生活，给我们留下了宝贵的回忆。当你老了，最重要的不是你高中生活考了多少个第一名，而是那份永生难忘的同学情。当你垂垂老矣，拄着拐杖相会，你一定还会想起这本互动日记。虽然我们现在可能还难以理解，但我们可以选择相信。

通过互动日记，笔记光阴的实践教给了我很多！我在上高中时就知道，现在更是分外明了！

我要好好感谢老师，谢谢您对我们的引导与教诲！谢谢我亲爱的同学们，是你们的坚持与陪伴，我们用笔记下了青春的画卷！感谢我们的青春走笔，给了我们这样一段温暖的岁月！

【作者简介】

关泽华，哈三中2012级学生。现就读于中国人民大学环境学院资源与环境经济学专业，在院学生会组织部担任副部长，在班级担任学委，学习成绩名列前茅，并参加了高礼研究院互联网金融本科双学位实验班以及"明德环境"人才成长支持计划。

打向过去的电话

◇曹书然

上了高中以后，日子苦不苦？累不累？有没有感觉到过，这世界正变得一天比一天不讲道理？因为你再也回不到初中，回到小学时候那些日子，那些你付出感情，就会得到感情的日子；那些努力学习，就能取得好成绩的日子。

于是，我们手忙脚乱地应对着陌生的困境，然后把自己固执的快乐打散在苦楚里，大笑出声，说："你看，这个世界是残缺的，却依旧值得赞美。"

所以，孑然一身的、青涩幼稚的我们，在无数个黑夜里，挥动着单薄的笔杆写下笨拙的文字，写下自己的悔恨与期待，写下自己不可理喻的欢笑与泪水，这样厚重的情感，落在纸上，就是日记——互动日记！

一个人，一支笔，一个厚厚的本子，一帧一帧的时光如同电影。

我们从互动日记里，看天下。

"留了这么大篇幅写科比退役，我赌5毛钱这是篮球小分队的成员写的！"

"作为一个国家的高级领导，他竟然这态度，他这是欲盖弥彰啊，还是监守自盗啊？！今天的新闻谁写的，骂得好啊！"

"啥？王思聪又换女朋友了？这频率，简直赶超咱们刷练习册的速度了。"

我们记录时事，记录那些令人拍手称快的，也记录那些招人冷嘲热讽的，我们记录善良的，也记录丑恶的，我们把自己不成熟但坚定的立场和情感，写下来，希望让更多人看见自己的主张，希望多年后自己在翻阅已经出版了的《青春物语》时，能够这样说——

"原来是我高一那年啊，原来科比已经离开那么久了……"

"天哪天哪，我原来这么激进过吗？这么多感叹号，现在看起来真是令人毛发倒竖……不过那时候真的还小嘞，竟然小看了一国之权臣。"

"我记得当时学习挺忙的啊，怎么看起来还有时间去关注别人的情感问题？"

我们从互动日记里，品校园。

我们慨叹着——实习老师来了又走，合唱比赛几班欢喜几班忧，堂堂音乐社竟然只选一名主唱歌手，辩论赛反方三辩叽叽喳喳却不指明理由。

这些不大不小的事件发生在我们校园的各个角落，形成了社会一角的小小缩影。我们煞有介事地一一参与，我们喜欢逞强，习惯骄傲，却在不满中妥协，在顺服中成长。

所以，就算我们会说："我同桌就是因为没听我的建议，选错了歌，才没当上主唱的！"我们也会渐渐明白，"但是我尊重了他的选择啊，这样他才不会觉得遗憾。"

所以，就算舍不得实习老师走，也要理解，也要接受，也要明白：学不会挽留的我们，要学会大笑着告别，要学会与萍水相逢的人相忘于江湖。

这是，学校能教给我们的，却远远胜过学校应教给我们的。

所以，我们在日记里描摹着校园，连同那些被校园牵动情绪的莽撞的我们。

我们从互动日记里，颂青春。

青春是什么？青春，就是不完美的我们，被命运凑在一起，摇摇晃晃一起看过几年光景。

有的时候大笑过一场，总想记住回家学给父母，但也许几分钟后发现，自己早已不记得大笑的缘由了。在这样的遗憾里，我们开始去留意这些生活琐屑，然后写在互动日记里，希望欢笑的时日多多停留，代替我们匮乏的记忆力，把逝去变成岁月，变成不老的少年。

也许事实是这样——

"数学卷你也敢不写？！老师今天要讲啊！这几道比较重要，你先做这些吧。"

"滑冰给冰场清雪是我本年度做过的最有意思的事情！诶！那边的同学，你的推子借我玩一玩！"

"老师好像很生气的样子，那么多同学没写作业……可是，可是老师真的没说要讲啊！科代表也没说唉！"

互动日记是这样——

今天早上闹钟没响，早起写数学作业计划搁浅，在这里我要讴歌一下我敬敬敬敬爱的前桌大人，他……是宇宙最好的人！他给我画了重点题！

说好的滑冰呢，怎么就都清上雪了呢？拿小锹推雪一点也不爽！差评！我记得我不知道从哪名同学那里抢了推子，就再也没还给他，在日记里致歉。

老师可能觉得自己一腔热血却没人回应，生气也是理所当然的。可是同学们每天要兼顾那么多科，必然有主次先后，突然要讲一样从没说过要讲的作业，同学们也实在委屈意外。不过，生过几次气，撞过几次墙，不断磨合，才是青春故事该有的样子。

我们从互动日记里，寻知己。

在每一天日记的最后，版主都会写上几首自己爱听的歌、自己爱看的书，然后再讲一讲歌里唱了什么故事，书里寄托了什么希冀。看到的同学，可能会激动莫名——大家同爱JJ！或者有人回复"我看过《了不起的盖茨比》的电影，很深沉很无奈，有机会看看书！"

平时鲜有交流的同学，在日记的互动里重新认识彼此，变得有话可聊。

如果要我说"青春走笔"这本互动日记就像是一通打往过去的电话，时隔几日、几月、几年之后，再次翻起，就像是与过去的我们重新相遇，一个在电话这头，一个在电话那头，一起看着老去的笑话开怀大笑，一起为不再的幼稚微笑释怀，一起看着当年的一错再错的错误，感叹着似乎也不是那么不可原谅。

再看一遍曾经看过的书，不知道自己是否还会为主人公多舛的命运连连叹息；再听一遍自己曾经听过的歌，看看自己还能不能够跟着轻声哼唱；再看看那些个性鲜明的同学们，看看那些争吵与和解，再看看那些批评过你的老师，看看那些训斥与顶撞，淡淡一笑，肯定自己再见他们一定会笑着招手，流泪拥抱。

当我们翻开老旧的纸页，拨通那打向过去的电话，读一读、听一听那些连自己都记不甚清的事儿，就会微笑着、彷徨着，泪流满面。

因为很多事情，自己记不得，岁月也记不得，文字却清醒着，铭记着！

所以，我们在这样的字迹里，永远爱着，永远美好！

青春走笔，笔记光阴！

【作者简介】

曹书然，哈三中南岗校区2015级学生，语文科代表、英语科代表，同时任班级的文艺委员，班级"青春走笔"社社长。入学后获美辩哈尔滨地区赛八强。

追求卓越

——参加《中国谜语大会（第二季）》有感

◇滕舟

2015年初的寒假中，我有幸和另外两名队友一起，代表哈三中参加了中央电视台举办的《中国谜语大会》节目，并且一举获得银奖，展现了三中人的青春风采和火样热情，为我们的生活增添了浓墨重彩！

初次接触本届谜语大会还是在2014的期末考试之前，短短两个月的时间里，我从对谜语的零基础到拿到全国银奖，是什么力量支持着我在繁重的学习中还能取得如此辉煌的成绩呢？那就是三中精神，是三中人永远"追求卓越"的精神！

哈三中自1923年建校以来，"卓越"就一直是每一个三中人共同追求的目标，在一代代三中师生的不懈努力下，我们哈三中成为国内一流、国际驰名的重点中学，蜚声海内外。

今天，我们三中人继承了前辈们的光荣传统，一直追求着卓越，无论是"模联""商赛""美式辩论赛"等大型活动，还是《汉字英雄》《中华好故事》《我是歌手》等电视节目，都有我们三中人的身影，他们斩获了一枚枚奖牌，为我们三中传播了卓越的声誉。

这次我参加的《中国谜语大会》，也让我收获了一枚银奖，但我收获的不仅仅是一座奖杯，更收获了难得的经历和对"追求卓越"精神的深刻体会。

首先，我觉得"追求卓越"，就是当我们面对挑战时，要勇往直前，不要被暂时的荣誉所迷惑。这次《中国谜语大会》节目，规则规定八支参赛队伍只能有四支进入决赛，这意味着首场比赛的四支队伍中要有两支被淘汰，那就是说首战就是生死战。可能大家当时都在电视直播中看到了，我们三中代表队在抢答环节开始前以全对、190分的成绩领先于第二、三、四名的170、150和140分，有明显的优势。由于预赛抢答环节的规则是三道题全对得60分，只要错一道就倒扣60分，一般人在第一名的位置时都会采取保守的策略静观其变。让所有人都没有想到的是，我们在第一道题抢答时就按下了抢答器！很多人都觉得我们没有必要冒这么大的风险，其至连主持人当时都非常惊讶。那我们当时为什么要这么做呢？那是因为我们不甘于暂时领先的成果，我们是三中人，有着一颗"追求卓越"的心！大家也都看到了，当三道题全对，我们队加了60分时，全场观众对我们报以热烈的掌声！我们用实际行动证明，我们三中人不是那种畏首畏尾、患得患失的人，我们宁愿冒着风险去争取，也不愿意把前途与命运交到别人手中，现场观众为我们折服，全国观众为哈三中点赞！

其次，我觉得"追求卓越"，也是当我们面对集体荣誉时，要互相帮助，团队合作，让三中人不管在哪里，都能够感觉到友情和力量。在这次比赛期间，央视为我们每个参赛队伍建了一个500人规模的微信群，当得知微信群人数和投票数也是大赛评价指标的一部分时，短短几小时内，微信群就由开始的几个人飙升到了500人的上限，那是因为群里的三中师生一传十、十传百，一方有需要八方来支援！比赛开赛时，主办方还同时开展了"中国谜语大会哪家强"的投票活动，在我们比赛的当天，哈三中队的票数还不足百，在几支队伍中排名中游。下午，微信群里的三中师生和家长就发扬"追求卓越"精神，纷纷把投票链接发布到微信朋友圈、微信群、QQ群，继而同学转同学，学生转家长，家长转同事……几小时内票数就突破1万，在晚6点半时，票数突然井喷，很快就突破了2万、3万……连微信群里的央视导演都赞叹我们东北人的热情，大三中精神的伟大！我知道，那个时间是我们学校放学的时间，当同学们知道了消息之后，纷纷拿起手机投票，我们的票数才得以呈几何级数增长！在那两天里，我们三中人不甘落后，校友、家长和师生们在微信群里发送着"先超第二，再超第一""一定甩下第二5 000票"等口号，以超乎想象的热情，一路赶超，最终在短短两天内有近20万人为哈三中点赞，我们三中代表队以超过第二名6万多票的成绩稳居第一，荣获"最具人气代表队"称号！在这些"赞"里，不仅有我们的在校师生，也有已经毕业的学长，更有热情的三中家长，他们不遗余力地积极拉票，让我真切感受到了三中人的"追求卓越"精神，让我们感受到不论身在何方，只要三中人有需要，四面八方的师兄师姐校友家长都会勠力同心，伸出援手！

追求卓越，更是体现在我们在赛前的训练中。从接触谜语，我们几位选手就对其产生了浓厚的兴趣，并且为能为学校争光做了极大的努力。在闫宏斐副校长、团委何显贵书记、辅导老师的组织下，我们定期在学校参加讲座，并且加入了培训群，从零基础到对卷帘格、秋千格、离合格等的了解再到对拆字、会意的熟练掌握，这其中少不了学校的大力支持和我们自己的努力。

三中人就是这样，不仅在赛场上勇攀高峰，在赛场外也追求卓越！因为三中大家庭，是每一位三中人强大的后盾！大三中的团队凝聚力和集体荣誉感，也必将影响着一辈辈的三中人，将我们"追求卓越"的精神永远传承下去！三中的明天一定会更加辉煌！

【作者简介】

滕冉，哈三中2013级学生，学生会文体部部长、灯谜协会会长，中央电视台谜语大会第二季银奖得主。现已考取北京大学。

惊鸿一瞥中的古典风韵

——记传统文化社成语英雄会

◇钱诚

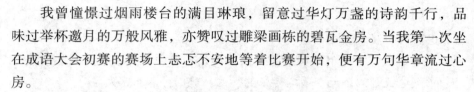

各美其美——哈尔滨市第三中学校社团发展中的问题及对策研究

共芳菲

Gemei Qimei
Gong Fangfei

我曾憧憬过烟雨楼台的满目琳琅，留意过华灯万盏的诗韵千行，品味过举杯邀月的万般风雅，亦赞叹过雕梁画栋的碧瓦金房。当我第一次坐在成语大会初赛的赛场上忐忑不安地等着比赛开始，便有万句华章流过心房。

初赛是笔答的形式，试卷上的成语有的熟悉，有的陌生，怀着忐忑不安的心情交了改了又改的卷子，回教室的路上还在细细推敲。几天后我被通知进了复赛，并因此结识了和我并肩作战、如今时过一年依旧是好友的搭档——刘奕。

复赛要比初赛难得多，分三场进行。每场第一名进入决赛，第二名进入复活赛，复活赛中也只能决出一组进入决赛。第一轮是一名选手描述，另一名选手猜成语，第二轮是用两个字描述成语。拿到规则以后，第二天我和搭档就开始了紧张的准备。现在回想起来，那段每天背成语背到深夜的日子真的很是充实。我和搭档开始形影不离，一下课就拿着提纲凑到一起，会在配合默契的时候会心一笑，也会在状态不好的时候着急上火。

终于等来了复赛的那一天，和其余几组选手一起站在台上，我莫名地紧张，虽然嘴上说不在乎，但心里晋级的愿望依然很强烈。看着前面的选手们优秀的表现，完美的配合，心里更是着急。轮到我们比赛的时候，我们尽了最大的努力，这么多天背了无数遍的成语一遍一遍流过头脑，每答对一个成语都小心地看一眼记分牌，每答错一个成语都会在心里偷偷着急。比赛接近尾声的时候，我们看到记分牌上的比分，是我们赢了！那天晚上我写完作业准备早点睡觉，心想赢都赢了今天就不要再准备什么了，刚收拾好书包手机就响了一下，QQ的消息，来自刘奕：写完作业了吗？可以开始了吗？我打起精神，打开刚收拾好的书包，拿出那本《成语小词典》开始和她一起继续准备。

决赛一天天临近，其余三组选手也都是实力非凡。几次彩排中，我和刘奕的状况并不理想，状态也并不好。我们还会每天一起练习到深夜，每天翻过很多页字典，甚至为了一个成语的理解又翻出了好几本字典，为了校正字音在成语小词典上勾勾画画，每天一下课就凑在一起，开始继续翻字典，熬夜的次数越来越多，时间也越来越晚。那时的心里却多了一份压力。那段日子玩笑少了，闲话少了，有的只剩下成语和释义，以及没翻完的小词典，甚至来不及考虑一下是否还要再坚持下去。

决赛那天很隆重，全班同学都在看台上，我记得去赛场之前有不少同学，还有班主任老师也和我说，让我为十七班拿个冠军回来。可是我满脑子都是彩排的时候一次又一次的失利，无论怎么描述都猜不出成语，看着其他选手接连得分的着急模样，我自己并没有能取得名次的把握。我们站在赛场上的时候，台下同学的加油声让我们更加紧张。放下已经翻过好几遍的成语词典，我们走上了赛场。决赛的过程进行得异常顺利，我们的表现比复赛还要好得多，幻灯片上的成语一个一个地切换过去，搭档精准的描述，一个轻微的动作，一个小小的表情就能让我明白她的意思，起初不占什么优势的我们到赛程过半的时候已经遥遥领先。后半场的比赛更加紧张惊险，各组选手都在努力抓住最后的机会扳回比分。我们成功地保持了我们的优势，最终夺得了冠军。站在领奖台上高举奖杯的时候，我们这么多天以来的疲惫也都一扫而空，连着熬了一个多月的夜，翻过那么多本字典，抄过那么厚一沓沓材料，现在也终于有了一个美好的结局。

时至如今，还是会想起那段整日与成语为伴、忙碌而充实的日子，想起那时候翻阅的典籍读过的诗书，闲暇时落笔写下的几行文字，想起在那几天里学到的文章诗赋，和每一个成语背后隐藏的一个个美丽的故事。每次再遇到搭档的时候，依旧会有热情的问候和会心的笑容。在这次比赛中收获了许多，也积累了许多，至今依然受益匪浅。在这场比赛中，我重温了那些诗行间散落的旋律，度过了那么美好的一段日子，那些一字一珠的成语，也成了一个个跃动的音符，联结起来便是一段古雅的音韵，诉说着那么多古老的故事。从诗经的蒹葭苍苍，到汉魏的绮丽辞藻，到唐宋的诗词名篇，再到明清的传奇小说，或凄美，或壮烈。这些凝练的句子是美人发间的玉钿，是烟雨迷蒙中的一把油纸伞，是水墨画里的一笔氤氲，点缀着这厚重的史卷汗青。

我热爱着这片土地五千年的岁月沧桑，我爱它每一颗历过千年而得以不灭的沙砾尘土，无论是歌台舞榭的富丽堂皇，还是小桥流水的山居风雅。传统文化是一本翻不完的书，热爱的人会用一辈子来翻阅；传统文化是一条走不完的路，痴迷的人会用一辈子来走过。无论这本书翻到哪里，无论这条路走到哪里，翻过的故事，沿途的风景，都会成为心头的朱砂痣，床前的明月光，一生的执念，已成了习惯。成语大会不是起点，亦不是终点，它只是途中的一站。这一站风景如画。我会继续翻阅这本翻不完的书，读到老去；我会继续走这条走不完的路，走到最后一刻。

最后感谢"承古"传统文化社举办的这次活动，给了我展示的舞台，给了我前行的动力！

【作者简介】

钱诚，哈三中2014级学生，《成语英雄会》冠军，代表哈三中参加央视《中国谜语大会》夺得银奖，哈三中灯谜协会创始人，灯谜协会2014级会长，2015年度被评为"校园突出贡献之星"。

继承国学经典，弘扬传统文化

◇李一彤　杨璟璇

对于中华民族来说，中国传统文化是中华民族的身份和象征，是中华民族区别于其他民族的唯一标志。

我们的"承古"传统文化社团，立足于介绍、传承、发展中国传统思想、传统风俗习惯、传统文学艺术、传统价值观和道德观之上，力求让每一位社员在这门课程中认识到中国传统文化的博大精深而产生敬重感；看到中国传统文化与现代中国千丝万缕的联系而产生历史认同感和归属感；看到中国传统文化与世界发展的联系而产生自信心。

立足中华文化根脉，唤醒文化基因

汉字是上古时期世界上各大文字体系中唯一传承至今的表意文字，包含着丰富的文化内涵和审美意蕴，是我们民族祖先智慧的结晶，是中华文明最灿烂的瑰宝之一。在汉字博大精深的文化根基里，蕴藏着不可侵犯的民族尊严、崇高强大的民族意识和自强不息的创造智慧。

传统文化社举办汉字听写大会不仅仅倡导书写汉字，提高保护汉字的意识，更是建立一起倡导爱汉字、爱汉语、爱中国文化作用的意义深远的文化传承活动。

汉字是世界上使用人数最多的文字，是在世界上影响最大的中国符号，是中国贡献于人类文明的第五大发明。但汉字又是世界上最难书写的文字。独特的方块字形需要不断记忆，反复练习才能形成书写能力。传统文化社努力发展，立足华夏文化根脉，唤醒中国传统文化基因。

传承创新中华文脉，肥沃文化土壤

书法是中国古典艺术的一朵奇葩，在文字发展的历史中，没有哪一国的文字像中国的汉字这样，发展成为一门独有的艺术形式。人们说书法是"无声的音乐""纸面上的舞蹈"，是"人类情感的心电图"。书法艺术以其抽象、灵动、丰富的线条给人以复杂多样的审美感受。著名抽象派绘画大师毕加索曾说："倘若我是一个中国人，那么，我将不是一个画家，而是一个书法家，我要用我的书法来写我的画。"

传统文化社团举办的书法大赛，为各位对传统文化爱好者搭建了这样一个平台，使同学在享受书法创作的快乐和艺术的无限魅力的同时又可提高自身文化品位和审美情趣。

通过学习书法，不断研习古代碑帖，心仪古人风范，对个人的人格塑造，起到潜移默化的教育作用。"书以人传"，宋代黄庭坚说："学书须胸中有道义，又广之以圣哲之学，书乃可贵。"在被称为"天下第二行书"的颜真卿《祭侄文稿》的书作中，记述的是颜真卿为就义于安史之乱的侄子颜季明所挥泪写下的流芳千古的祭文。我们可以从那跌宕跳跃的线条和文字内容中，感受颜真卿在听到侄子被叛军杀害时那悲愤难抑的心情。这样的教育在书本乃至生活中是很难寻得到的。

着力统筹谋划，构建文化传承体系

在日常生活中，我们常用的成语有一两千个，但所有成语的总量有人估算最少超过两万个，甚至可达四五万个。在现在的网络化社会中，新词、流行语层出不穷，并且逐渐从年轻人群向整个社会蔓延，甚至已经在官方文件、主流电视节目、新闻撰写中逐渐替代了以前的正规语法、正规用词。在语言的丰富性上这毫无问题，但在这些新潮流的挤压下，传统文化则此消彼长，有被下一代忘却的危险。

举办成语大会无论是以成语为媒介，给参赛选手还是给台下观众同学、老师及各位莅临的校领导都起到了寓教于乐的作用。使得成语作为传统文化的最杰出的代表，开启了进入中国传统文化，了解中国的过去、现在和未来的大门。

作为传统文化社的社长，我们力求传统文化社团所举办的活动异彩纷呈，具有特色。全球文化发展新的趋势，中华文化新的崛起，让我们的社团所具有的不仅仅是存在与继承的意义，而是应用与弘扬中华传统文化。国学经典不会堕落，传统文化承前启后。

【作者简介】

李一彤，哈三中2014级学生，"承古"传统文化社社长。从春秋礼乐、汉唐宋明，到分子美食、量子纠缠，三分之一个画匠，三分之一个文人，三分之一个美食科幻玄学中医各种杂家。恣意生活，但愿晴耕雨读；矢志华夏，伏惟承前启后，贵在吾辈，五千烛火，长夜不息。

杨璟璇，哈三中2014级学生，"承古"传统文化社副社长，校硬笔书法大赛获二等奖，校商战挑战赛获得亚军，在校成语英雄会中获"俊杰"称号。多才多艺，多次在市、省、国舞蹈大赛上获金奖，取得2015年省击剑比赛女子佩剑第一名，荣获"一级运动员"称号。

那些日子·那段回忆

◇麻君豪

各美其美——哈尔滨市第三中学校社团发展中的问题及对策研究

共芳菲

Gemei Qimei
Gong Fangfei

　　虽然距离那一段时光已经有两年了，但那一切的一切，我所学会的、我所珍惜的、我所感动的，都历久弥新，成为我生命中永远不会淡化的回忆。

　　记得那还是我高中的第一个学期，刚刚步入高中的我对三中这个神奇的地方的一切都充满着兴趣。三中意味着机会，意味着优秀，也意味着无限的挑战。当《汉字英雄》的导演来三中招募选手的时候，我只是抱着"重在参与"的心态参加的选拔。之前只参加过学校传统文化社组织的"汉字达人"比赛，虽然凭借积累夺得了冠军，但我从没看过甚至听说过中央电视台《汉字英雄》这个节目，也从没有背过字典，更不像一些"文艺青年"那样一贯风花雪月，所以也没想过我会通过选拔，成为那百里挑一的一个，更不妄想取得多么傲人的成绩。不过，一切好像冥冥中安排的一样，或是我的幸运，或是学校平时对传统文化的重视以及老师们对我的熏陶，让我拥有这一段不平凡的经历。

　　校内选拔时开始是对一些部首、字音基本功的考察，随后就是自愿的个人展示。我经过了很长时间的心理斗争才决定走到台前，面向所有人介绍我自己，把这当作一个锻炼自己的机会。我从书法谈起，从草圣张芝，到东晋二王，再到唐代的欧虞颜柳、宋代的苏黄米蔡……不知怎的，我学过的书法理论，我了解的翰墨典故、名家轶事都像连环画一样浮现在我脑海中，一切都是那样的清晰、生动。我滔滔不绝地说到了下课，并获得了导演的认可。两周后，我接到了导演组的最终确认：你可以来参加节目录制了。

　　怎么说呢，真是"无心插柳柳成荫"，人生的际遇来得这样简简单单，这样不声不响，这样难以捉摸。不过，至少我知道，如果我没有尝试参与，没有展示自己的勇气，没有那许多我自己都不曾意识到的文化积淀，有再好的天时也是徒然。

不久，我就赶赴北京星光影视基地录制初赛了。在那里我结识了全国各地的许多俊才少年，增长了不少见识，也收获了珍贵的友谊。在这里先插一句，有一天我去现场取盒饭，在门口迎面遇上了央视的主持人尼格买提，当时心里好一阵激动，一种莫名的"飘飘然之感"在我的心中产生，我隐隐感觉这是一个新天地，这是一种我在哈尔滨永远也不可能邂逅的微妙的感觉。

言归正传。我们是录制的最后一组，所以我们有足够的时间来准备开场白。说实话，直到录制的那一天前我的心里都是比较压抑的，我觉得这种压抑其实是对新环境的不适应。当录制当天上午化妆师为我化妆，摄影师给我们拍小片时，我终于渐渐产生了录制节目奇特的心理体验，当然，更多的是无尽的忐忑与紧张。我的底线是，不丢人，不失礼，通过汉字十三宫（第一个环节），此外别无所求。候场的时候是最紧张的时候，我一面看着同组选手在台上的表现，一面在内心一遍遍地重复开场白。

到我登场，这可能是最令人激动的时刻，也可能是最可怕的时刻，我担心聚光灯打到我身上的那一瞬间、所有观众的眼睛一齐定格在我身上的一瞬间，我会大脑一片空白。不过事实并不是这样，我发现聚光灯帮我模糊了观众的身影，坐在对面的三位汉字先生是那样的和蔼，我的表现也像平时一样自然。我十分顺利地通过了汉字十三宫，成功进入了轮战环节。走下舞台的我如释重负，心想，就算接下来第一个被淘汰也不枉了。

很快轮战开始，事情的发展再一次与我的预期相悖：我原本认为能够成为本场冠军汉字秀才的高中生们竟一个个离场，只剩下我和两个小学生。于是我毫无悬念地成了"汉字秀才"，面对主持人马东为我捧上的奖杯，我多少有些不知所措，因为这是我从未想到过的情景。

当晚，我们同组的十位选手一直玩到半夜两点钟。对于我来讲，他们在前些天只不过是生命中的过客罢了，但当一切都结束后，我发现我们竟这样的不舍。

第二天天未亮的时候，我送他们离开星光，只剩下我孤零零的一个人，心里不禁空落落的，真想和他们一起离开。而我，作为最后一位"汉字秀才"，则要留下拍摄宣传片。

人生何处不相逢？虽然告别了初赛的小伙伴们，但是随即我又结识了另外九位汉字秀才，引为挚友。

原以为像这样类似选秀的半娱乐节目可能会更加看重节目的播出效果从而把许多流程结果都预设好，可是汉字英雄的舞台是真实的，每一位选手都竭尽所能，用自己的国学修养、文化底蕴展示自己的风采，而这个节目也真的像所说的那样，在这个打字取代手写、英文凌驾于汉字、人们忽视传统的现象频频出现的时代，唤回国学的魅力，点燃汉字的激情。所以，汉字英雄的舞台是精彩的，同时又是激烈紧张的，这一点在复赛体现得更加淋漓尽致。

一共五期的复赛，每一期都有一个独特的主题，每一期也都会有人胜出，有人离去。如果说初赛是大家共品汉字茗香，那么复赛就是一场各位选手旁征博引的文化竞逐。我惊叹于李浩源似乎无穷的知识储备，敬佩李雨轩扎实的汉字基本功，欣赏蓝周紫晶对诗词文赋信手拈来……复赛不只是比赛，更是我们不断学习进步的地方。我还记得，从第一期的失利，到后几期在台上挥洒自如战胜对手，我真的学到很多。复赛的录制虽然繁忙紧张，但我从中感受到了中国传统文化的博大精深与公平竞技的乐趣，内心却是特别的安逸舒畅。就这样，我进入了决赛。在我看来，决赛和一场正常的复赛也没有什么区别，我只是想尽力就好，第几名都是无所谓的。在最后六个人的听写环节里，我频频出错，但是每每都涉险过关，直到我惊奇地发现场上只剩下三个人。我最终获得了第二名，获封"汉字榜眼"。端着奖杯，伴着胜利者的音乐，还有汉字先生的嘉许和竞争对手也是最好的朋友之间的深情相拥，台前掌声一片。

又一次无心插柳。后来回想起来，常常想到有很多地方我可以表现得更好，但是如果真的在赛场上锱铢必较，有了胜负心的我真的能取得这样好的成绩吗？看来做什么事，都要有一颗认真却又保持淡然的心，不要过分在乎成败得失。

所有节目都录制完成的第二天，我们几个小伙伴卸去所有压力，在大兴区逛街、聚餐，细细回味每一个美好而精彩的片段，这是属于我们，汉字英雄的故事。

汉字英雄的故事还在延续，我们之后还有第三季，我希望还会有第四季、第五季，继续为我们展示汉字的伟大。其实，汉字英雄的故事不只发生在舞台上，更发生在我们的生活里。汉字英雄的选手们，在各自的人生舞台中，愈发奋进，不断砥砺前行，用他们的知识和才华书写更为绚烂的人生！

【作者简介】

麻君豪，2013级学生，在班级内担任学委一职。积极参加学校社团、辩论赛、大地彩绘等各项活动，创立了哈三中书法社团并担任第一任社长。高一时参加河南卫视和爱奇艺共同举办的大型文化娱乐节目《汉字英雄（第二季）》，获得汉字榜眼称号。现已考取北京大学。

我与新海棠诗社

◇陈泽阳

各美其美

共芳菲

Gemei Qimei
Gong Fangfei

哈尔滨市第三中学校社团发展中的问题及对策研究

四年之前的秋天，2010级21班诞生，其中有一个我。

我站在教室最角落的位置自我介绍，并且絮絮叨叨地说，自己的梦想之一是创办诗社。那时，我正沉迷《红楼梦》，最爱红楼中人作诗的那几回，对高中的全部幻想，就是自己张罗一个诗社，过一段朦胧忧伤的日子。后来和很多同学谈起，竟然发现，这段趁机打出的广告，是让大家印象最深刻的几句。

机会果然留给了有准备的我。开学不久后，就有申办社团的通知，我站在103教室前面鼓吹了一番"诗社对你、对我、对三中都好"之后，就真的被批准，在第二周贴出了招新海报。

但是说实话，招新在我担任社长的两年中都不是太顺畅的。诗社在阳光大厅的摊位，几乎门可罗雀。虽然一个中午下来也能收到三十份报名表，但是和其他当时报名火爆的社团相比，还是略有点凄凄惨惨戚戚。报名的同学也是各怀心事，有人在报名表里写，希望语文考试"古诗文鉴赏"多得几分。可能我让他失望了。这个时代，诗歌缺乏读者。我不敢说自己是不是一个合格的读者，但是至少是诚恳的、谦卑的。

名字照搬海棠诗社，这是早就想好的事情，可要是内容也模仿的话，恐怕就入戏太深了。这两年里，我最喜欢的主题之一，是翻译泰戈尔的诗歌。思琪把诗句写在美丽的卡片上，然后整个中午，我们每个人抱着字典查英文释义，用力体会泰翁诗句的含义。清明、中秋，诗人轶事，与诗有关的一切都在我们的讨论范围内。高一那年入冬的第一场大雪，我们也写了一些诗，有古体，也有白话。不能说这些诗哪里好，并没有人能为我们指津，我们只是在混沌的状态下描摹世界，不见得写实，但一定真实。一群人站在阴暗而温暖的105教室读这些诗，16岁的青春大概就这样过。

那个时候我们这一群人有一点"诗意地栖居"的味道。不时就能收到赠诗一首，也回诗相和，每逢佳节，会互发即景诗的短信，甚至到了高三的时候，我还和仅隔一个教室的文科班某姑娘用书信互通有无。几年过去，当初鲜活的诗意已经淡了，当初每周相约午后的人也已经散了，但是那种看云赏心悦目，听雨心旷神怡的感觉，已经成了不能消失的条件反射。我们没有别的自信，只是敢说，在我们的眼里，世界比大多数人看到的更美好一点儿。

不相识的大学同学看到我的名字，一般首先会惊讶于我是一个女生；而得知我来自他们耳熟的哈三中，又会惊讶于口音很淡的我是东北人；而谈到高中办诗社、讲"红楼"的有趣故事，他们更无法想象这是一个理科生做的事情。

而这，就是任何一个有点梦想与行动力的三中人可以做到的事情。曾经，三中从我的一个遥远的梦，化作了三年闪亮的日子。而现在，当我穿梭于燕园，它又变成一场梦，忽远忽近，像海螺放在耳畔的声音。

这是我与我的新海棠诗社的故事，它始于2010年秋。

【作者简介】

陈泽阳，哈三中2010级群力校区21班学生，高考市理科状元，哈三中学生会学习部长，棠颂（新海棠）诗社社长。现就读于北京大学。

奇妙的感觉
——走进篆刻

◇张宇娇

对于篆刻，总有些奇妙的感觉。于方寸之间，留下自己的痕迹，是一句诗词抑或是几个单纯的词语，明明感觉很小的石料，却可以承载下一个又一个汉字，这方天地丰富而不拥挤。

以往，对篆刻的印象仅仅停留在"用石头刻的章"的层次。看到了学哥学姐们的篆刻后，便深深地执着于想要学习篆刻。当我们走进教室，走近篆刻的学习时，又发现原来学习的东西有好多。

最初，我们要学会选择。

师说，不同的石料都有不同的特点。青田，干脆坚实；冻石，朦胧光滑；寿山，细腻沉稳。根据喜好、根据需要，也根据石头自身的"风骨"进行选择，亦是起笔动刀之初所定下的一个基调。

渐行，我们学会创作。

师说，每个人的设计都是独一无二的。同一句诗词，在不同的人手中、根据石料不同的形状，都会做出不同的设计。篆刻，并不像我们常见的印章那样规规矩矩，它也可以弯曲柔和，也可以与图形结合。每一方设计，都有作者独到的创意、想法和特色。

最终，我们学会享受。

师说，下刀去刻必要细心专注，乐在其中。手执刻刀，手扶石料，沿着墨迹一刀刀刻画，不容急躁，不容分心，听到划过石面的声响，看石屑在眼前飞溅，待画好的字符一点点的凸现，不知不觉，时间就在这刀起刀落间流逝。不去在意完成多少，我们不赶时间；不必在意还有多少，我们不堆叠结果。追求的是现在的神稳心静，乐享此刻。

我们常说"字如其人"，篆刻又何尝不是"印如其人"？印章，好看并不一定是好，而是要有着代表自己的独特标志。千人千面，各具风格。

篆刻，是一种情感的吐露，心态的张扬。

请在某一天走进艺体中心那个茶香缕缕、古音袅袅的篆刻教室，不论是好奇，还是求知，换一种氛围去感受，换一种心境来体验，那样优雅恬淡的篆刻艺术！

走进篆刻，体会一种沉静，内敛，复杂，踏实的外形中，活跃，张扬，简单，百变的艺术魅力！

【作者简介】

张宇娇，哈三中群力校区2013级20班毕业生，成绩优异，爱好广泛，在校期间曾任哈三中模拟法庭社团社长。

中国心　中国印

◇韩特

各美其美
共芳菲
Gemei Qimei
Gong Fangfei
——哈尔滨市第三中学校社团发展中的问题及对策研究

中国的印文化有迹可查的至少要追溯到商朝，而后一直作为凭信的工具和明志的载体延续至今。篆刻所承载的中国精神则更加宝贵。每一笔运刀那种种写意之感，每一块石料的质感、风格，每一处破残的点睛之笔都是那样的传递着中国的特有意蕴。

我第一次接触到篆刻是在哈三中的篆刻艺术社团的选修课上。刻第一方印的时候，左手握稳青田练习石，右手如履薄冰地走刀，还要记得尽量抖刀，每一笔都那么困难。但慢慢地熟悉起来之后，眼睛也能看得更仔细了，每一处细节也开始注意了，渐渐地就进入了状态。伴着琴瑟、檀香，感受着每一刀的不确定性与确定性的奇妙平衡。刻的时候我们永远没办法把握一个小小的石粒是如何迸裂的，也无法预知它会留下怎样的边缘，而正是这些赋予了篆刻一种神奇的魅力。当我专心走刀的时候，真的很静心。一个烦躁的人必然是不能坐下来用心地走刀，篆刻对一个人专注的要求和这所带来的静心的作用也是它很吸引我的地方。

渐渐的，我开始刻第二方印，第三方印；刻肖形印，刻闲章；刻青田，刻冻石……一点一点地感受更多的东西。我买来书去研究，追溯它的历史，琢磨经典的作品，加深对它的理解。何老师常常强调，拿过一方印要先读，这很重要，这决定了用什么刀法选什么石料和更多的东西，比如心境。拿过假司马印，肯定是方方正正，心态要稳，出刀就稳稳当当，要是拿起齐白石老先生的一方闲章"一息尚存要读书"，那真的是意气风发，自由奔放，一笔一笔切出来要是稳当肯定弄不出那种自由的感觉，反而要放松自在，更能刻得出来。篆刻这其中的自由与精准，变化与确定真的是这里面最值得品味的东西。

说得多一点就是，现如今，印章在中国的凭信作用还在，并且很重要，但是这些印章又有多少是篆刻的作品呢？激光打印机已经在一块块橡胶上解决了这个问题，篆刻已然成了少数文人墨客的小众艺术。而要把这艺术留在中国人的技艺里，让更多的人融入进来，传承下去，最基础的也是最重要的就是从我们这样的学生开始。像我，就是受何老师的艺术选修课的影响才开始认识篆刻这门中国独存的艺术。也真的希望能看到这门艺术更广泛的传播，让更多的学校开展推广这样的课程，更可以开展交流，逐步增加篆刻艺术的影响力和传播力，才能让它在如今风云莫测的世界里不断地得以发展。

【作者简介】

　　韩特，哈三中2014级学生，品学兼优，擅长钻研，曾获得多次理学、力学等竞赛奖项，喜欢中国文化，希望能做中国文化的弘扬与传播者。

篆刻之美

◇胡玮琪

各美其美
共
芳菲
Gemei Qimei
Gong Fangfei
——哈尔滨市第三中学校社团发展中的问题及对策研究

新学期，学校开展了多种多样的艺术类社团招新活动。其中就有篆刻。对于我这种青少年来说，篆刻是一介从未涉及的领域。我就幻想，是不是可以通过学习，按照自己的想法、意愿，刻几个章，放个几千年，也能为艺术的多样性做些贡献。于是，就在这懵懵懂懂中开启了我篆刻的学习生活。

篆刻是什么？原来它已经有两三千年的历史了。它的解释有广义和狭义两种。其实，在古代，凡属于雕玉、刻石、镂竹、铭铜的范围，无不叫作篆刻。传统认为，篆刻必先篆后刻，甚至"七分篆三分刻"之说。篆刻本身是一门与书法密切相关的艺术。这让我想起了那句"好的书法家不一定是篆刻家，但好的篆刻家一定是书法家"。可我的字本就普普通通，想到这陡然心灰意冷。可是又想，尽管如此，我也要坚持学好篆刻。在学习枯燥疲倦之后，把它当成一种驱赶枯燥、静心休养的方式。不要想着让名利驱赶你做事，而要把兴趣放在第一位。

随着学习的深入，我对篆刻的了解亦不断地加深，篆刻艺术是书法、章法、刀法三者完美的结合，一方印中，既有豪壮飘逸的书法笔意，又有优美悦目的绘画构图，并且更兼得刀法生动的雕刻神韵。可称得上"方寸之间，气象万千"。当我刚刚接触石材时，以为是大理石，听老师介绍才知道分为青田石、寿石、冻石等。篆刻里的学问不只是石头，还有印稿的布局，最让我感慨的也许是那些字的变形、加长、缩短、字与字的组合来适应印稿布局的疏密、美感，也许这里融入了篆刻家们更多的对美的感受和理解。在篆刻的过程中，对待每一个步骤都要很认真，磨石、设计、临摹、印稿、刻石，如果有失误，就只有重新来过。

每次上课，都可以看见老师品一壶茶，燃一炷香，听一段古曲。慢慢的，也开始喜欢上这种安静的生活。右手抓起一把称心如意的刻刀，左手拿起一块精挑细选的石头，操刀耕石。听着那刀与石的交响乐，与古人对话，给印石注满生命。时间缓缓流逝，刻好一枚印章，品一杯茶，拭去印石上的石屑，沾好印泥，轻轻地放在宣纸上，此时，内心是扑朔迷离的，是充满色彩的，是满怀期待的，因为谁也不知道印石拿起时，留在宣纸上的会是怎样一个效果。成败与否，在此一刻。望着那一枚殷红的印拓，心中激动不已。"方寸之间自有金戈铁马，刀笔微茫如同剑胆琴心"。在那方寸之间展现出万千气象是对自己的一个挑战，最初，又怎能想到可以在那方寸之间勾勒出完美的线条。这是对渺小和广阔的挑战，也是对艺术境界的挑战，而这种挑战，不仅要有决心、有勇气，更要有毅力。正如"古之成大事者，不唯有超世之才，亦必有坚忍不拔之志"。

对于篆刻来说，无论是临摹还是创作，平稳的心态很重要。篆刻是一种集诗书画美学雕刻于一身的综合艺术，而心态本身也是需要修炼的，人有悲欢离合，月有阴晴圆缺。如果一个人的内心过于激越，那么他的作品也会与他的性格大体相同。反之，如果一个人的内心过于平庸，没有嬉笑怒骂，那么他的作品也定会烂俗。一个有形而无神的人创作出来的作品也定会有形而无神。要想真的拥有好作品，就要拥有"宠辱不惊，闲看庭前花开花落"的大境界。

中国文字随着时间的绵延、空间的发展，蕴含了动人的多样风貌，在印面之内跌宕生姿，以一种有情、有致的方式体现出来，小小的方寸之内充满了时间的古朴和空间的雄厚，虽几经更迭，仍能以温润的光泽，古雅的韵味，引人玩味，这就是篆刻的艺术。

【作者简介】

胡玮琪，哈三中2014级学生。在班级担任语文课代表一职。性格活泼开朗，善于与人沟通，而且兴趣广泛，喜欢篆刻和打羽毛球，喜欢听音乐，曾获校最佳进步奖，校优秀团员等称号。

记录最美的你，找寻最好的自己

◇荣宪章

各美其美——哈尔滨市第三中学校社团发展中的问题及对策研究

共芳菲

Gemei Qimei
Gong Fangfei

　　一口气看完了八月长安学姐小说改编的同名网剧《最好的我们》，默默地删除了笔记本中刚刚写好的，理性、成熟而富有责任感、使命感的稿子。一个字一个字地敲下了这属于我的故事，属于我们这些人的记忆。

　　记得那年，我的社团叫Time Frozen——凝结心动的时光。是啊，十七八岁的少男少女，都会有那么一股冲劲，那样一种不惧失败的朝气；都会有一种执着，那样一种不畏跌倒的毅力；都会有一种青涩，那样一种深藏心底的悸动。那从反光板抬起到快门落下的瞬间，就是我们独家的青春记忆。也正是这样一种对于记录成长的期冀，让我们这群生活在三中的朋友们欢聚到了一起。

　　三年，我以光影记录下三中难以磨灭的烙印。还记得摄影社的"发现三中"的特色活动，我们在老校区用了整整一天时间进行拍摄，地下复印室窗口洒进的点点余晖、二楼男厕所旁边不让上去的小楼梯顶的一抹浮尘、果戈里大街那侧窗外的小花园下不起眼的小花，无不成了我们的风景。老校区天天见到的一草一木，如此的熟悉而又那样的陌生，三中的印章、散发着油墨气味的速印机、水牢墙壁上的铁环、团委办公室里面不显眼的窗洞、二楼小礼堂高处的彩色花窗、正门牌匾后那个"文化大革命"时期的三中老匾，都在向我们的镜头诉说着九十载的辉煌和荣光。

　　三年，我用构图描摹出生命中最重要的人们。升旗场上涂抹的色彩，实验楼里认真的操作，运动场上张扬的微笑，模拟考中专注的眼神……在这里，我记录了余淮们学习时的乐趣；我见证了路星河们玩耍时的张扬；我目睹了耿耿们面对困难的执着；我体味了简单们对待感情时的憧憬。在一张张光影构成的流年之中，那年的蒋年年、那年的韩叙、那年的徐延亮、那年的周末、那年的张平、那年的张峰、那年的潘主任，都化为了一张张菲林和一串串1和0的代码，立体地沉淀在了我们的记忆之中。我们阳光而叛逆，我们平凡而不可替代。

三年，我用光影涂抹成五彩斑斓的绚丽青春。合唱比赛现场悬挂的国旗上那一抹红；模拟联合国会场上西装领带的一片蓝；小组合作研究性学习的白纸黑字；老校区教学楼的青瓦黄墙……每一抹色彩都是一个故事，每一组红绿蓝都是一段光阴。

总会有人问我，摄影社究竟是什么，做摄影社究竟是为了什么。我想，摄影社其实就是大地彩绘恶搞时拍在同学背后的彩色手印；就是艺术节会演中送上舞台的一支玫瑰；就是八百米赛场上跃动的长发；就是联欢会游戏里默契的眼神。春去秋来，一千多个日日夜夜之中，我的镜头里多了你的笑容，她的倩影，多了那一份沉甸甸的回忆。虽然那时的你不是最好的你，那时的我也不是最好的我，但是只要在一起，我们，就是最好的我们。

构图取景对焦光圈快门，咔嚓，记录最美的你，寻找最好的自己。

【作者简介】

荣宪章，哈三中2000级学生，西安交通大学硕士研究生在读，创办三中摄影社，任三中首届摄影社社长。其作品多次在各级比赛中获奖。

珍藏时光
——哈尔滨市第三中学摄影社团侧记

◇董想

晴空，翠柏，朝阳。

透过重叠枝叶的细缝，斑驳琐碎的影与光。

暗红的屋檐，明黄的墙。

这便是我相机里沉淀下的南岗三中。

摄影是什么？摄影是一门艺术，是一门客观又主观的艺术。

镜头所能取到的，永远都是真实存在于这个世界上的东西，而一幅摄影作品却因为摄影师们和欣赏者们侧重角度、身世背景的不同，透露出万千种情愫。这一成不变的迥然不同，恰是摄影受到众人青睐的主要原因。

哈三中摄影社，致力于从与众不同的角度捕捉身边的美好，祈愿能将这里最美的瞬间定格。

曾有2009级第一届社长荣宪章的一套三中校园内外风景的摄影作品，流传各大社交媒体，作为三中的绝佳代言。

当时，大多数网站上流传的三中照片并不能切合荣宪章对这片土地的理解，出于最纯粹的对三中和对摄影的爱，他开始了记录南岗三中的设想。在他的相机所凝结的故事里，门上老旧的锁可以成为对焦的焦点；暗红色墙上切碎的光可以化身为午后的静谧；一个矮矮的石墩也能是雪中最独特的存在。他将视野拓宽，用作品启示我们的后辈，这里，也可以有很多种风景去探索，或许就藏在最平凡的角落。

然而，一个人的力量终究是有限的。在南三，还有一群与荣宪章情投意合的摄影爱好者，他们因共同的热爱而聚集，为共同的梦想——不一样的角度看待世界中的美好而努力着。这，便是摄影社成立的契机。

在建立和发展的过程中必然也遭遇过质疑与泪水。想将一个社团经营好，需要的不仅仅是责任、激情和能力，更需要完美的成果来支撑险阻的过程。这样一个以爱为名的社团，缺乏设备、技术、场景等方面经费的支持，更缺乏功利主义极尽追求的结果。现实是冰冷而残酷的，为了立足与生存，摄影社做出了大胆的尝试。

明信片，便是其中最重要、最可靠、知名度最广的一种营销方式。

除去2014级摄影社与学生会六校联盟合作以外，前几届摄影社共有两次独立制作、销售明信片的经历。明信片主要面向哈三中两个校区的学生、老师，在两个校区内都以其所呈现出的绝佳的风景、所展示出的纯熟的摄影技巧，获得了一致的好评。

在与学生会六校联盟的合作过程中，两方共同努力，制做出了共三套32版明信片，分两次售卖，并在校内外成功售出500余套。摄影作品均为全校征稿后由摄影社及学生会六校联盟成员集体精心挑选出的优秀作品，社员及六校成员将作品进行同油画的结合，印制出写实风与油画风两种截然不同的版本，独树一帜，让人耳目一新。

然而摄影社的征程并未就此停止。她只是在迈上一个高峰的同时，为冲向更高的山峰不断蓄力着，正翘首更多新鲜的血液为这里注入创新的活力。

这一切，都基于这里的每个人对摄影最纯粹的热爱，还没有被浮躁的风冲刷进灰霾。

在这里，在摄影社，你的心意可以与自然界万物相通。静物在运动，自然在吟诵，生物在感受。一切的一切，都在提醒着你，万事万物都有值得尊敬的庄重，而渺小的你唯一又与众不同。

如果你此时拿起相机，加入这里，珍藏时光，你会第一时刻发现，晨光初露时，会有微小生命在品尝霜满草尖的甘甜。你也会渐渐察觉，自然丰富的色彩不只局限于新绿丛生的瞬间、层林尽染的片刻和雨后初霁的刹那。你还会惊觉，每一个不同的神色都会诉说一段故事，每一个事物都会有那样多的侧面，每一个细节都值得用心去对待，而每一天都是被饱满的热情记录着。

所以，不要畏手畏脚，更不要一味地低头前冲。要适当地驻足，要勇敢地踏入摄影的领域，要自由地去拥抱崭新的她。

你会发现，这是个精彩而又奇妙的世界。

【作者简介】

董想，哈三中2014级学生，哈三中学生会编辑部部长，《馨绿》校报主编。摄影爱好者。

写在阳光斑驳的午后
——棋牌社回忆点滴

◇刘述伊

收到好久未见的李宁老师的问候，欢欣雀跃中感到十分亲切。老师约我写一篇回忆三中的社团生活的稿件，令我深深地陷入对母校的幸福回忆中。

2004年，我初读三中，离家后，像一只挣脱了束缚的小鸟，开始了全新的生活。军训过后，天气依然炎热，可是大家的热情并没有褪去，因为社团的招新活动开始了，我好像站在琳琅满目的商品面前不知所措。

最后，根据兴趣爱好我主动报名了羽毛球社团。由于社长的三寸不烂之舌，我也加入了棋牌社。广播站和辩论队是经历了几轮招考才最终被录取。参加了这些社团，不仅使我的学习生活丰富多彩，而且为我增加了很多阅历。之前我对棋牌并没有那么大的兴趣，我也并没有想到，在棋牌社一待就是两年。

现在坐下来回忆与棋牌社的点点滴滴，还是一段非常难忘的经历，那些人，那些事，慢慢浮现出来。每个周四下午是棋牌社团活动时间，最初的最初，我们围坐在一起开始学习一些规则。社团里面有个学长，个子不高，人长得很斯文，典型的"文化人"，戴着一副黑色的眼镜，精通围棋、国际象棋还有桥牌，据说小时候是专门学过的。我很喜欢听他说话，他很耐心，偶尔也开点小玩笑，但是真正比赛的时候，却是一副专注的宠辱不惊的表情。这些高大上的棋类牌类，对于我这种从小只会简单玩玩跳棋、扑克的人来说，实在是很新鲜。规则学会了之后，便是很长一段时间的练习，慢慢地也开始会耍点小手段、用点小心思怎么去布局，怎么去获胜。原来，棋牌也是一种竞技，是需要博弈技巧的。

时间很快，后来到了高二，很多人忙于学习而退团，我选择留下，在外联部负责为组织活动拉取赞助。后来有些比赛比如双升，其实比赛的目的是让大家更加了解棋牌社，而双升是一种大众的牌类游戏。当时为了拉赞助，我和几个一起负责的小伙伴跑了很多地方，学校附近的小商户都被我们跑遍了，可是即使是很少的投资，绝大多数商户还是选择拒绝。我们最后也没有拉到赞助，只是从学校申请了活动经费。我也第一次知道，不是所有的努力都会有结果，过程是难得的经验。好在活动最后很成功，报名的人数远超出我们的想象。我们跟学校写了报告，借了食堂的场地，由于前期准备工作充分，即使参与者众多，也没有打乱我们的计划。

虽然时至今日，对于这几种棋牌，我始终只是个初学者，但是在学校美好时光里的这段经历，不仅仅是难忘的回忆，更是让我成长的起点。我知道我的同伴们成熟稳重、面对任何事情都很淡定，他们是我学习的榜样；我知道做事一定要提前有计划并且预计各种可能出现的情况，才能圆满；我也知道了有些事情即使很努力，也不一定会有好的结局。不过那又怎样呢，无论如何，都是不可回头、独一无二的青春。我们曾经一起哭过、笑过，一起付出与走过，就够了。

【作者简介】

刘述伊，哈三中2004级学生。四川大学水利水电学院博士在读，主要研究方向为岩溶区地下水资源管理。在读期间活跃于学生会、广播站和辩论赛，课余时间除了喜欢在图书馆看书写手记，也喜欢打羽毛球和参与棋牌社的活动。对于羽毛球的热爱非同一般，在读期间曾多次获得羽毛球女子单打第一名、辩论赛最佳辩手等荣誉，也曾在文学类读物上发表作品。

那些温暖充实的三中日子

◇陈剑莹

各美其美——哈尔滨市第三中学校社团发展中的问题及对策研究

共
芳菲

Gemei Qimei
Gong Fangfei

已经在纽约大学学习电影专业一年的我前几天收到了何显贵老师的越洋短信，告知我写些东西讲讲我自己的故事。总是觉得自己还太年轻，怕写些东西给母校献丑，但是刚提起笔，忽然在哈三中的三年时间一股暖流涌上来，于是就在此跟大家分享一下我在母校最温暖而充实的那段日子吧。

哈三中一直以优异的学习成绩和拔尖的学术人才在全国闻名，但从我的角度来看，母校给我最重要的培养之一，就是韧性。从高一开始，学校和班主任的严格要求一直让我保持着高度认真、专注的习惯。我的班主任单春英老师从高一一直说的一句话让我至今受用：沉得住气，耐得住磨。三中的学生是全黑龙江省的佼佼者，要想在众多人才中想出头又不被压力摧垮需要强大的内心。严谨求是，戒骄戒躁，沉稳处事，这都是哈三中给我打下的基础。尽管我现在也并不完善，但是在世界顶尖的电影学院中学习，周围的学生都是世界顶尖导演、制片人的孩子，甚至电影世家的后代，更不必说他们本身是多么才华横溢，思维活跃，这种压力其实很难在国内体验到。我感谢我的母校，从高中开始，就让我渐渐习惯跟优秀的人在一起，竞争、学习和生活，调整自己的心态，经得住课内学业、课外活动和社会实践等全方位的考验。

在强大的压力下保持本心，一往直前，拥有强大的耐力和韧性，这一点在我开始在纽约、巴黎独立制片和当导演之后显得尤为重要。身处陌生的国度，一部短片的地点、演员、工作人员、后勤和设备，都要从零开始，一切都是从无到有，事无巨细，而准备周期通常有巨大的时间和金钱的限制，要有条不紊，顶住压力，都是要一点一点磨炼出来。而我对于这种忙碌生活的体验则是从在哈三中的社团活动开始的。我的母校在学业方面帮我打下了坚实的基础，严格的要求让我时刻督促着自己一定要学业爱好两不误。这就意味着我同时要处理九门功课、模拟联合国社团，以及我自己的话剧社，还有微电影拍摄的所有学习工作内容，其工作量强度现在回头看就好像是我现在生活的预演和基础。从高一开始筹备第一部学生短片开始，学校给了我很大的支持，更重要的是给了我信任。作为一个新生，我的短片需要学校群力校区的寝室、游泳馆、图书馆、大舞台和教室等一系列的场地，也就是说需要调动学校很多老师和领导为我的作品费心。当我第一次胆战心惊地跟吴霞老师提出我的想法的时候，得到的是老师无比坚定的支持。这是我的话剧社第一次的拍摄活动，也是我人生第一次自编自导自演的经历。对于这个毫无经验的小小新生，学校给予我们社团活动的鼓励和信任给我这个遥远的电影梦想打开了第一扇门，也让我开始学会在以后的日子里要如何对得起这份沉甸甸的信任，不管来自于他人、学校，或是社会。

最重要的是哈三中给了我一个充分展示自己的平台。学校每年投入在社团活动中的精力是巨大的，学校几十个现在可能上百个大大小小的社团无一不需要学校的支持和费心。我的母校作为全国最优秀的高中之一，能够做到关注学生的兴趣爱好和全面发展，而不是教学生做书呆子，靠分数说话而没有情商和社交能力。当我们话剧社的第二部短片《当初》拍摄完成后，学校在社团展示大会上给我提供了时间专门展示我们话剧社的作品。学校强大的支持和推广更吸引来了黑龙江几大报社媒体的关注，让我个人也受到了许多专业老师、学生的关注和指导，对于我后来进入全球最知名的电影学院之一——纽约大学Tisch艺术学院，提供了不可估量的帮助。

母校带给我强大的内心和灵活的处事能力让我一路受到国外大学的认可。由于在班级里一直保持着前三名的成绩，又在吴霞老师的帮助下在英语方面取得了不错的成绩，我获得了美国排名第四的芝加哥大学的录取，同时也得到了美国数一数二的电影学院的认可，这一切都来源于高中三年哈三中对我无论是学术，还是课余活动上大力的支持、信任、教导，给予我能够独立思考、独立处事的空间。当母校联系到我希望我写这篇文字的时候，着实受宠若惊。我只是哈三中无数在世界各地闪耀着的桃李果实中的最不起眼、最不成熟的一枚。简短的几千字，只是我对母校深厚的爱和培育的回忆，文笔不精，但一定有母校孩子在世界另一头的一片赤诚。

【作者简介】

　　陈剑莹，哈三中2010级学生。2012年哈佛大学暑期学校学生。纽约大学Tisch艺术学院电影系大二学生，导演方向。哈尔滨市三好学生，哈三中文体部部长，哈三中话剧社社长。2012年黑龙江省模拟联合国大会特殊政治反殖民委员会主席。美国常青藤大学联盟模拟联合国大会荣誉提名奖，甲骨文基金会研究性学习Thinkquest Competition国际成就奖及黑龙江省一等奖。2007年理查德克莱德曼哈尔滨钢琴演奏会嘉宾，2009年中国音乐学院考级大赛钢琴类十级组第三名。校园金话筒主持人大赛黑龙江赛区特等奖。2012年深圳中学国际先锋中学生圆桌会议参会代表。2013年CCTV传媒梦工坊优秀学员。

各美其美
共
芳菲

Gemei Qimei
Gong Fangfei

哈尔滨市第三中学校社团发展中的问题及对策研究

我在愉快的编程队

◇宋昆

离开熟悉的家乡哈尔滨，独自一人在清华上学的日子，转眼间已经进入了第三个年头。"大学生活"对我来说也早已不是什么新鲜刺激的名词，而是习以为然的日常。两年来，生活的主旋律是和来自全国各地的学霸们一起讨论这个实验哪里容易出错、这次课堂展示要做什么样的PPT、这段Matlab程序哪里出了bug……每天骑着自行车奔波于教室楼和实验室之间，偶尔在没有课的上午睡个懒觉，在周末晚上和室友开茶话会闲聊。

高中在教室里端坐一整天，不是抬头听讲就是低头做题的日子，对我来说逐渐变得陌生起来。至于学年排过多少名，一模二模考过多少分，做过哪些省的高考题，不过是茶话会上用来追忆往昔或是膜拜江苏数学帝的谈资。然而，当我帮室友修电脑、帮同学调程序、帮班级做海报、帮团委统计调研问卷的时候，在哈三中的机房里度过的时光又会鲜明地出现在我的脑海。当年打下的信息技术基础让我从中受益颇多，使我在清华这个优秀者云集的地方，也能够成为别人眼中有"一技之长"的人。

从最浅显的层面上看，在编程队学习和参加信息竞赛的经历为我带来的好处就是帮助我考上了清华大学。我在高二下学期的暑假参加了全国信息学竞赛（CCF NOI 2012）并获得了铜牌，从而获得了高考20分的加分，这在很大程度上减轻了我学习上和心理上的压力，让我备考和正式考试的时候都有放松的心态，发挥出自己的正常水平，也顺利地被清华大学录取。在清华，我遇到了更多的挑战，也接触到了各路牛人。平均分只有50分的物理考试，班级第一的学神考了97分；有人在本科期间就以第一作者在SCI上发表了数篇论文；有人设计出的机械手申请了国家专利；有人参加学校艺术团全国巡演，还被邀请去海外参观访问……接触到的优秀的人越多，受到的启发和鼓舞也就越多，这对我来说是一笔精神上的无形财富。

即使是在班级20多人的小范围内，大家也都各有所长，每个人身上都有出色的一面值得我去学习去向其请教，而我自己也因为在信息学方面的一技之长为其他同学做了不少事情，每当得到"你好懂电脑啊！"之类的赞叹，心中有一点小自豪的同时，更多的是觉得能在编程队学到了那么多东西，真是太好了。

不得不承认，如果没有加入编程队，参加信息学竞赛拿到20分加分，我需要在文化课上付出更多的努力，还要在考场上稳定发挥，才能考上清华。然而，它带给我的远远不止这些。事实上，起初我并不知道竞赛取得成绩可以加分，也从未想过会在竞赛的帮助下考上清华，只是在高一刚入学的时候，学校组织各科竞赛辅导报名，我又从小就喜欢计算机，所以毫不犹豫地报名参加了信息学竞赛辅导班。其实在高中之前我也凭借兴趣接触过编程，但是学了一点就遇到困难，也没有人指导，所以我经历了反复尝试反复放弃的过程。但是在每周六的竞赛辅导班上，有老师为我们细心讲解，遇到问题也可以请教老师和其他同学。在老师的引导下，我渡过了入门期的一个又一个难关，没有再像从前一样遇到难题就放弃。就这样，我重拾了编程的信心，终于在编程的路上坚定地走了下去，而且在不知不觉间越走越远。

随着学习的深入，需要写的代码越来越长，算法越来越复杂，做的题越来越难，有时想上一整天都不见得能想明白。这时就需要上网查资料，去广泛地阅读不同的人写的教程，还要静下心来思考，也许在某一时刻看到某一句话就会突然开窍。有时还要和同学讨论，在试图向别人解释和听别人解释的过程中，对某一问题的理解就能加深。现在想来，学习编程的过程中，既需要较强的自学能力和查找资料的能力，又需要和人互动时的沟通和表达能力，面对复杂的问题时，还要耐心地思考，而不能急躁。上了大学之后，我愈加感觉到这些方面的素质在学习、社会工作乃至科研中都会成为重要的助力。我如果在这些方面有一丝一毫的进步，都要归功于在编程队的这段经历。虽然问题想不明白的时候会头痛，程序调不好的时候会心烦，但是突然想通一个问题、调好一个程序时候的成就感是无可替代的。

经过了这段在编程队学习的经历，我感觉自己的电脑技能也有所提高。编程队里都是精通电脑的人，交流过程中总能学到不少小知识小窍门、好用的软件和解决问题的技巧等。在当今这个计算机被广泛使用的时

各美其美
共
芳菲
Gemei Qimei
Gong Fangfei
——哈尔滨市第三中学校社团发展中的问题及对策研究

代，这样的积累是十分有用的。无论是身边的小事，例如帮同学修电脑，还是分析实验、调研数据，能够熟练操作计算机都能使这些事情做起来得心应手。

总之，我很感谢在编程队的经历给我带来的种种锻炼和提高，它为我带来的积极影响一直持续到现在，而且我相信会继续持续下去。对于真心热爱编程、热爱信息学的人来说，编程队无疑是一个既能收获知识又能收获快乐的地方；对于有志于其他领域的人来说，掌握一点哪怕是入门级的编程思想，也有利于大学的专业课的学习和实践。至少在清华，"程序设计基础"这门课是大多数工科专业的必修课。

【作者简介】

宋昆，哈三中南岗校区2010级学生，清华大学精密仪器系2013级本科生。全国信息学竞赛（CCF NOI 2012）国家级三等奖。曾任班级宣传委员，现任系团委宣传中心组长。

编程成就了我的梦想

◇裴彤

各美其美
共芳菲

Gemei Qimei
Gong Fangfei

——哈尔滨市第三中学校社团发展中的问题及对策研究

　　高中阶段学习信息学竞赛的经历，对我来说是一个巨大的帮助。早在上高中之前，我就对计算机以及编程非常感兴趣，但却很难系统地进行学习。进入高中之后，正是通过信息学竞赛才开始系统地学习计算机编程。

　　还记得2011年高一的时候，我第一次参加了NOIP。那时刚刚学会一点C语言，对算法还没有概念，就很兴奋地参加了NOIP。记得当时用非常简单而暴力的做法做了两道题，而且本以为能拿到100~200分。不过很可惜，最后因为没有按照规则起文件名而不幸爆零。但是这并没有影响我学习信息学竞赛的道路。反而，那个时候觉得能用C语言编写出计算机程序，并且在计算机上运行那个黑框框是一件非常酷的事情。在那个时期，我在USACO题库上做了几十道题，每当有闲暇时间，就开始想某道题怎么解决，有的时候还会就某道题到学校跟同学一起研究做法。总之，那个时候做的题虽然都非常简单，但是我借此锻炼出了很重要的思维能力。

　　升入高二后，在张海峰老师的指导下，逐渐学习了各种算法和更加复杂的编程知识。这段时间为了准备NOIP、省选比赛和NOI，我在各大题库网站上做了上百道题目。通过这些题目，我不仅锻炼出了算法的思维，更提高了编程写代码的能力。NOIP2012我取得了二等奖，而省选比赛中我成功地进入黑龙江省队，参加了NOI2013。虽然在NOI2013的比赛中成绩不够理想，但是通过一次全国性的比赛，让我认识到了和高手们的差距，更重要的是也让我认识了很多高手，这对我日后的学习有着巨大的帮助。

　　高三时参加了我的最后一次NOIP。通过高中三年的积累，我在NOIP2013中以全省前列的成绩取得了一等奖。而且更重要的是，通过省一等奖，我成功地取得了哈尔滨工业大学降60分录取的高考录取资格。

　　高中阶段学习信息学竞赛对我的帮助非常巨大。上大学以后，我选择的是计算机专业。在大学的这两年里，我越发地感觉到高中信息学竞赛对我的帮助。首先，信息学竞赛极大地锻炼了我的学习能力。进入大学以后，几乎绝大多数知识都要靠自己的独立学习能力来自主学习，而高中阶段学习竞赛的基础给我提供了巨大的帮助。这种学习能力不只限于计算机专业，无论哪种类型的课程，我都能更快速高效地自学。而我身边许多同学习惯于灌输式教育，到了大学发现很难适应大学的学习速度，从而感觉到吃力。

其次，信息学竞赛，本质上是算法+编程。而这两部分，正是整个计算机专业的基础。高中竞赛的基础使我在大学期间的学习游刃有余，也能对所学的知识有一个宏观的了解。当其他同学还在纠结于一些基础的概念和细节时，我已经可以利用我的基础完成很多课程。甚至可以说，在算法方面，一个优秀的高中竞赛选手的知识水平丝毫不亚于一个普通大三学生。而编程能力，或者说是写代码的能力，更是能通过高中信息学竞赛获得极大的锻炼。编程能力是计算机专业中基础的基础，不会写程序就相当于什么都不能做。而这种能力只能通过多写程序来锻炼，信息学竞赛就是一个极佳的机会。几百道题目积累起来能够达到过万行的代码量，而我的一些大学同学在整个大学期间也没有机会写这么多代码。更重要的是，因为不会写程序，就在很多方面难以进一步提高，而大学的学习节奏又十分的快，所以高中的基础显得尤为重要。

再次，高中竞赛不仅仅止步于高三的NOIP和自主招生，更是大学期间参加ACM比赛的一个良好开局。ACM比赛全名国际大学生程序设计竞赛，在计算机领域是一个非常知名的比赛。ACM比赛对于计算机专业的学生就业有着巨大的帮助，很多取得ACM金牌的选手都取得了Google、IBM、微软、阿里巴巴等国际一流企业的职位。而ACM比赛的内容，更是跟高中竞赛一脉相承。除了比赛形式上的差别，本质上是一样的比赛。所以可以说，高中期间学习竞赛的经历实际上是为OI-ACM-就业这样的道路打下了一个良好的基础。而且事实证明，在大学ACM竞赛中取得良好成绩的，绝大多数都是高中有过竞赛基础的同学。

总之，感谢信息学竞赛，更感谢高中带领我们学习竞赛的张海峰老师。应该说，是高中的信息学竞赛实现了我学习计算机的梦想，更为我展示了计算机专业的广阔前景，使我在这条道路上不断进步。

【作者简介】

　　裴彤，哈三中2011级学生，曾获得2012年 NOIP省二等奖，2013年入选信息学竞赛黑龙江省省队，2013年参加NOI2013，2013年 NOIP省一等奖，2015 年获得黑龙江大学生程序设计竞赛一等奖，2015年获东北地区大学生程序设计竞赛一等奖，全国大学生程序设计竞赛（CCPC）银牌和ACM国际大学生程序设计竞赛亚洲区域赛上海赛区银牌。

各美其美
共
芳菲
Gemei Qimei
Gong Fangfei
——哈尔滨市第三中学校社团发展中的问题及对策研究

我与编程的故事

◇ 苗嵩

应张海峰老师邀请，很荣幸能写一些自己的故事给学弟学妹们。我不是巨人，但我希望尽我微薄之力，你们站在我的肩膀上，少一分弯路，多一分启发。

我出生于一个非常普通的家庭，父亲是一名技术工人，母亲因身体原因从我小时候就没有工作，在家相夫教子。从小学，我就喜欢计算机，但由于小时候身边很少有懂计算机的人，就算到了初中，也无人知道编程是何物。幸好，当年初中有个老师和我说，努力学习，哈三中有人教计算机编程这门知识，为此，我努力学习，终于考上哈三中。

还记得刚上高中军训时候，我正想怎么找到教计算机编程的老师时，操场广播就在宣传各个学科奥赛小组正在招人，于是我就报名参加了信息学竞赛小组。至此，我人生第一次接触程序、接触代码，这也是我未来大学、工作、现在事业的起点。

当年报名时教室坐满了人，估计能有60多个。清楚地记得当时我很仔细地看了一遍所有报名的同学的眼神，发现绝大部分同学都是抱着好奇和娱乐的态度来试试看的。虽然那时我还是不知道编程是何物，但我明白这东西是我的追求、我的梦想，甚至可能是我未来的事业（事实这就是我的事业）。正如我看到的那样，就经过了一次（没错，就一次）培训，60多人就剩下30多人，又培训了几次，剩下了20多人。高中三年下来，最后只剩下了5个人，坚持下来的其中两个人分别去了新加坡南洋理工大学（刘宇宁）、美国伊利诺伊大学（郭衍行），另外两个人拿到了保送资格，一个考入了清华大学（谷田，当时保送资格也可以换作高考加分，这种人就是传说中的能靠脸吃饭却非得靠实力的人），另一个保送进入了南京大学（冯汉元）。最后就是我了，既没有保送，也没有加分，努力了三年，如

169

果真真单纯从高中的角度来看，确实是一点成绩都没有，不过高中的经历却是我生命中重要的财富。

其实，从现在看，我高中取不到成绩也是情理之中的。在高一培训的时候，虽然我对编程有极大的兴趣，但是当时我编程的天赋快到负无穷了。我记得仅赋值语句我就研究了好几天才弄明白，讲数组的时候我就迷迷糊糊，讲循环的时候我还在研究数组，别人都开始学函数了，当然我还在想数组是什么东西（至今我也想不明白当时我为什么想不明白这么简单的问题）。那时候所有像我这样的没有底子而且又学不明白的都知难而退了，就我还凭着自己傻乎乎的精神硬挺着，幸运的是那时候我认识了冯汉元和刘宇宁（至今我们也是非常好非常好的朋友），他们两个在小学初中就有编程经验（最后剩下的5个人，除了我其余人初中编程都是很厉害的）。我每天都拿一些极其简单却对我来说比天还难的问题问他们，赋值语句怎么理解啊、什么是数组啊等。问着问着就迎来了我的第一次信息学竞赛。

我那个年代信息学竞赛分为初赛和复赛，通过初赛，每个学校有一定的出线名额进复赛，所有年级同学一起考试，复赛取得一等奖可以有保送资格。第一次比赛我知道我的实力，如果有幸能参加复赛，不为取得成绩，能混个比赛经验就行，有了经验高二的比赛一定能取得省一等奖，就算高二失误了，高三再拼一年应该就稳稳的了。打着这个如意算盘我就更加努力地啃着数组概念了。当时老师刚讲完基本语法没多久就初赛了，初赛成绩下来的时候我看到成绩单，我考了36分（100分满分）！根据录取规则，我忘记我排名多少，但我记得名额截止到我前面的4个人（这四个也是高一的），当时我觉得挺遗憾的，确实实力太差。不过过了一天事情有了转机，老师把我和前面的4个人叫到了教室，和我们说为了给我们高一的学生多一点机会，特意又要了几个名额，当时我心中窃喜，考36分也能进复赛？老师看着前面4个同学说，这次要到了4个名额让他们把握好机会，高一复赛的经验很难得，坚持住，高二会有好成绩（事实就是参加过比赛没多久这几个人就不再学了，现在每想起来这件事我真是……），和他们说完，话锋转到我这，语重心长地说："你看你这次考得很好了，就差0.5分就能参加复赛了（没错，排在我上面的那个就是36.5分），努力啊，别放弃，你很有希望"。就这样，第一次的复赛与我失之交臂，我的如意算盘也没有打成，但是我并没有放弃，依旧在努力，因为这是我的追求、梦想、未来的事业。现在看来，那一次如果我真的参加了复赛，可能我真的会……不过这都是如果。

就这样我努力了一年，自己从一个数组都不懂的新手进化到能解决复杂算法问题的少年（这一年辛苦了冯汉元和刘宇宁，这里必须感谢他们一下）。在那时，自己确实有了冲击省一等奖的能力了。时间一天天过去，转眼高二的信息学竞赛开始了，当然我很轻松地通过了初赛。记得复赛是在大庆举办的，比赛前一天我们住进了附近的一个酒店，我和刘宇宁住在一个房间，当时笔记本还不普及，恰巧那个酒店提供电脑，当晚我和刘宇宁玩游戏玩到很晚才睡，第二天起来比赛状态都很差，再加上我第一次参加比赛，花了很多时间适应比赛以及很多心思放在了如何提交代码上……这些因素综合起来，结果可想而知，我又fail了（当然刘宇宁也fail了），其实就实力而言我真心能拿到名次，然而这就是竞赛。当时总结教训只说第一次参加比赛缺少经验，其实当时的比赛状态也很差。这么多年，玩游戏这件事我和刘宇宁很少跟别人说起，今天希望学弟学妹们要引以为戒。切记，以大局为重！

高二失败后，我心有不甘，天天就想着三个字——凭什么。自己想着不管付出多大代价，一定再拼一年，高三再战！随着高二学业上压力变大，不管取没取到成绩，绝大部分高二参过赛的同学都把精力放在学业上，我投入在编程上的精力自然少了一些。然而快到高三时，我又想起了高二的失败，本着不成功就成仁的决心，再战高三竞赛。当时繁忙的时候我甚至逃掉班主任（感谢程大海老师，当时特别支持我）的课去机房编程。竞赛终于临近，有比赛经验、有知识储备、有赛前突击练习，万事俱备，我信心满满。竞赛开始，我依旧顺利通过初赛，而且这次复赛是在我的主战场哈三中举办，真是天时地利全了，可是人和这方面出了点问题。就在复赛的前一天，我突然莫名其妙地发起高烧，最终我带着高烧，迷迷糊糊地参加了比赛。等待比赛成绩的时候我回想了自己的高中三年，就问自己，我的人生不会这么狗血吧？高一差0.5分进复赛；高二没什么经验，没取到名次；高三都准备好了老天却这么玩我？当然，比赛的结果告诉我，我的人生就是这么狗血。在我看到结果的那一刻，人都点蒙，我想到了我和一起坚持下来的4个同学，他们都拿到成绩或者已经有出路了。而我，放弃了一切搞竞赛，现在什么都没有了。那天我哭了很久。

我剩下的高中时光随着竞赛失败后的迷茫一转眼就过去了，自然我的学习成绩班级倒数，是为数不多的考到二表的人（我的高考依旧很惨，我的成绩和一表差3分）。报志愿的时候我告诉父母，必须是计算机专业，因为我热爱它；必须不离开家，因为我累了，想休息休息。就这样我进入了黑龙江大学软件学院。大学刚开学，迎接我的学长问我为什么报这个专业，我告诉他因为我喜欢啊，他听了有点蒙，那天我才知道，这个专业是我们学校二表分最低的专业，他们一般都是因为别的去不了才来的这个专业。到了大学，我开始参加ACM竞赛，黑大的竞赛环境和其他知名院校比起来确实是天壤之别。既然没有环境，我就先创造环境。大二那年我担任了黑大ACM组的组长，并且带队第一次成功进入了ACM亚洲区预选赛的现场赛（进这个比赛本身并不是很难，但是当年黑大确实没有这个水平，相信你们会很轻松碾压里面的题），当然结果可想而知，我依旧什么名次也没取到。可是，老天是公平的，就因为这个比赛，我拿到了阿里巴巴集团支付宝的offer，薪水很不错。大二就拿到offer，这不管在哪个学校，当时也是不太容易的事。

从高中我就不再是一个努力学习的人，大学我也决定不会读研究生的，如果不考研，大学的学习也就是为了找个好工作罢了。拿到offer后，大学后面的两年半时间真的很轻松地度过了，别人努力学习的专业课我随便看看就可以，有了竞赛的底子，计算机相关的东西真的很好学。这两年半别人努力的时候，我打打游戏消磨一下时光，帮老师代代课讲讲算法，带带下届ACM学弟学妹等。这也算是对我残酷高中的一种补偿了。

毕业我来到了阿里巴巴，虽然我高中很颓废、大学不是名牌甚至不是一表，我现在依旧和所有大学毕业的程序员站在了同一个起跑线（当时甚至现在的中国，程序员最好的工作也就是在BAT了）。就这样，我在支付宝待了整整两年，其间我有幸作为核心成员参与了"余额宝"、双11大促保障等著名项目。现在我投身这次创业浪潮中，在你看到这行文字的时候，也许我已经被创业浪潮拍死在沙滩上；也许我已经事业有成，和老婆一起在海边享受成功的喜悦。但不管怎样，在这个竞争激烈的社会中，我已经拥有了折腾的资本和核心竞争力，我已经可以活得很好，过去的一切付出都是值得的。

我与编程的故事至此也就讲完了。在此和学弟学妹们说下自己的一些感悟，希望对你们有些帮助。

1.我学习不好，但是我真心觉得学习很重要，少年们努力吧。

2.考不上名牌大学、考不上一表依旧能成功，典型的例子——马云。但是如果完全信奉这句话而不再去努力，那你一定不会成功。

3.考上名牌大学并不意味着你高枕无忧了，北大毕业的也有找不到工作的。

4.好的专业比好的学校更重要。（个人观点）学校的好坏会影响到你接触到的人的层次、你了解知识的知识面、接触社会的接触面，属于外功。而好的专业是一个人在社会生存下去的根本技能，属于内功。试想，战场上厮杀，任你外功再强，如果一点内功不会，依旧会被别人一刀轻松杀死。

5.坚持自己喜欢做的事。毕了业工作几年后创业才知道，只要有足够的头脑，任何事情都可以在这个社会上作为事业来做，只要坚持下去。

【作者简介】

苗嵩，哈三中2006级学生。高中阶段获得信息学竞赛联赛省二等奖，大学期间参加了ACM/ICPC国际编程比赛亚洲区预选赛现场赛。2012~2014年，在阿里巴巴集团工作，参与了支付宝和双11大促保障项目的研发，支付宝充退业务系统核心负责人、支付宝支付核心组核心研发工程师。2014年至今自主创业，杭州刀塔网络技术有限公司创始人兼CEO（原公司名为杭州或非门网络技术有限公司）。

享受奋斗

◇相博

前几天的一个下午，我高中的信息技术老师沈雁鹏老师找我说，希望我能为当年参加机器人小组写点什么。虽然已是考试周了，可是我觉得，我还是要写一些关于母校、关于那些人、关于那些事儿的故事。虽然我算不得多么了不起的人物，但是我高中参加学校机器人小组的经历，绝对是我整个学生时代一份浓墨重彩的回忆，甚至毫不夸张地说，它很大程度上影响了我直到现在的人生旅程。

时光追溯到七年前，进入高一下学期时候的我，每天生活在高强度竞争的环境，当时也没多想过今后对什么感兴趣，要从事什么行业这种对我来说高深远大的事。只是每天跟同学耍耍嘴皮子，看看周围的人并努力过上跟他们相同模式的生活，听听老师嘴里的光辉前辈，日子也就这样一天天过去。不过在一次偶然的信息技术作业中，我的作品有幸被老师发现，进而得以进入学校的机器人小组，参加接下来的一些比赛。

如果说整个高中最让我觉得庆幸的、最难以忘怀的几步路，就是那天中午放学之后走向A区3楼的一段路。见到信息技术组沈老师的第一印象就是老师个子不高，胖胖的，戴着眼镜，很和蔼可亲的感觉（然而随后的故事却证明了她雷厉风行，有勇有谋，大度宽容的一面）。加入机器人小组，在当时我们班我也算是神秘的高端人士了，这让我找回了很多自信。

随后的故事，就是每天中午在A区的303对面的那个大教室（我记得当时是参加信息技术比赛讲课培训的地方），拼装一款名为"诺宝机器人"的智能小车。现在看来，无非是一些图形化的编程语言实现循迹、避障等功能，不过在当时的我眼里，简直就是神奇得不能再神奇的东西。虽然我觉得日子很幸福，不过沈老师却经常抱怨最新款的机器人难以获得。

后来我才知道，我们使用的是一代老式的机器人，到了最后也无非是借用了一下其他组的一代半的机器人（目前已经可以自主购买最新的二代机器人了，不过也就是功能上更多了，上手更容易，原理基本是一样的）。当然，拼装这个机器人无非是第一阶段，我们小组三个人最后的结果也都算是合格了，不过好像只有我的小车能顺利运行，这让我欣喜不已。

再往后，进入第二个阶段，开始了我们的研究目标，其实就是设计一个能够自动浇水的花盆。于是我们单独有了自己的一个房间，也就是所谓的实验室吧，位置是A303，每次回到母校我都要在那个门前走一走，回味一下当年我们一起点外卖、偷着玩机房游戏、焊接电路板、借通用技术课的胶枪和切割器材拼装模型的或懒散，或艰苦，或疲惫，总之，是幸福的过往。直到如今，当我作为南京大学招生组老师踏入母校的时候，当年我们三个人吃外卖的味道似乎仍然能够闻到，而晚上十点多从实验室出来，狂奔到已经关了门的宿舍，再向宿舍老师解释哀求的窘境，化作甜蜜仍然在心头挥之不去。

当然，场外也有很多精彩的故事。比如我跟小组的其他人冬日里，跑到哈工大无数次甚至闯入一些科技公司的大楼直接登门求教；比如我们一起跑到教化电子大市场买电磁阀；比如我们在田地街四处寻找画工程图的商家；比如我们甚至跑到老师家中和一些工程技术人员家中请教无线远程传感的问题……诸如此类，不胜枚举。这种经历带给我的是前所未有的兴奋和挑战欲，也让我感受到终于能走出学校去感受一下了。当然，这期间总会感受到众人对于我等三中名校出身的学子的欣赏眼光，更令我心中暗爽不已。

在后来的科技节，我更是拿到了无数的奖项，也被老师推荐到周一升旗时候作为获奖代表发表感言，这也算是我整个高中最出彩的事情了。到了年末，最终到了所谓的首届哈尔滨市中小学生人工智能与机器人大赛，我们也如愿以偿摘得了高中组第一名。虽然比赛现场我们制作的东西出了点小问题，不过无碍最后的成功。三中当时派出了五组，我记得当时有位老师也带了几组，一直以来对我们形成挑战包围之势，可惜未能如愿，后来听说那位老师调到了通用技术组去了。虽然每天忙活得不停，可我却乐在其中，学习上反而更有动力了，那次期末考试我考了全班第五，要知道上次期末我可仅仅是全班倒数第五，这种进步幅度我也觉得无比惊讶，这让我在今后的学习过程中，更是奠定了"一切困难都是纸老虎"的信念。

进入更加繁忙的高二上学期，似乎按理来说，这种活动应该到此结束，不过我们并未停歇，反而将目标定在了更为远大的全省乃至全国的青少年科技创新比赛上。虽说团体项目还从未夺得省赛一等奖，不过我们还是希望坚持尝试。在先进行的市级选拔赛上，我头一次知道了面试这种东西，幸亏学校大气，早先规定每个人必须穿正装并且按照校服规定进行发放，让我们总算觉得这东西没白买。面试的过程中，我们也准备了实物、实验录像、展架等，为了准备相关材料，我们也是一连准备了很多日子，我甚至拜托母亲大人专门去书店帮我买了一本《农业灌溉技术》的大厚书。不过事实证明，这些努力都没有白费，面试官一脸凶相提出的问题都被我们一一化解，虽说最终仍然凶神恶煞地把我们请了出去，不过我们还是顺利晋级到省赛。

如果按照剧本来写，我们应该是创造奇迹，冲出重围进入国赛，为母校增光添彩。可惜我们也不是完美的，似乎早已注定了一样，省赛的面试官们对我们一番客气，夸奖我们年轻有为、是三中的骄傲，没什么具体问题就让我们结束了。不过最终我们只是得了个三等奖。看来，对你凶的，往往不意味着结果不好，对你和善的，却似乎隐藏着什么玄机。

整个故事到了这，也就告一段落了，跟之前一样，虽然我忙得不可开交，不过学业水平考试加期末考，我却是全班唯一一个所有科目都考过了90分的人，也让我今后一段时间的成绩都稳定在了前十名。反而是到了高三，没什么精神动力，成绩却每况愈下，看来我还真是个情绪型选手。

总的说来，三中带给我的，机器人小组带给我的，是一种温暖，一种幸福，一种自信和动力，一种眼界的辽阔和深刻，一种无法用言语形容的升华。除了较早地关注一些实验和科技影响了我今后的专业选择之外，参加这个机器人小组更多是给了我一种非凡的心灵体验。我内心无比感激和庆幸人生中能在这所学校跟这些人打交道，正因为如此，我才能心胸开阔，泰然自若；正因为如此，我才能静心思考，心怀大志；正因为如此，在临近高考一百天的时候，听到张祥洲副校长讲话的最后一句话"你们要去征服远方，征服世界"时我能潸然泪下。

【作者简介】

相博，哈三中2008级学生，高中期间获得数学省赛三等奖、化学省赛二等奖、科创省赛三等奖等荣誉。高考作文满分，以全省321名进入南京大学信息工程专业学习。大学期间担任学生宿舍自主管理委员会副主席，连续三年获得各项奖学金，同时获得美国数学建模联赛国际二等奖、南京大学基础学科论坛三等奖等十余项比赛荣誉和多项荣誉称号，自主创业"南大装备酷"音响话筒租赁公司，同时获得管理学双学位、会计学第二专业，于2013年公派到台湾中央大学交换，曾在南京市委宣传部、南京银行总行实习。研究生保送至上海交通大学创新与战略系硕博连读。

我的成长

◇李亦章

各美其美
共芳菲

Gemei Qimei
Gong Fangfei

——哈尔滨市第三中学校社团发展中的问题及对策研究

　　第一次接触机器人还是在小学。每周日的下午，我都兴高采烈地去哈工大，在一个实验室里，把几块简陋的电路板拆拆装装，然后看着搭出来的小车满地跑。那时的我还不懂编程，只是按说明拧拧螺丝而已，但是耳濡目染地，我接触到了一些常用的结构和一些简单的机器人相关知识，比如如何安排轮子的位置，能让车走得更稳更不容易翻。

　　上了初中之后我第一次接触编程，最开始是Pascal，然后接触到了C语言。虽然只有一年，虽然直到初中毕业也没能学出个所以然来，但是在这一年之中，我学到了很多编程的基础，学到了如何从机器的角度去思考。这个所谓的编程思想，即从机器的角度去思考，在接下来几年直到现在我的学习生活中对我的帮助都很大。

　　到了高中，这才是我真正开始接触程序的时候。高一的时候我报名参加了信息技术竞赛，于是开始认真研究编程，从最基本的算法开始。结果到了竞赛的赛场我才发现，我距离竞赛获奖还有很长的一段路要走。不过机缘巧合的是，在接触编程的同时，也让我接触到了机器人社团。于是我又将我的周末投入机器人社团中。现在的机器人和几年前接触的机器人大有不同：首先是为了能完成特定的任务，机器人的结构更复杂了；还有就是现在没有现成的程序可以用了，我必须自己编程。

　　设计一个机器人涉及两个部分：硬件和软件。这两个部分相辅相成，搭建完硬件之后再写程序，在写程序的过程中完善硬件的设计，而这个不断优化的过程是需要时间的。因此，高一时的每个周末我都用于完善我的设计。终于在高一的暑假，我如愿拿到了一个全国第一名。高二的暑假我也再接再厉，又在另一项全国比赛中拿到了全国一等奖。

　　现在我在同济大学自动化专业就读，不久就可以拿到学士学位了。

然而现在我回顾高中时让我无比投入又无比自豪的机器人时，才发现当时做的东西在现在的角度看起来也很简单。同时我也发现，虽然它看起来简单，但是高中课余投入机器人的经历对我十分重要。当我的同学们还在研究C语言语法的时候，我已经交完了一学期的作业；当别人还在研究如何用单片机点亮LED灯的时候，我已经开始接触工业总线了。高中的经验不仅给了我一个更高的起点，还给了我更深入钻研这个领域的能力和兴趣。现在我不仅可以完成多数ARM平台处理器上的嵌入式系统的开发，也可以在如西门子PLC之类的平台编程，这和我的兴趣，以及我积累下来的编程基础和编程思想相关。

如果说机器人社团给了我什么，它给了我一个平台，给我提供了一个硬件可以让我学习让我参加竞赛的平台，一个可以在业余时间培养自己的兴趣的平台。学习是一个积累的过程，不能求快。不能今天开始学，就开始想着多长时间之后能做出一个像样的机器人。在每个阶段回顾前一个阶段的时候都会觉得之前做的东西很简单，然后在后一个阶段反过来觉得今天做的东西很简单。但是就是这些简单的东西，奠定了以后我能达到的高度。从最初的只能搭建硬件，到后来的编写软件，到现在可以独立完成开发项目，离不开以前一点一滴的积累。

【作者简介】

李亦章，哈三中2009级学生，信息科学协会机器人部部长，获第八届"全国中小学信息技术创新与实践活动"虚拟机器人灭火一等奖，获"第十一届青少年机器人竞赛"基本技能一等奖，2010年恩欧希教育信息化发明创新奖，现就读于上海同济大学自动化专业。

我在三中

◇鲍天翼

各美其美
——哈尔滨市第三中学校社团发展中的问题及对策研究

共
芳
菲

Gemei Qimei
Gong Fangfei

三中代表了什么？是学霸？是名师？ 这都是外人眼中的三中，对于我，三中代表着机会、代表着组织才能、代表着人才济济。

作为一名热衷于追求新鲜事物的"极客"，高一入学后我就报名参加了科技创新社，并成功通过了笔试和面试。这一届的科创社是从2011年建社以来，给予社员机会最多的一届。因为这一年是许多科创培训机构邀请我们参加其科技创新比赛的第一年。2015年1月，我以哈三中代表队队员身份参加了第一届全国青少年创新智能大会。从未想过我能有机会代表学校参加国家级比赛，在初中，这种机会从来都是受到很多无关因素的限制，所以即使有能力的同学也可能面临因为其他条件不合格而被拒绝的窘境。三中不尽相同，这种在我看来十分难得的机会，却是人人皆有，只要有能力就可以把握这机会。虽然这次没有获奖，但是我依然看到了许多其他的机会。

于是，2015年5月，我代表哈三中参加第二届全国青少年创新设计大赛，获得技术设计二等奖、文艺设计一等奖、十佳视频奖、最佳海报奖。2015年6月，我代表哈三中参加第六届哈工大建筑节，获得全市第四名。同月当选校园之星——科技创新之星。2015年8月，我带队参加第二届创智大会，获得最佳产品经理、创智最佳团队。2016年5月，全国青少年科技创新大赛黑龙江决赛，评为全省第一。我从一名没有任何荣誉的普通高中生，到现在拥有三项专利，发表两篇学术论文，获得各种国家级大赛一等奖成为别人眼中的佼佼者，这一年的科创经验，给予我不同的感受，不仅仅是那些技能，不仅仅是那些朋友，不仅仅是我们做过的产品，更多的我觉得还是三中把我培养成了一个合格的创客。在这半年，我学习到了很多：如何做市场调研，如何做出一个让用户满意的产品，如何将产品与客户要求最好地结合起来等许多创新知识。如果没有三中提供给我那么多机会，我相信我现在应该依然只是一名普通得不能再普通的高中生。

初中时，我一直仰慕学生会成员的荣耀，可我却只能仰望，因为我一直认为学生会的位置都是留给那些比我优秀很多的人。但是进入三中后的学生会社联的招新却让我看到了希望，社联居然有单独的技术部，作为技术优势选手，我突然有信心加入社联这种学校核心组织。

2015年6月，作为社联的中流砥柱，我组织了第一届馨悦馨梦社长改选大会。直到那时我还是不敢相信我的改变——从一名坐在场下观看的参与者到一名坐在主席台上的组织者。这一切似乎并不梦幻，但是这却是我一年前根本不敢想象的。没有组织过大型活动的人和组织过大型活动的人确实不一样，组织一场活动可比表面看上去的复杂很多。向团委申请，写策划案，彩排，写邀请函……无数次的经历，无数次的锻炼，三中，将一名懵懂少年打造成了一名合格的组织者。这些组织能力给予我的不仅仅是能力上的提升。更是素质上的提升，2015年9月，我成功当选为社团联合会副会长。接下来的一个月就举办了社联换届后的第一次大型活动——社团招新。回想起2014年的10月，我还是一个懵懂的少年，同样地站在升旗广场上，对所有社团都怀有新鲜感，而如今的我，不再迷茫，作为社联副会长，管理着学校42个社团，在三中的这一年真的是改变了太多太多。

我一直有一个梦想，那就是把三中所有在计算机方面有特长的人集合在一起，为学校做点事情。所以在和团委何老师讨论很久之后，我们决定成立一个新的学生组织，独立于学生会和社联但是服务于学生会和社联的组织。于是，新媒体中心于2015年12月诞生了，由我担任第一届新媒体中心总监。新媒体的成立确实是我高中生活的一个重要的转折，新媒体诞生后，团委公众号订阅人数翻倍，公众微信文章质量提升数倍，当然还有三中大事件播出后的广受好评，这些难忘的回忆将是我人生中最珍贵的财富。之后我才了解到，三中是全国前几家提出新媒体概念的高中，转念一想，即使其他学校也提出了新媒体的概念，也不一定能办得像三中一样。三中聚集人才，三中也善于培养锻炼人才，这是其他学校所不能及的。

三中的教学理念，正如赵校长所言，注重学生个性发展，我正是成百上千受益者中的一个。三中给予我的也许不只是机会和才能，三中更给了我一片可以翱翔的天空。

【作者简介】

鲍天翼，哈三中2014级学生，哈三中社团联合会会长，创新智能联盟社长，前新媒体中心总监，校园科技创新之星。

说一点常识

◇何川秀玥

参加社团活动，与其说是了解社会，不如说是发现自我——能以独一无二的自己立足于众生之间的自我。虽说这是客观事实，世界上不会有完全相同的两个人，可惜，Common sense is not that common（常识总是人们遗忘的那部分真理）。

高中时参加学校的学生会，是带着半吊子文青掺了点愤青的成分进去的，说白了并不成熟，是那种自认为自己已经足够成熟的那种令人忍俊不禁的不成熟。幸好怀揣着家里的严训——踏踏实实做事，在高二那年竟得老师知遇之恩，怀着诚惶诚恐之心坐了一年主席之位，到如今三年如分秒而逝，却又如一生般沉甸，在学生会的际遇需要在今后的路上不断反刍，愈品愈醇——我也相信，任何一个人只要踏踏实实做过的事，都会成为这样一份值得反刍的经历。

此刻，承蒙团委何老师约稿，就让光影再次倒转，回到令我记忆深刻的一幕，那是2012年3月，3月5日是"学雷锋纪念日"，寒假一回来的我就野心勃勃，一心把这个被黑了N多次的日子，过出他应有的生机。

"我们学的不是雷锋这个人，他的实体上早已被涂抹了太多的色彩，我们其实是在重新发现我们本就有的一种精神，一种作为群居动物固有的一份温暖，快节奏的生活阴暗掉了很多角落，我们都在斑驳中，我们都渴望温暖，我们都是雷锋。"

这是我当时在文案中写到的，也是我一直坚信的，只是这段话还应该有更多的解读。当时我的同学在《生活报》社的王帮办志愿者组织中参加各种活动，其中最重要的一项就是给哈尔滨市内以及周边的家境困难的孩子免费一对一长期补课，不是那种一次性的象征性支教，而是两个群体的对话扶持——志愿者扶持孩子以知识与呵护，孩子扶持志愿者防止其飘飘然而坠落，这对于哈三中的学生是一种重要的情怀，是三中精神的一部分。

于是群力、南岗学生会与王帮办志愿者的组织者搭线，浩浩荡荡搞了一个月的活动，其间除了给孩子补课还有去探访孤寡老人及清扫社区等活动。报名人数之多，报名同学心意之诚，是震撼我的第一点，说中国学生只知读书的时代早已过去，食堂里讨论体制与教育、国情与法治的声音在学生群体里愈加轰鸣，越优秀的学生越不可能是只埋头于书本之间的，他们只是需要一个平台和一些善意的引导，功利之心其实夹杂了很多不安与无奈，对于高层次格调、深度思想的追求仍然是人的一种本能，可缺少的正是一些合理的有组织的平台和社会善意的引导。

活动细节之不完美、双方心态的起伏是震撼我的第二点。是的，我上面说的是合理的有组织的平台，现在国际上的NGO（Non-Government organizations）非政府组织搞各种志愿活动的很多，还有很多国内权威的网站都在招募很多志愿者活动，听起来都很有意义，我们在做志愿者的时候到底是以高高在上的视角给人施舍，还是能发自内心地明白，我们是去恳请他们给我们一个学习的机会，有多少人能耐心地做出一些问心无愧的事情，还是用飞扬的文采交一个足够催人泪下的结题报告就万事大吉。

再深入一步，步入大学后社团活动很多，我们学校就有200多个校级社团，院级的就更不用数了，被"压榨"了12年的中国学生终于可以名正言顺地去搞一些非课业的活动的时候，这些脱缰的野马到底跑向何处，是为了求一份简历还是求一份心安——可惜事实是不求心安，也求不到简历。熙熙攘攘的大学校园的大多数社团急需两个东西——效率与传承。社团是一种文化的凝结体，是一股有社会力量的文化，并不应该是一届人粉饰过一些可有可无的活动，喊过一些听起来挺响亮的口号，就可以贴上社团达人的标签信誓旦旦步入社会，再把这个架子留给下一届，让他们再重新平地起高楼。而一浪高过一浪的大学生社团"达人"也有两个东西值得我们再次度量——想法与恒心。最近正巧听了很多创业的故事，这些成功者固然貌似有些常人缺少的东西，比如魄力与决断力，但在故事的最初，他们只是一些普通人，但他们有自己的想法，并勇于去实践，在这个过程中才又吸附了很多想要达成想法而必需的品质。当你想找到安身立命之本时，你要先找到自我，社会不会像校园里给你出题让你回答，而是自己去发现问题再自己解答，在解答路上相信"如果你一心想要达成某件事时，宇宙会合力祝你完成"（《牧羊少年的奇幻之旅》）。

我能想到这些有赖于我在高中学生会经历的反思，反思很重要，经历并不等于经验。

当年半吊子文青的我也无法想象如今我会写下这样一篇话，而我还在那个寻找想法与本心的路上继续前行，不休息也不慌张，像跑马拉松，不要太着急，嗯，也不要停下来。为每一个在了解社会，并从社会中找到自己的路而奔跑的学子喝彩。

字数有限，咱们来日方长。

【作者简介】

何川秀玥，哈三中2010级毕业生。曾担任2012年群力校区学生会主席兼校报主编。现就读于武汉大学。

我的志愿行动永远在路上

◇王瑞霏

从小，在我的字典里就只有学习，甚至还不知道为什么要学习时，就在努力成为一名好学生。因为我知道，只有学习好，父母才会高兴，我似懂非懂地认为，只有学习好才有前途。

高中时期，才是我们认识世界，认识自我的真正开始。就在我努力学习，完成老师，家长，甚至社会对我的期待，成为一个好学生的时候，我也真正地开始思考，思考我为什么要好好学习。虽然，我说不出什么大道理，但我却渐渐明白一个现实，这个社会需要我们成为优秀人才，这样才能担负起社会发展，时代进步所赋予我们的责任。

但是只要学习好就可以了吗？从小到大都是别人为我付出，我更希望通过做些志愿服务，去做一点点偿还，让在我身上付出过的老师和家长们看到，他们对我的培养是有回报的，我成了一个懂得感恩与回报的人，这就是我成为一名志愿者的初衷。

于是，我带领我的小伙伴们开始了行动。当我用心去聆听抗联老战士李敏奶奶的爱国情怀时，当我和小伙伴们把运动会后的操场打扫得干干净净时，当我们用歌舞为敬老院的爷爷奶奶们送去欢笑时，当我看到高考生们拿到我们亲手制作的祝福卡而露出笑容时……在无数个瞬间，我看到被帮助和关爱的人们感受到了我们的心意，他们的生活因我们的微小付出而多了些幸福，我的心境渐渐改变，因为我知道做志愿者的意义不只局限于我个人的成长，这更是一种对于社会的责任和担当。

大家都说我们这一代是自我的，自私的，我时常想，这样的一代人该如何实现社会寄予我们的希望，挑起本该属于我们的沉甸甸的责任？所幸，有志愿者这个平台，让我们在学习知识的同时，逐渐去接触社会，回馈社会，在小事中锻炼自己，使自己成为一个有用的人，一个别人需要的人，一个有存在价值的人。

记得我们去看望脑瘫患儿时，从他们身上看到的乐观与坚毅，他们不畏病痛的侵袭，仍保持着一颗阳光的心。每当我们遇到困难时，想想他们饱受痛苦却依然坚定的眼神，又有什么困难是不能克服的呢？

可以说，在志愿服务中，我立足于小事，坚信涓涓细流可以汇成江海，从被帮助者的身上得到了力量，找到了自我，实现了个人价值，知道了为什么要好好学习，因为社会需要我，它需要我们成为有担当，能担当的当代新青年。

"鸟鸣嘤嘤，求其友声。"道义感召下，我希望能用信念、良知、同情心、责任感，呼唤更多的人投入到志愿服务当中。新时代有新的英雄，雷锋同志确是志愿者的优秀典范、人们心中永远的伟人，雷锋精神永远不会过时，新时代更需要新时代的雷锋。今天，志愿者，对我而言已不再是简简单单的一个称号，而是一种荣誉，一种社会责任，一种向榜样致以的敬意。

我会继续发扬雷锋精神，并为这种高贵的人生理想而奋斗到底。志愿服务只是我走向社会的开始，我在这里找到了光荣与骄傲，我相信，我和我的伙伴们不会让你们——爱我们的家长，辛勤教育我们的老师们失望。

我是哈三中王瑞霏，我和我的伙伴们是青年志愿者，我们的志愿行动永远在路上！

【作者简介】

王瑞霏，哈三中2013级学生，在校期间任哈三中志愿者联盟2013~2014届社长，哈尔滨市优秀志愿者。热心公益事业，决心弘扬雷锋精神，将志愿者服务进行到底。

各美其美

共芳菲

Gemei Qimei
Gong Fangfei

哈尔滨市第三中学校社团发展中的问题及对策研究

昨日历练，今日沉淀

◇李卓楠

那是两年前，我和三两个同学午休走过教学楼阳光大厅，有大音箱播放着音乐社团的歌曲，有美食社团可供随意品尝的水饺和寿司，有指尖炫彩社团热情地向我们传授折纸玫瑰花的"秘籍"，还有表演转魔方、拆九连环的学姐，那一刻，她不知自己吸引了多少人崇拜的目光。刚刚进入三中的我从未见校园里有过这么大的阵势和排场，原来这是每年一次的社团招新。就在门口，一张简单的桌子，一张简明清晰的海报，被无数同学围个水泄不通，报名的同学已经自觉排成长龙，这就是我所目睹的志愿者社团招新盛况。我毫不犹豫地申请加入志愿者社团，成了黑龙江省志愿服务网的注册志愿者，这不仅是因为内心对于志愿服务的热情，更是由于社长孙慧熙从六岁起捡拾废品换钱捐赠给艾滋儿童的事迹深深打动了我。

还记得要参加第一次校外志愿服务活动的前一天晚上，我竟然躺在床上兴奋到难以入眠，我知道第二天的自己不只代表我自己，不只展示的是三中的形象，更是在展示志愿者的形象。清晨我提前一个小时来到集合地点，意外的是，其他同学竟然都来得那么早，于是我们开始分发垃圾袋和手套，准备在松花江沿岸捡拾垃圾，为创建文明城市贡献自己微薄之力。我们四十多人的队伍从防洪纪念塔出发，将拾到的垃圾分门别类，放到指定的回收点，通过自身劳动美化家园。每一个弯腰又直立的过程带来的都是一份清洁，不少带孩子出来玩儿的家长看到我们的举动也带着他们的孩子加入我们的行列，我们的队伍不断地壮大着。美丽的城市环境，需要每一个人去关注和爱护，几十个人的力量毕竟是有限的，希望我们的行动能唤起更多的市民参与到学雷锋志愿服务中来，大家共同携手，为大美黑土龙江大地增光添彩，增强环保意识，倡导文明行为。其实环保很简单，只需我们旅游出行时自备一个垃圾袋，吸烟时随手将烟头扔到垃圾箱里。

在接下来的一年里，我们又开展了许多不同的社团活动。在世界艾滋病纪念日，我们向中央大街游人免费发放了三中具有中学生特色的宣传品和三中人利用课余时间制做的精美红丝带2 600多条。在哈市连续数天的暴雪终于结束后，我们走上街头，帮助清理街道的叔叔阿姨清冰雪，人行道和辅街上的积雪大多被行人和车辆压实，路面很滑，看到来往的路人行走不便，志愿者们就将压实的积雪一点点铲碎，归拢成堆再扫走。敬老院、儿童福利院更是少不了我们的身影。在春节前，我们一起去看望抗联老战士李敏奶奶，大家自导自演的节目让奶奶乐得合不拢嘴。在清明节，我们一起去为烈士赵一曼扫墓。那种缅怀，那种敬意，让我们更加昂扬向上地面对人生的挑战。

经过一年的历练，我幸运地成为志愿者社团新一任社长，做了社长才发现责任更重了。首先，关于社团内部四大部门的分工问题，真的是最令我头疼的了，不过尽管社员人数多会比较难管理，只要能使每个社员明确自己的分工，我们整个社团就真的获得了一加一大于二的效果。其次，就是活动经费的问题，我们穿梭在各大教育机构和繁华街区的各家商铺间，希望他们可以赞助我们部分活动经费，这不仅需要有清晰的思路和良好的表达能力，抗挫能力也是必备的。还有就是活动组织能力和领导能力，一个全面的活动设计和一个完备的应急预案可以为活动上双重保险，一次次的社会活动也培养了我在公共场合的应变能力。

三中，为我们提供了一个个广阔的平台，在这里，我们收获了社团工作的友谊，我们收获了志愿服务的乐趣，在协调学习和活动的过程中，我们既提高了学习效率又培养了社会实践能力，这一切更丰富了我们的人生经历。作为三中人，我们是自豪的。

说到这里，仍有些意犹未尽，昨日三中给予我的历练又怎是只言片语可以表达的，它们已经在无数的日升日落间悄然化作我今日的积淀。相信每一位三中学子都可以在三中这片沃土上将才能充分发挥，牢牢抓住每一次突破自我的机会，勇敢地去追求自己的梦想，因为这是属于你的一片天。

【作者简介】

李卓楠，哈三中2013级毕业生，在校期间曾任哈三中志愿者联盟社长。

各美其美
共 幸
芳 菲
Gemei Qimei
Gong Fangfei
哈尔滨市第三中学校社团发展中的问题及对策研究

但行好事 莫问前程

◇雷铭宇

当我们还在幼儿园的时候就有"向雷锋同志学习"之类的话在耳边萦绕，年幼的我们不能理解其中的意义，就只知道要做"对小朋友要友善，要扶老奶奶过马路"之类的"好事"。原因也很简单，就是做好事能得到表扬。

初中的我们由于升学的压力，很难逃出"两耳不闻窗外事，一心只读圣贤书"的怪圈。而且可怜的是在这怪圈中，我们甚至忘记了儿时那份渴望"赞扬"的"善心"。但我们也能感觉到这样不好，也会昙花一现有一丝丝对"做好事"的渴望。但我们却又感到"报国无门"的无助与彷徨。

不过还好，这一切还不算太迟……也许一个高中生不该这么"禅"，但我还是想说：如果真有天意，那我要感谢这份天意能让我参加了志愿者活动，接触到志愿者联盟。还记得参加的第一次志愿者活动是"小动物救助站献爱心"，当时的活动内容很简单，但那是我第一次感受到了我能以自己的力量让这个世界向好的方向有一些改变。也是让我第一次感受到了一点点"正能量"的意义。

之后的每一次活动都会让我对志愿者的意义有更深的理解，对人生的价值有更深的理解。在光盘行动，清洁运动会会场活动中让我们感受到校工的不易让我们理解彼此；在脑瘫儿童康复中心献爱心活动中，看见孩子们纯真的笑脸就会感觉自己被净化了一般；在老年公寓中看到老人们眼中闪烁着感动的泪水时就会感到自己对这个世界来说并非一文不值。

有人曾经抱怨：志愿者的活都是一些累活，有时又得不到什么。这里我想用一句《增广贤文》中的话："但行好事，莫问前程"来回答。这句话不是说做好事是白做，没有任何收获的。这句话讲得恰恰是：行好事之后，方见前程。还记得开学初时的"投入一份爱心，收获一份感动"希望工程一加一活动吗？当时我们在前期准备时遇到了很多困难，也曾想过要放弃，也想过活动效果不尽人意的情况。但当我们现在回想起收集瓶子的那几天，看到善款从一元到十元，从十元到百元，再从百元到目标千元的时候，我们的内心都久久不能平静。而就在上周我们收到捐赠结对证的时候，昨天我们寄出爱心图书的时候，我们知道我们所做的一切都不是白费！我们所做的一切都有了回报！

就是这样，也许我们在活动的准备，进行甚至结束后都没有感到收获，但请给自己时间，一点时间，当我们回头望望的时候就会发现，人生一点都没有白费。哪怕在活动中再苦再累，当你完成的时候就都是值得的。我们所做的，我们所付出的都会在不期时给我们以反馈！

在最后我想再说一个小方面的感悟，但这也是志愿者工作给我带来的最大收获——感恩与情谊，如果没有我们父母的支持，在繁忙的学习生活中我们不可能有这样的时间来进行志愿者工作。是家长们的理解让我们大步前行。同样，老师也在我们迷茫时提请和鞭策着我们，如果没有老师的支持，我们的工作同样也不能如此顺利。

同样在志愿者联盟的每一次好事中我也结识到了很多志同道合朋友，我也知道我们中一定会有一些影响彼此一生的人，我想这也是对"但行好事，莫问前程"的另一种解释。

曾经有人说志愿者是个累活，但我更要说，志愿者，是个积极活，是个乐观活也是一个感恩活！这一年里的每一件事都离不开乐观与积极！我们也必须要怀着一个感恩的心，感谢老师对我们工作的支持；感谢学校为我们提供这么好的平台；感谢我们身边的人对我们的鼓励；同时还要感谢我们每一个志愿者，任何事情都是有人来完成的，没有我们志愿者联盟的每一份子的共同努力我们就不可能取得今天的荣誉！我也相信我们的志愿者联盟一定会走向更大的辉煌，帮助更多的人，为社会创造更多正能量！

【作者简介】

雷铭宇，哈三中2014级学生，成绩优异，曾任志愿者联盟社长，多次组织社团公益校外活动，重阳节关爱老人、中央大街清扫等。

各美其美
共芳菲
Gemei Qimei
Gong Fangfei
——哈尔滨市第三中学校社团发展中的问题及对策研究

支教联盟初体验

◇姜焯文

也许没有一个社团建立的如此"草率"，仅仅是头脑一热，就产生了这个想法；但也许也没有一个社团活动如此频繁而充实，一天一堂的视频教学，一周三堂的九十九中学支教，构成了联盟初期的活动。没错，这就是哈三中支教联盟——一个年轻而不为功名但为公益的组织。

想法刚产生时，只是单纯地得知了理发时一旁的学徒与我同龄，却由于学习不好，出来打工，头脑一热，决定要做些什么。但我们一群还要读书的高中生，又能做些什么呢?也许是从理学会，我得知了其实学生可以尝试讲课；也许从新时代的媒体平台，了解到了"人人都是发声者的观念"。于是，录课上传的思路应运而生。但毕竟网络不是所有人可以方便应用的，而且网络的形式具有的单一性，又促成了与实地教学相结合的想法。但，这一切只是空想。这，距离一个几十人甚至如今上百人的社团，还太远。

如果说，有什么是我认为最重要的在这个过程中，那一定是同学、朋友。开始时，我将这个主意与身边的人说了，于是有了李龙迪、王昱祯、胡鸿源、苏木欣等人的加入。在他们的支持下，联盟开始决定筹备组委会，于是，又有了李尚松、毛星龙、震林等人的加入。但这毕竟只是班内力量。于是，在散点辐射思路的引导下，我在各班找了几名负责人。然后，在其至连教室都没有的情况下，二十余人就在中午，综合楼的一楼大厅，开了第一次会议——联盟委员会的雏形出炉。然后，时间就紧凑起来了。人有了，可活动还没着落。先是找道奎老师申请教室，然后一次次地开会。成立之前，陆续有身边人或是听说的人打听想要加入，于是还没成立，就收获了半百人的申请表，终于确定了成立仪式。画板报，做海报，大家各显神通。终于，支教联盟委员会较为圆满地成立了。过程中，我一直很受感动。不用提伙伴们的宣传、转发，也不说高二学长们的热情支持，就连毕业的三中学长理学会老社长刘博也来鼓励支持，真的很感动。当然，最令我充满敬意的支持是来自班主任张丽君老师，当她听说这件事之后，毫不犹豫地表示有什么可以做的就找她。当然，更少不了何书记和道奎书记的支持与帮助。其实，我个人感觉还是团队的力量促成了它的成立。建立之初，一切都没有方向，开辟出了一条新的道路一步步摸索，大家在相互帮扶下。然后，再一个里程碑就是找到了一个靠谱青年张博源并让他负责录像工作。周一到周五、五科，五个负责人来统筹。当我看到每天不同的面孔在讲台上行走，洋溢着热忱的时候，我知道，这步走得十分英明。接着，便是九十九中的支教行动。在孟嘉润妈妈的帮助下与九十九中取得了联系。讲真的，在与九十九中的沟通过程中，我一直是没有底气的，担心没人去。然而，当我回到学校分配任务时，我才明白，我的担心是多余的。热忱，热情，热心，这从来不是三中学子所缺少的，三中学子的情怀从来是只求公益，不求功利的。启动仪式上，闫校长、道奎书记和我们敬爱的班主任张老师的到来与支持，更让我因为有三中这样的后盾感到庆幸与自豪。支教过程是短暂的，只有短短的半小时（网课）或一个半小时（实地），但它又是漫长的，它的背后隐藏着数以日计的准备。它是无意义的，只留下满手玫瑰的芬芳，但它又是有意义的，对他们来说，那就是一次可以帮助改变命运的机遇。从开始的紧张不成熟，到后来的从容镇定，这着实对我们也是一种提升，是一个互教的过程。

参与了整个创建过程的毛星苊同学如是写道："能和一群志同道合的有志青年创建一个前所未有的社团，亲眼见证它的横空出世、不断壮大，是我有生以来最有意义的经历。它的意义，在于它是哈三中支教联盟。为了它，我可以连续几夜整理资料，撰写教案，只为站在三尺讲台上，面对摄像机，利用半个小时的午休时间，给渴求知识的孩子讲解清晰几个重难点；为了它，我可以连续几个周末放弃休息时间，面对面地为平房区九十九中的即将中考的孩子答疑释难。"

不错的，支教不只是一次公益，也是一次经历。作为一个参与者，我收获了一种情怀，这是一种对自身价值的实现，一种在准备及讲解中得到的历练。作为一个组织者，我在策划与筹备中得到了锻炼，的确有很多困难，但正是征服这些困难、挣脱迷惘的过程才是青春难忘的经历。"三中人总是竭尽心力，从各方各面为这个社会贡献自己的微薄之力。终将引领时代的我们，怎可能甘为人后?

　　自联盟创建伊始，我们都本着"不为功名，但为公益"的宗旨，如轴承一般，默默而又不可或缺地高效转动着。然，路漫漫其修远。我坚信，无论未来何时，无论天涯海角，我们都能不忘初心，撬动地球，而哈三中支教联盟，就是我们的支点。

　　【作者简介】

　　姜焯文，哈三中2015级学生，支教者联盟创办者，新媒体中心成员，美式辩论哈尔滨赛冠军，省市中小学生艺术比赛一等奖，爱好广泛，尤爱好物理竞赛、摄影。

我的篮球，我的梦

◇陈仲明

各美其美——哈尔滨市第三中学校社团发展中的问题及对策研究

共芳菲

Gemei Qimei
Gong Fangfei

走着走着，不住地回头，身后的脚印慢慢地分成了两行，一半是希望，一半是迷茫。十五年前，一个十二岁的大男孩捡起了地上磨得发旧的皮球，费力地推向头顶上锈迹斑斑的铁框，他渴望地看着空中的篮球，慢慢地飞向目标却又深深地坠了下来，小伙伴们大声地嘲笑，可他却一点也不委屈，因为他知道，梦就在那，很近很近……

十六岁前，他除了身高，没有任何值得骄傲的篮球素养，奇怪的投篮姿势，笨拙的脚步，会的只是把手举在别人头上费力却乐此不疲地摘着篮板，从不贪功，抓到篮球就扔给队友，看着别人把一个个球投进篮筐，自己心里也满足地笑了。有人说他呆，辛苦抓到的篮板自己不投，可只有他知道，什么最重要……

十六岁那年的那个节点，改变了他一生轨迹。如果说上帝总是擅长在关键的时刻给予忠诚善良的孩子以重要的指点，那么十六岁那年，便是他第一次清楚地听到内心深处的声音。有人说人这一生无非就是在社会认可与自我实现间无数次的徘徊与选择，那么十几年前的那次忠于内心，变成为了他这一生最骄傲的选择。国内篮球选拔体制的畸形使人们谈虎色变，没有家长会允许孩子在考上全省顶尖学府的前提下，分任何精力给除课业以外的任何活动，尤其是体育。然而当教练询问他是否愿意加入校篮球队的时候，他一秒钟都没有犹豫。更令他意外的是，父母在听取了他的想法后，竟是满满的支持与鼓励。入队，集训，比赛。恩师手把手地教，一遍遍地示范。他学会了跳投、勾手，灵活的脚步，霸气的封盖和灵动的视野，他第一次扣篮，第一次将对手的篮球扇飞，第一次在二加一后骄傲地怒吼。恩师教会他的不光是篮球的技术，更多的是性格的养成和毅力的锤炼。三年后他高考亮剑，手握五十分的特长加分却裸考被浙江大学工科试验班录取。

披上了浙江大学的战袍，作为主力代表学校夺回了失去五年之久的CUBA甲组冠军和大运会冠军，并在之后的四年完成CUBA甲组历史上首个三连冠。在校内更是代表电气学院夺得冠军，并获个人MVP。

本科毕业，一个人闯美国，忘不了休斯顿街头球场和黑人的单挑，忘不了Good Game后寒暄被人肯定的骄傲，忘不了被人打趣说是姚明弟弟时的羞涩，十几年来，从篮球中学到的最重要的是把自己放在世界任何的角落都能生活下来的能力。

人生就像巧克力，你永远都不知道下一颗是什么滋味。篮球带给我的不单单是相册里一幕幕热血沸腾的回忆，也不仅仅是衣柜里各种配色的11号球衣，篮球教会我的是在陌生或不确定的环境中坚持奋斗的勇气，带给我的是永远对生命下一秒充满期待的乐观，更是对自己对生活对朋友和家人的相信。

人生就像一场球赛，无论你落后多少，机会永远都抓在你自己的手上，做好每一次防守，抓住每一次进攻，只要墙上的表还在走，输赢就还没定。

【作者简介】

陈仲明，哈三中2005级学生，凭借出色的篮球技术获得浙江大学加分的资格并成功考入该学校，获得2011年浙江大学篮球联赛MVP，2010年浙江省大学生运动会冠军。2012年考入美国休斯敦大学电子设计专业继续学习，现在在美国休斯敦自己创业。陈仲明同学在哈三中学习期间，作为校男子篮球队的主力队员，带领球队夺得第一个哈尔滨市男子篮球赛冠军。

篮球精神

◇张中正

各美其美
共
芳菲
Gemei Qimei
Gong Fangfei
——哈尔滨市第三中学校社团发展中的问题及对策研究

写下这段文字时，我正坐在北京万科的办公室里，已过十点，虽然刚刚下班，但是我很满意现在的生活。刚刚毕业便能进入中国最好的房地产公司，我觉得很幸运，很知足。能从众多名校优秀学子中脱颖而出，我要感谢篮球。一年前，我在公司实习，恰逢内部篮球赛，我帮助工程管理部以九连胜的傲人战绩摘得桂冠。半年前的招聘季，在应聘者专业知识相差无几时，公司选择了我。

回想2011年，是我人生最重要的一年，高考如期而至，我攥着国家篮球二级运动员带来的20分加分走进考场。成绩668分，清华分数线685分，凭借加分，我惊险地迈进了清华大学的门槛。新生赛冠军、系内篮球赛冠军、校级3V3冠军、校级篮球联赛冠军、北京市高校联赛冠军接踵而至，系馆内有我的海报，操场边有我的照片，我要感谢篮球，让我在学霸如林的清华大学内以一种不一样的方式留下自己的足迹。

在这之前的2008~2011年应该算是我人生中最难忘的一段时光。2008年初中毕业，孙教练招我进队，把我从一个只会在内线乱拱的胖子调教成外线得分手。还记得第一次参加省比赛，投篮打铁，突破被断，就在我都要放弃自己的时候，孙教练的鼓励和指导带领我和球队走出了阴霾。从小组未尝胜绩到三年后在决赛中与14中苦战四节惜败，那些泪水和汗水是我这辈子最大的财富。转眼间，离开哈三中已经四年之久，当两年前听说母校成功在决赛里击败14中成功问鼎时，远隔1 200公里，我挥着拳头，仿佛自己正站在场地中央。

一年前，不幸的一幕发生了，我在完成投篮后踩到防守队员的脚，开放性脱位。看着自己已经畸形的脚踝，我问教练的第一句话是我还能打球吗？躺在病床上整整三个月，当第一次下地时好像千万根细针直刺我的脚板，我忍着痛，一步一步地挪着。从轮椅到双拐，从双拐到单拐再到脱拐，半年后当我重新回到球场，完成一个最最简单的投篮后，那种幸福的滋味我至今仍然记得。

每当想谈谈对于篮球感受的时候，总觉得词穷，也许做点什么才能表达对它的热爱，比如小时候会拿着网球向衣柜里投篮，比如总是用毛巾擦拭新买的球鞋，比如会留着每一件印着我名字已经洗得褪色的球衣，比如周末会起早横跨大半个北京城参加公司的训练，比如打起比赛时领导的投篮也会去封盖，比如我的女朋友会说：你下辈子娶个篮球当老婆吧！

离开校园，卸载了2K篮球游戏，告别了NBA直播，我离球场也已经越来越远。但十年来篮球训练、比赛教会我的精神却从未离开。在工作中，我拾起了一颗崭新的篮球，继续磨炼基本功、培养团队精神，为胜利做着不懈的努力。

最后，要感谢母校哈三中，感谢恩师孙宇明，祝福哈三中篮球队继续谱写辉煌！

【作者简介】

张中正，哈三中2008级学生。2011年获得清华大学篮球加分资格并成功考入清华大学土木工程系。2015年，作为本科生成功获得万科实业的青睐并进入该公司实习，现就职于北京万科集团。

羽毛球社团回忆点滴

◇王镜涵

首先得说下，这是一篇关于社团和羽毛球社团的口水文。

正在外面浪得飞起，几天前突然接到老妈微信，说学校征稿，要我写一下当年做羽毛球社团社长的经历和感受，然后整件事情在我做出合理的反应之前迅速上升为对三中的感情问题和毕业生是否该为学校做贡献的政治高度。在党、团和少先队的感召下，我就在这儿稍微追忆些往事，抒发些感慨。

其实我去竞选羽毛球社团的社长最主要的原因是我实在太不喜欢打篮球了。初中的时候没有这些社团，于是体育体活课就是分伙打篮球，于是我就"被"打了四年的篮球，于是我就真的真的不想高中再"被"打三年，于是我就怀揣着拯救万千见篮死的少年们以及振兴三中羽毛球的伟大理想去竞选了羽毛球社团的社长。说是竞选，招三个，却尴尬地只有两个人报名，于是跟开山的老社长们打了几拍就顺利上位了。

虽然竞选过程略水，可是受人之托忠人之事，既然当了社长总要对得起这个头衔。跟老师们商量着在周一体活课的时候把体育馆开放给社员们作为训练场地。于是羽毛球社团有了一些定期活动。虽然人很多，场地很小，可这毕竟也是一个遮风挡雨的去处，再也不用挤在教学楼的门洞里面一边观测着球，一边观测着风，一边观测着欲断魂的行人，还得一边观测着大门中间那块"守株待兔""谋财害命"的铁疙瘩了。

从羽毛球社团成立开始，每年都要为新高一组织一次以班级为单位的羽毛球比赛。一是鼓吹一下大家并不高涨或者已经高涨的羽球热忱，二是鼓励大家锻炼身体，三是增强班级凝聚力。不管从哪个角度看，都是好事一件，要坚持、坚定、坚决地继续下去，唯有一点障碍，钱。传说第一届比赛用来买球、买奖品的钱是大家均摊的，可是校内比赛收报名费实在不太像话，搞不好再扣上一顶乱收费的大帽子、打入十八层地狱永世不得翻身。于是想那就拉赞助吧，开始只是想想然后出去随便问问，没想到真的有人愿意给钱。后来赞助公司跟我们签了合同，万事大吉。

要说在羽毛球社团这几年的时间让我得到了什么，说心里话，排在第一位的绝不是提高了自己组织领导、交际交流以及其他各种金光灿灿的能力，而是通过羽毛球认识了更多的人，了解了更多的信息，有了更多的机会。如果没有羽毛球社团，我可能根本不知道SM2奖学金是什么，于是我也就不会去新加坡，不会去NUS，不会来瑞典交换，不会像现在这么"浪"，也就没机会在半夜一点半的阿姆斯特丹写下这篇文章，血淋淋的蝴蝶效应。当年社团的学长一句漫不经心的话，改变了我的大学，然后现在眼看着就要影响我的一辈子。这一点其实并不局限于羽毛球社团，而是适用于校内的所有学生团体。在三中，随便拉一个学长学姐，你都猜不透他（她）到底有多牛。

至于提高各种能力的老生常谈我就不多说了，自行百度，一言以蔽之，都是真的。

【作者简介】
　　王镜涵，哈三中羽毛球社团第二任社长，2010级学生，现就读于新加坡国立大学计算机学院，Dean's Lister。著文期间正于瑞典乌普萨拉大学交换，环游欧洲27国途中。

行走中的梦想
——徒步俱乐部启动手记

◇赵起超

记得之前网上流行过一个段子："多么希望有一天突然惊醒，发现自己在课堂上睡着了，数学老师在黑板上画着永远都看不懂的双曲线函数图，知了在窗外聒噪地叫着，桌上满是自己的口水。你告诉同桌，自己做了一个好长好长的梦，遇见了好多好多的人，他们的面孔熟悉又陌生。同桌骂你白痴，叫你好好听课，你看着窗外的球场，一切都那么熟悉，一切还充满希望……"

这段话引起了很多80后的共鸣，当然也包括我，重返青春、重返校园成为当时的热门话题。也许还在校园中与试卷搏斗的学子并没有什么感触，甚至会觉得我们都出了问题。可是亲爱的同学，你并不知道，这段让你"深恶痛疾"的时光将会成为你人生中最美的年华。

回想起自己的学生时代，肥大的校服和永远都做不完的试题是那时最明显的标记，篮球场上总有那么一两个引人注目的男生，用年轻的臂膀抛出漂亮的弧线，汗珠顺着发尖滑落，在水泥地上碎成无数片美丽的希望。那时候总觉得，高年级的学姐学长们总是那么耀眼，学习成绩好，能力又强，社团活动做得丰富多彩，简直是全能。那些年的小野心和小崇拜伴着三角函数和文言文在一个又一个的仲夏夜里，慢慢生根发芽。但人生总不会那么遂人愿，直到毕业，我也没有太多机会去参加或组织社团活动，这个遗憾就像夜空中的弦月，缺失的一角永远都不够美满。

毕业后，回到故土，生我养我的家乡，在工作中不断地历练、成长，原来的那只职场菜鸟逐渐变成了新人口中的前辈，但对学生活动的热衷仍不减当年，我将这种热爱付诸行动，各种公益活动中都有我的身影，各种大型教育讲座中都倾注了我的热情，工作中大大小小的活动也将我磨炼成更加坚毅的人，那个曾经腼腆到一说话就紧张脸红，每天都带着一副大眼镜呆呆的小男生，如今也已经成长为顶天立地的男子汉，无所畏惧，朝着未来，勇往直前！

选择教育行业的原因之一就是可以经常方便地回到学校，真正去了解学生的根本诉求，为学生带来科学合理的课程与建议，并且还会经常与学校联合组织活动，为哈市学子带来全新的教育模式。在这次偶然的机缘下，我有幸代表单位与学校的领导接洽，作为组织者和参与者与母校领导一同启动"品众班主任徒步营"的活动。再一次回到我熟悉的校园，看到这些稚嫩的面庞，曾经的青春无畏、年华正茂，从眼前划过，那颗深埋在心底的种子终于破土而出，年少时的渴望再一次直击内心，时隔多年，我终于可以在自己的母校组织完成一次社团活动，让那些曾经羡慕的光芒变为现实，激励我继续前行，让我更加坚定梦想。

这次与母校联合举办徒步俱乐部，不仅圆了我学生时代的梦，也让我再一次找回那种朝气蓬勃的精神状态。积极的心态，轻快的脚步，正是我们这些办公室综合症患者的福音，另一方面，徒步俱乐部的成立，让我亲爱的老师们有一个轻松交流的机会，也让三中的学子们从沉重的学业中解脱出来，放下难啃的大部头，摘掉厚厚的眼镜，舒缓心情，轻松出行。学业和成绩并不是人生的全部，它应该更加丰满，让你在多年之后回首过往，骄傲如初。别让遗憾的藤蔓在心中围绕，因为并不是所有的缺失都会成为维纳斯那样的遗世珍品。

青春只有一次，别让堆积成山的试题将你年轻的心磨出茧，它应该是敏感的、单纯的，对一切新鲜事物都充满好奇，保持着这份活力，带着梦想出发，你的人生才会更加精彩。

【作者简介】

赵起超，哈三中2000级毕业生，爱好广泛，现就职于派特森外语，担任研发和管理工作。

武术社的感悟

◇王乾

各美其美
——
共
芳菲
Gemei Qimei
Gong Fangfei
哈尔滨市第三中学校社团发展中的问题及对策研究

中华武术，是一种以强身健体为主、以搏击为辅的锻炼方式，没有固有的练习形态，注重内外兼修。其精髓就是武者的精神。那坚定的意志、顽强的品格是中华武术的内在精神，也是中华民族的民族精神；是中华民族在历经风雨之后巍然挺立在世界东方的原因，也是众多现代人依然热爱武术的原因。

在校园内，发展武术活动有助于同学们身心健康，形成保国爱组织的良好世界观，有助于同学们在未来的学习中形成勇攀高峰的精神，不怕挫折，敢于面对挑战，能从容面对失败，使同学们在高中三年的学习生活中，有不同寻常的体验，能帮助他们在今后的生活中，拥有坚定的信念，比他人更吃苦耐劳，使他们在竞争中更具有优势，同时这也是在培养同学们的民族精神，有助于同学们成为品格好、敢于担当的优秀青年，能帮助同学们成为各行各业中的精英，同时也是在侧面响应国家德智体美劳的号召。

三中武术社成立较早，最早的名字叫作斌武社。2015年9月19日，我和班内同学孙艺嘉和张浩然共同改建武术社。作为发起人，我十分荣幸地被推选为社长，同时，在近两学期的社团活动中我也证明了我自己可以胜任这一职务，这近一年的时间中，我们经历了太多的酸甜苦辣，那些经历，那些故事，那些回忆，仿佛就在昨天，历历在目。

还记得我们的第一次社团活动，我秉承着"未曾学艺先学理，未曾习武先习德"的理念开展了建社以来的第一次社团活动，在这次活动中我们确定了社团人员名单，在我个人看来武德要远比习武重要得多，单单一个守时其实就是武德中的一点，所以我们就针对守时这一项确定了人员名单，事后有很多人来找我们希望能够加入武术社，同时，社联的人员也劝我们多招一些社员，说我们毕竟是新组建的社团，底子薄，但我们依旧还是拒绝了。原因是他们没有经受住那关于武德的考验。

在第一次的社团活动中，我们讲解了什么是武德，什么又是武术，以及武术的发展历程，社员们认真听讲，顺利地完成了第一次的社团活动。

在之后的活动中，我们先后学习了五步拳、步伐转换、规定拳、腾空等一系列的内容。同时，我们在活动之余，还准备了丰富的社团节目，在招新和社团节的活动中得到了一致的好评。

说起社团节，就一定要说说我们所表演的节目啦。武术中有一句话：先拳后腿再擒拿，兵器内家五合一。我们的节目也是按照这样的顺序准备、编排的。首先，部分社员集体打规定拳，然后，腿法、擒拿同台表演。而兵器，我们展示了刀与剑的应用，当然了，中华武术，刚柔并济。在这之后，我们又展现了舞剑的魅力。最后，我和一名同样习武多年的社员合作打了一套对练，初次合作虽有不适应的地方，但配合还算完美。

后来，社员们都对武术有了较为深刻的理解，我们也当机立断将武术社分成了三个部门，分别是武术部、散打部、跆拳道部，社员们也依据自己的个人喜好选择了部门，从此，武术社也正式步入了正轨。

在这一年之中，我的组织能力有了明显的提高，同时也提高了我的表达能力和协调能力，当然，作为一个社长，我并不是十分优秀的，但有一点，我尽我所能做好了我该做的每一件事。

我亲眼见证了我所创建的社团的成长，我品尽了过程中的酸甜苦辣，同时，我也希望下一届的社长能够让武术社越来越好，走向一个属于它的辉煌！

【作者简介】

　　王乾，哈三中2014级学生，喜爱中华武术，热爱传统文化，自幼学习各种拳脚和武术器械，近年来致力于武术理论和武德研究，决心将中华武术文化弘扬到世界的每个角落。

升旗台上的守护者

◇董俊言

各美其美

共芳菲

Gemei Qimei
Gong Fangfei

——哈尔滨市第三中学校社团发展中的问题及对策研究

第一次看到这个集体的时候，我还不知道这个集体的存在。升旗台前看着他们穿着整齐的军装，踢着有力的正步，在国旗升上去的那一刻庄严的敬礼，这一切都使有着军人情结的我产生了无限的向往。

还记得军训会操表演那天，在通过主席台的时候，一个老师把我叫住，问了我的名字写在了一个名单上，在那张名单上我看到了"国旗班"这三个字，那时的我还不知道这是个怎样的集体。当我知道国旗班是负责每周早上升旗任务的时候，我的内心是极度兴奋的，穿上军装是我毕生的梦想，这也算是一个小小的圆梦吧。

还记得我第一次穿上那身军装是在运动会的时候，当时被选中和高二同学共同执行升旗任务。知道这个消息的时候心情是激动的。作为国旗班的我们是第一个受检阅的队伍，我仍然清晰地记得当时我们的正步踢得是那么的齐，口号喊得是那么的响，我们每个人都挺直胸膛，在那一刻，我觉得我们是不同的，我们是值得骄傲与自豪的。

还记得我第一次执行升旗任务的时候，心里很紧张，直到升旗的前天晚上，躺在床上的我还回想着甩旗时的动作要领，一个细节也不肯放过。而第二天站在升旗台上的那一刻，当主持人说道"升国旗，奏国歌"的那一刻，当全体同学的目光都注视着我的那一刻，当我顺利把旗甩开用一个标准的军礼来面对国旗的那一刻，心里早已没有了紧张，取而代之的是一种骄傲与自豪。

最近的一次大型活动是抗战胜利七十周年的升旗校会，由于还肩负着"哈尔滨市开学第一课"这个头衔，全校上下都很重视，国旗班更是提前一周便开始了紧急训练。每天中午一个小时的训练，每次结束后全身都是大汗淋漓，说实话真的很累，但是大家都心甘情愿，因为我们知道这身军装就是我们与普通同学最大的不同，我们现在只有付出才能真正地配上这身军装。9月1日的那天我们都早早到了学校，我们以最标准的军姿来表达我们对逝去将士们的敬意。到了我们出场的环节，我们以最好的状态大步地向升旗台走去，所有的摄像头与闪光灯都对准我们。我告诉自己，我不能出错，我们代表着的是三中的形象！国旗升上杆顶的那一刻，庄严的军礼表达着我崇高的敬意而这也再一次深深地让我体会到了身为国旗班一员的那份骄傲与自豪。

新高一不知不觉间也加入了国旗班这个集体，这同时也意味着我们即将离开，这几天和高一同学一起训练心情真的很复杂，羡慕他们有量身定制的新军装，羡慕他们有着更高的起点，但我最羡慕他们的还是他们还有一年的时间可以穿着这身军装在升旗台前行着军礼，而这个是我再也无法经历的了。

"铁打的营盘流水的兵"，终会有人离开，而我们最后能做的就是把我们所会的以及我们的精神传承下去，并且希望可以就这么一代一代地传承下去，一批批新的同学会不断地加入这个集体，也许世事变迁沧海桑田，而永远不会变的是那升旗台下嘹亮的口号声以及升旗台上的守护者的身影，与国旗同在。

【作者简介】

董俊言，哈三中2014级学生，成绩优异，严于律己，曾任哈三中国旗班班长。

国旗班伴我起航

◇裴若含

各美其美——哈尔滨市第三中学校社团发展中的问题及对策研究

共芳菲

Gemei Qimei
Gong Fangfei

国旗是国家的象征,升国旗是一项神圣而庄严的使命。当鲜艳的红旗伴着响亮的国歌缓缓升起时,作为炎黄子孙的我们心中的自豪油然升起。

九月,桂花开放,茉莉飘香。它亦是我初次步入三中殿堂的时节。

进入宏伟的三中殿堂后,它强大的师资力量、优美的学习环境以及严谨求实的学风不断冲击着我、震撼着我。我是多么庆幸进入这所无数学子向往的学校。

在入学一周后,我们参加了第一次升旗校会,那也是我第一次认识三中国旗班,那庄重又神圣的升旗仪式深深感染了我,让我懂了那份发自内心的骄傲,那份埋藏在心中的爱国情,那常挂在心头的沉甸甸的责任,那满腔对五星红旗的热爱。看着那专业的服装、英姿飒爽的气势以及标准的动作,我下定了一个决心:要加入这个我所向往的组织。

终于在9月14日,班级内发布了一条通知:国旗班开始招收新成员。这个消息无疑点燃了我心中的渴望,我未假思索便报上了姓名。在严格的选拔中我深刻意识到:加入国旗班所需要的不仅是对这个组织的向往,还需要健壮的体魄、一丝不苟的态度,更重要的是坚持不懈的毅力。长时间的军姿训练,要求整齐划一的正步、齐步让我们精疲力竭,但对国旗班的向往让我们咬紧牙关在汗水当中努力坚持。终于我如愿以偿地成了国旗班的一员。

刚刚进入国旗班的时候,训练也严抠细训,一个细微的动作也要做到满意。最难的要属升旗手,他们必须做到在47秒的时间准时将国旗匀速拉至杆顶,不允许快1秒或慢1秒。上届的国旗班班长来给我们做指导,要求严格,大家都很用心。在长时间的训练里队员们也不断适应升旗仪式的过程。

随着时间的推移，高二学长即将离开国旗班，并把升旗这项任务交给我们，在交接仪式中，交到我们手中的国旗如鲜血一般红艳。在交接仪式后老班长宣布经投票表决下任国旗班班长由我担任，我心中充满的不仅是喜悦还有深深的责任感，我深深懂得这不只是一个称谓，这代表着大家对我的信任以及肯定。我发誓要把国旗班工作做得更好，让这个集体更加优秀。

记得我们第一次出现在全校师生面前进行升旗仪式是在11月的中旬，在升旗校会未开始前，我们便早早地来到了升旗台，一次又一次地训练着那些早已熟记于心中的动作。在那时每个人都是紧张的，生怕自己的失误带来影响，在大会宣布出国旗后，我们踏着整齐划一的步伐，喊着响亮的口号护送国旗。当五星红旗冉冉升起时，我们心潮澎湃，我们第一次证明了自己，为国旗班争光！我们为此骄傲自豪。

在国旗班的日子里伴随我们的不仅是高强度的训练，还有那来之不易的友情。国旗班对于我们来说不只是一个集体，它也是我们的一个"家"。每一个成员都是家中一分子，我们拥有的是齐力断金的团结，如亲情一般浓郁的感情。

这就是国旗班。我们团结一心，努力进步为让鲜艳的红旗缓缓升起而奋斗，为五星红旗屹立于民族之巅而奋斗！

我是国旗班的一员，我为国旗班骄傲。

【作者简介】

裴若含，哈三中2015级学生，品学兼优，爱好文艺体育，擅长英语，待人真诚和善。现任新一届国旗班班长，国旗班学生训练负责人。

教师如何与时俱进，不断发展自己，不落后于时代？教师又如何实现自我价值，获得教学乐趣最终实现教育梦？我们的答案是：让社团来实现教师的教育梦想！每位教师心系学校，情系社团，和学生们一起学习与探索。在社团的开发、建设、生成、管理、发展、传承中，发挥优势、播撒希望、提升自我、收获经验，增进情谊，达成教学相长的目的。也让师生血脉相连的社团活动真正蓬勃发展，让思想的碰撞、思维的火花能够真正反作用于课程开发、学生发展和学校建设。也许，每个个体的反思和体悟的光芒，就像萤火虫的荧光一样微弱，但我们唯愿照亮身边的一方夜空，引发更多有识之士的思索前行，从固守其善到开拓进取，这就是我们对社团活动真正的期盼。

师说·攻玉

第四章

Shishuo
Gongyu

各美其美
Gemei Qimei
Gong Fangfei
共 芳菲

哈尔滨市第三中学模拟联合国社团发展及问题反思

◇吴 霞

　　哈尔滨市第三中学模拟联合国社团（下称哈三中模联社团）由哈尔滨市第三中学于2003年创立，如今已有长达13年的历史。作为全国模拟联合国社团的老牌名校，哈尔滨市第三中学是全国中学生模拟联合国社团的先驱者与领导者。一方面，哈三中模联社团所引领的学术底蕴、会务精细以及创新意识为东三省乃至全国的模拟联合国社团提供榜样、为区域模拟联合国社团发展贡献力量；另一方面，哈三中模联社团独有的学术创新与学术自立更锻炼了无数志存高远的中学生，引领了十一年来逐步壮大、如今声势浩大的出国学生队伍，更培养出许多被美国一流大学录取的优秀人才。本文将着眼于哈三中模联社团13年来的发展历程及历代模联人所总结出的经验，以供模拟联合国社团界同仁们分享交流、借鉴品读。

　　13年前，模拟联合国社团刚刚由北京大学引入中国，正处于起步阶段，也正在一片黑暗与未知中探索方向。全国范围内，只有以北京大学为代表的为数不多的高校举办中学生模拟联合国会议。在2004年北京大学全国中学生模拟联合国大会上，哈三中学子第一次接触到模拟联合国会议。会议上，从未了解过模拟联合国的哈三中代表们只能默默地坐在会议室后排，直到会议结束都无法参与会议的讨论进程。然而，这看似失败的第一次模拟联合国之旅却为哈三中社团日后的辉煌拉开了篇章。正是在这次会议之后，我们决心要将模拟联合国社团带入三中，让更多三中学子体会国际事务的学术内涵与外交官的仪表风度。然而，在当时模拟联合国地区交流机制尚未完善的情况下，创建模拟联合国社团无疑十分困难。在这样的条件下，社团指导教师们，通过翻阅国内外模拟联合国仅有的指导材料，亲自培训成绩顶尖、在学校各项活动中表现突出的精英学生。在老师持续几年的努力下，一届一届的三中学生们逐渐熟悉并完全掌握了模拟联合国的议事规则并且展现出自身优异的英语水平与学术基础，逐渐在区域会议、全国会议中取得优异成绩。

随着模拟联合国社团的发展，我们也逐步推进了社团的转型，包括以考试制度代替指派制度、以老一届主席培训制度取代指导教师培训制度。如今，每年新生入学时，都会迎来一场盛大的模拟联合国招新考试。这场考试由笔试及面试两个环节构成，全部由老一届履历丰富、学术一流的骨干成员们设计，最终由三中富有经验的教师把关审核。其中笔试的英语听力、阅读涵盖高考英语、托福、SAT、雅思等美国、英国标准化考试核心内容，对许多高三学生甚至出国学生都是极大的考验。而在每一届近千名参加考试的学生中，只有不到百人表现优异可以得到面试机会。面试中，入围的精英学生则以六人一组的形式展开激烈辩论，经老师打分后，每组只有一位学生能够脱颖而出，正式入选哈三中模拟联合国社团。由此可见，哈三中社团在全国模拟联合国会议中的优异表现，也得益于严格的招新制度与优中选优的社团素质——其对学术水平与英语能力的考察已经超出了部分模拟联合国会议的考核标准。同时，在新成员进入模拟联合国社团之后，与众多其他学校模拟联合国社团不同的是，哈三中的社员由老一届社团主席及骨干成员依据哈三中模拟联合国社团精心编纂并历年更新的模拟联合国教材进行培训。如此创新的培训方法既体现了哈三中模拟联合国社团深厚的学术积淀，又保证了每一届社员都能得到前辈的言传身教。因此，哈三中模拟联合国的社员们不仅学术能力过人，更掌握了外交、着装等礼仪，展现出真正外交官的风度。正是在这样严格、创新的体系下，哈三中模拟联合国社团的代表们才能在全国乃至世界范围内的模拟联合国会议中崭露头角、独领风骚。

然而，在学术水平不断提高的同时，哈三中模联社团也面临着模拟联合国区域发展不平衡的严峻局面——东北地区模拟联合国社团相较于南方模拟联合国社团发展上仍有不小的差距。于是，作为东北地区唯一的模拟联合国社团，哈三中模联社团便肩负起了推动与发展区域模拟联合国的责任。在不断的试验与探索中，哈三中模联社团创办了极具创新性的省际模拟联合国会议。通过每年一次的会议，哈三中模联社团逐渐吸引了周边学校派遣代表团进行参与、学习，并积极应用社团的先进经验帮助建设其他各校的模联社团。得益于哈三中模联社团的积极努力，东北地区模联社团如雨后春笋般竞相成立。如今，哈三中模联社团也从13年前的一枝独秀逐渐演化成为百家争鸣中的领导者，始终如一的，是哈三中模联社团推动地区模拟联合国发展，让更多学校践行模拟联合国活动的坚持与热情。相信在哈三中模联社团的持续努力下，东北地区模拟联合国定会有更飞速、更全面的发展。

当然，在哈三中模联社团高速发展的同时，社团也克服了种种困难。除了上文所提到的社团初期发展资源不足以及地区发展不平衡外，最为显著的便是模拟联合国社团成员中课业压力与社团活动的冲突。众所周知，模拟联合国会议不仅仅在会议周期中需要社团成员进行大量的准备工作——每周超过50小时的学术准备已是家常便饭，更需要社团成员们在平时投入大量精力，以此提升阅读理解、文件写作、公众演讲的能力。因此，不管是志在出国的学生还是参加高考的学生，都要面临巨大的压力，而这一问题也正是各个模拟联合国社团不可避免的困境。面对这一严峻的挑战，哈三中模联社团采取了"双管齐下"的解决办法：一方面，模联负责老师积极帮助社团成员与其授课老师协调，通过补课、自主学习等方式保证参与会议社团成员始终能够跟住教学进度；另一方面，社团成员也积极提高自身的时间管理能力与学习效率，同时增强团队协作、经验分享，面对压力迎难而上，完美平衡课内外的压力。通过如此双向的解决办法，哈三中模联社团成员成功地化压力为动力，不仅仅在高考中取得了优异成绩，更受到了世界各大名校的青睐，包括哈三中模联社团第一届秘书长张天璞同学本科被宾夕法尼亚大学沃顿商学院录取，研究生被哈佛大学法学院录取；第二届秘书长王路晨同学被哈佛大学录取；第三届秘书长乔治同学被英国剑桥大学录取；第四届秘书长陈天骄大学被纽约大学电影系录取（亚洲首次）；第五届秘书长苏丹同学被莱斯大学录取；第六届秘书长赵一泽同学被莱斯大学录取；第七届秘书长王羡同学被杜克大学录取；第八届秘书长尚晋同学被纽约大学阿布扎比分校录取。哈三中模拟联合国社团历届秘书长的辉煌成就，体现了模拟联合国活动所锻炼的社交能力、谈判技巧、外交风度、学术水平正是国外一流大学所看重的学生品质，突出了模拟联合国活动对学生个人素质综合发展的重要性。同时，这也体现了哈三中模联优秀的学生素质以及营造了有益学生发展的学术氛围。

如今，哈三中模拟联合国社团已经成为一个精英辈出的广阔平台，在模拟联合国的经验基础上，三中学子又创办了东北第一个高中美式辩论社团、第一个高中商业挑战赛社团以及2015年新生的TEDx Harbin No.3 High School

（哈尔滨市第三中学TED演讲）会议。哈三中TEDx会议由2013届模拟联合国社团副秘书长辛奇隆向美国TED大会总部申请而得到批准引入，再一次成为了东三省地区学生综合素质发展的先驱。我们相信，随着哈三中模拟联合国社团进一步的发展，这一平台在引领东北地区高中生课外社会活动的同时，将会培养出更多综合素质人才精英，他们将会在全国乃至世界范围内出类拔萃、卓绝群伦。

各美其美
共
芳菲
Gemei Qimei
Gong Fangfei
哈尔滨市第三中学校社团发展中的问题及对策研究

承古而革新

——哈三中承古传统文化社的探索与反思

◇冯岩

这是一群怀着对这片古老的土地无限热忱的年轻人，这是一群热爱着五千春秋青史的年轻人，这是一群愿为华夏热土的灿烂文明的复苏繁荣孜孜不倦的年轻人——传承而开拓，承古而革新，他们以传统文化社为平台，将自己的梦想与热望一一实践。

"承古"传统文化社创建的时间并不长，但在短短两年多的时间里，它已崭露头角。在哈三中校团委指导下，在哈三中社团联合会辅助下，传统文化社日益发展与完善。它是一个积淀深厚的社团——它以中华文化悠久绵长的历史、博大精深的文化作为背景，更有着渴求知识的社员们；它更是一个锐意进取的社团——在校园文化偌大的平台之上刚刚生根，拥有发展前进的无限热情与动力，对于传统文化的传承复兴、发扬光大有着自己独到的见解，必将以新生的力量为这一事业发声。

传统文化社的社员们是社团的最大财富。社员们各司其职，术业有专攻，在传统文化方面，几乎人人在各自的领域都有所专长，并能相互学习借鉴取长补短。

虽然称为"传统文化社"，却主张"承古而创新"。这在社团活动安排方面体现得尤为突出。

首先是主题讲座。

已经开展过的主题讲座内容有传统乐器（分管弦丝竹等类，以琴、筝、琵琶、笛、箫、二胡、埙等乐器为主）、茶道、古典建筑、古代神话、汉服、古典首饰、书法、中国画、中医药、古典歌曲、传统礼仪、戏曲、古典文学（诗赋曲词、格律浅谈、对联酒令等）、君子六艺（礼、乐、射、御、书、数）等。

内容都与传统文化有关，但讲座的形式却有所创新。除普通的"一言堂"形式之外，还有座谈式、社会实践式、网络学习式、小组学习式和课题研究式。主讲人也不拘一格，有社内同学、社外学生、在校老师、大学教授等。

其次是外展活动。

每一主题或单次活动介绍完成，定会以其为专题开展几次外展活动。活动中，就知识内容、相关话题、现场参与者的倾听情况展开讨论；或发掘内部资源，为同学们提供亲自体验的机会。比如，在传统乐器的专题中，有善于吹拉弹奏的同学为社员们展示；在茶道专题中，有完整的茶具，由主持者演示，供社员学习，几种不同的茶叶供社员们品尝啜饮；在古典首饰专题中，有实物的展示，更准备了材料，让社员们尝试亲手设计和制作；在书法专题中，有笔墨纸砚，社员们可以有条件提笔书写。

重要的是大型活动。

传统文化社还多次举办数次大型校内文化活动，并使一批青年才俊脱颖而出。如书法赛、成语英雄会、汉字达人大赛、谜语挑战赛等。其中，2013级学生麻君豪在校汉字达人大赛中拔得头筹，被学校选中参加河南卫视和爱奇艺共同举办的大型文化娱乐节目《汉字英雄（第二季）》，并在决赛中获得汉字榜眼称号。这些活动涉及面广，影响力大，让每个人切身体会到传统文化近在咫尺，在校园生活中感受到传统文化的浸润。

传统文化社还与校内其他相关社团共同联合开展活动，如诗社、文学社、武术社、舞蹈社等。在合作活动中，社员们可以增进各自所长，拉近同学们的距离，在共同学习中促进相互了解，拓展知识，开阔视野。在哈三中首届"社响"社团节中，传统文化社与理学会两大社团共同献出了一部节目，融乐队、歌曲、舞蹈、理化知识多种元素为一幕，乐队中有高一的新生力量弹奏古筝，传统文化社副社长伴舞相映，在场上还有茶艺表演，模仿了古代的宴会场景，让人如临其境。更为有趣的是，理学会的同学准备了化学药品，在节目的尾声将化学实验移到舞台上，以颜色夺目的反应收束节目，台下观众欢声雷动，令人印象深刻。社团文化以别致的方式在此交相辉映，展现了社员们的才华与创造力。

一个社团的生命力主要体现在是否有执行力和创造力。

执行力方面主要依靠严格严谨的组织体系。从社长到副社长到社团成员甚至指导教师，都是从计划到策划到布置到实施环环相扣，有条不紊。遇到难题没有人退缩，齐心协力攻克难关。最好的例子就是在举办成语英雄会的时候。当时没有抢答设备，所以不能出抢答题，这样就会使得场面不够激烈，于是，大家想到了计时答题的方式，不过计时器怎么能在投影中显示出来使全场观众都能看到呢？这又成了一大难题，大家找高手，查方法，终于自编了一个计算机小程序解决了这一难题。为了使活动更加正规、有吸引力，社员们认为应该给参赛同学奖品，字典就是最好的奖励。然而社团是没有那么多资金的，怎么办？只能自己去争取。社员们东奔西走，终于拉到了赞助单位，使得比赛前三名捧得奖杯归，其他选手各有收获，每个人都得到了肯定。这个活动的成功就体现了团队的执行力。

创造力可以在下一阶段的计划中有所体现。下个阶段的提案中已经将内容扩展到了更多的领域。比如布艺、珠算、踢毽子、五子棋等文体领域。布艺是民间工艺中的一朵奇葩，动手用生活中废弃的布头、小物件做一点实用的东西，不仅能够培养学生的动手能力，而且更能够培养学生的审美、思维和创造能力；珠算是我国古代劳动人民发明创造的，是具有悠久历史的宝贵文化遗产之一，作为传统的计算技术，能让学生领略到其中远远高于计算器的奥秘；踢毽子能使学生获得基本的动作技巧与实践技能，而且能有效地促进学生的身心和谐发展；民间棋艺能够反映劳动群众的智慧和团结协作精神，提高学生的思维能力，做到算无遗策，学会观察，通观全局。可以想见，"承古"传统文化社会越来越具有吸引力！

传统文化社团在推进高中智育、德育与美育的过程中能够起到的作用是毋庸置疑的，其优势首先来自于传统文化强大的精神内涵。中国传统文化是中华民族几千年文明的结晶，具有鲜明的民族特色，内容博大精深。中国传统文化所强调的仁、义、礼、智、信等道德观念具有合理的内涵，汉字、成语、书法等内容吸引无数学子痴迷，再加上社团活动的方式灵活多样，有讲座、座谈会、培训、辩论、文艺联欢、影音欣赏、社会调查等，这些形式丰富的社团活动无疑能更好地吸引学生参与到传统文化社团活动中，让学生在社团活动中加深对传统文化的了解，从而有利于学校培育学生拥有优良的民族传统美德和精神。

三中早已认识到传统文化教育的重要性，鼓励和支持学生成立传统文化社团，取得了一定的成绩，但在现实操作中还存在一些棘手的问题，比如社团活动时间与学生课业时间冲突、指导不够、定位不准确等，这些都制约了传统文化社团的发展和教育影响效果。要想充分发挥传统文化类社团的作用，我认为需要做到以下几点：

1. 加大对传统文化社团的声援与支持

社团活动除了必要的经费支持外，还要引导广大师生充分认识到建设文明和谐校园文化离不开中国传统文化。当今社会正处于有史以来社会发展最快、文化推进传播最快、知识科技更新转化最快的时期，大众文化、网络文化、西方文化等各种不同的文化浪潮不断地向我们袭来，不断地挑战和冲击着当代的校园文化。想要建设具有中国特色的体现社会主义核心价值观的文明、健康、和谐的校园文化，只有植根并依托于源远流长、博大精深的中国优秀的传统文化这一肥沃土壤，才能使其成长得生机勃勃、枝繁叶茂。也只有学校和社会共同呼吁和努力，在健康的氛围环境里，在家长、学校和社会三位一体的支持倡导下，才能消除诸如传统文化与考试内容关联不大、在学习方面可有可无的错误理念，让传统文化社团真正发展壮大起来。

2. 建立社团导师制

传统文化社团与其他学生活动社团相比还具有一定的特殊性，因为具有传统文化功底的学生少，更多的学生参加这类社团单纯源于兴趣，所以在传统文化社团的生存和发展过程中实施导师制尤为重要。导师不仅有利于给予传统文化类社团专业性的指导意见，从专业上指导社团各项活动的开展，保证社团活动的文化深度，而且在参与社团活动管理过程中，导师能够利用自己的工作经验帮助社团制定近期规划和长远规划，为社团的发展提供具有前瞻性、全局性的指导意见，从而有效地促进传统文化社团健康发展。

3. 加强交流与合作，拓展传统文化类社团文化建设的发展空间

文化具有吸收辐射效应，只有在与外界不断的交流、融合中，对外界的信息去其糟粕、取其精华地吸收、借鉴，才能使自身不断创新，与时俱进。所以要想让传统文化类社团保持旺盛的生命力，一方面要跟随时代的脚步创造性地继承和发展传统文化，不断地给传统文化注入新的生机和活力；另一方面要拓展校内外学生社团的合作，共享资源，互学互助，鼓励学生走出校园，开阔视野，不断提高传统文化类社团文化建设与管理水平。

4.回归本真，从身边小处入手，真正践行传统文化

针对有些家长与学生提出的读经就是国学，就是传统文化，学习某些南方学校搞成人礼，毕业典礼要穿着汉服，汉服就是传统文化等较为流行

各美其美
共芳菲
Gemei Qimei
Gong Fangfei
——哈尔滨市第三中学校社团发展中的问题及对策研究

但经不起推敲的理念，指导者应该正本清源，引导学生，回归本真，认识传统文化的精神内涵才是最重要、最该去遵循的。也要提醒社员们对传统节日如处处渗透着中华民族传统美德的端午、寒食等节日加深了解，对浸含中国农业文化精华的"二十四节气"了然于心，积极主动地参加元宵节猜灯谜、端午节包粽子、清明节祭扫先烈坟墓等丰富多样的活动，甚至可以在继承中创新，在传统节日中，组织充满时代精神的"快闪"之类的活动，这些点点滴滴的做法就是对祖国传统文化最好的铭记和发扬！

　　小社团，大风貌；小行动，大文章。智慧凝结文化，热情点燃传统。承古传统文化社的全体社员，矢志不渝，群策群力，用心为之，让传统文化在校园里继续发热发光，不断温暖着学子心灵，照耀着青春征程。

哈三中"棠颂诗社"的发展现状与问题研究

◇赵大伟 李宁

不读诗，无以言——题记

子曰："小子，何莫学夫《诗》？《诗》可以兴，可以观，可以群，可以怨；迩之事父，远之事君；多识于鸟兽草木之名。"在校园文化蓬勃发展的今天，哈三中学子不忘初心，回归传统，以诗歌为纽带，建立了"棠颂诗社"（其前身为"新海棠诗社"）。三载韶华，在哈三中校团委和社团联合会指导下，诗社崭露头角，日益发展，不断完善。热爱诗歌传统的社员们在"棠颂诗社"这个美妙的平台上，尽情彰显创作才华，倾心展现深厚底蕴，他们用诗歌传递文化，用诗歌绽放青春，用诗歌升华岁月。

校园里，中学生需要抒发情感、展示自我，诗歌就是一种很好的媒介，但是热爱诗歌的平台并不多，而三中的"棠颂诗社"应运而生，反响热烈，影响很大。

三中历来都有热爱诗歌，创作诗歌和感悟诗歌的优良习惯，从2007年起，三中就曾邀请过李琦等著名诗人来三中报告厅做过诗歌讲座，赵大伟、闫伟峰、纪聪涛、张月、鞠战林、赵英屏等老师参加哈尔滨市教育系统乃至全省教育系统的诗歌比赛，一直都是独占鳌头。多年以来，团委或学年搭建独特的平台，开展以班级为单位的各种大型诗歌朗诵会。张铁忠、闫伟峰等教师组织编排的诗歌节目取得不俗的成绩，影响深入人心。三中也是东北地区最早参加了中央电视台《子午书简》诗歌朗诵栏目录制的高级中学之一……在校园诗韵飘香的美好氛围中，三中涌现出了一批有热情、有实力、肯动脑的诗歌小作者，也正是他们，为三中"晓棠诗社"的蓬勃发展、绚丽绽放，注入了新鲜血液，带来了新鲜的力量。

社员们有的偏爱古韵，有的专攻新风，人人在各自的领域都有所专长，并能相互学习，彼此借鉴，取长补短，形成了浓郁的吟咏诗歌、潜心创作的风气。有的小作者的作品在《新晚报》《中学生博览》等报刊上和网络媒体上刊载，提升了学生的自信心，也激发了学习语文的热情。

三中"棠颂诗社"的发展，有自身的优势，也有一些自身的不足。

首先，三中的众多社团中，文学类社团还包括星空文学社、戏剧社等团体，导致了一些爱好者的分流，而且在时间紧张的高中时期，诗歌和高考特别是高考作文的关系并不紧密（高考作文常常标注文体方面"诗歌"除外），社团的发展受到了在校的学生以及家长在一定程度上的忽视，发展空间显得有些狭小不足。

其次，地处信息相对闭塞、理念相对落后的北方地区，诗社的活动空间和交流范围受到了一定的限制。早在2011年，苏州十中、清华大学附中、福州第一中学、郑州外国语学校、上海交大附中五校联合发起"全国中学生校园诗会"，相约每年举办一次，各校轮流承办。2015年11月27日至29日，第五届全国中学生校园诗会在上海交大附中举行，由华东师大普通高中教育研究所、华东师大语文教育研究中心、中国教育报理论文化中心等单位联合主办，来自全国各地近50所中学约250名师生参加诗会。但"棠颂诗社"并没有参与其中，甚至连邀请函都没有发到社团，这不禁让我们心头一震，有了更多的反思。这么好的作品，这么优秀的诗歌作者，究竟应该怎样更多地参与全国性的活动交流，提升社团的知名度，实现学生提升自身素质的需求呢？这样的问题就像一块沉甸甸的石头一直悬在我们的心头。

"棠颂诗社"如此，那么全国是不是还有很多像这样的诗歌社团，它们也有这样共性的命运和问题呢？

笔者认为，既然对学生素养的培养是一件利国利民、百年树人的大事，那么从教育的高度、教育哲学思考的角度，为什么不能做一件谈不上功利或者短时间谈不上功利但是对学生长远发展有益的事呢？很好地组织诗社的活动，读诗歌、谈诗歌、写诗歌，传承诗歌传统，提升人文素养，这不是一件很有意义和能量的事情吗？

诗歌是一种重视生活体验、生命体验的文学形式，而诗歌创作更是一种综合能力的体现，教师能否进行文、史、哲、艺术等多学科多角度的综合型教育呢？以结合历史学科、哲学常识、艺术视角等形式来提升学生综合能力，支持诗社发展，推动诗歌创作，并且让富有经验的教师以指导教师的名义来引导学生，以课外素质训练的形式提升学生的基本素质，从而来反哺中学教育。

是否可以参考其他名校的成功经验，举办赛诗会呢？赛诗会不分身份级别，不必评出奖项、分出三六九等，大家聚到一起，只需随心写诗、用心吟诵，纵展才情。组织这样的活动，就是让学生纯粹地进行学习和创作，增进文学交流，提升人文修养，培养学子的人文底蕴和审美情趣，让学生成为一个有诗人情怀的人、一个有诗意生活的人，这样，教育也便以诗的样式回归至其真正的原点与本质上来。

哈三中社团"斌武社"
现状及问题研究

◇王道奎　李宁

　　哈三中"斌武社"成立于2010年9月，其三任社长，分别以优异成绩考入重点高校。几年来，作为"斌武社"的指导教师，我们深深爱上了与同学们讲武论剑、"打成一片"的氛围，也对这个团体的发展牵挂在心。希望这小小的反思，能够给研究者和引领决策者带来思索，让这个体育社团的发展蒸蒸日上。师者仁心，愿与大家共勉。

　　第一任"斌武社"的社长提出的宗旨是：强身健体，以武会友。可以说它提出了社团发展的内涵，几乎每个人都有一个武侠梦。"斌武社"的存在为学生提供了一个人际交流的特殊平台。他们因共同的兴趣志向而聚合在一起，听从团体的统一管理，在团体中找到集体归属感和荣誉感，以集体利益为先，在实践锻炼中沟通合作，齐心协力，不断丰富习武技巧，在提升自我的同时更大程度地提高社团整体的武术素养与实力，而学生的集体主义团队精神也在潜移默化中渐渐深化。

　　三中的体育课堂，是哈尔滨市乃至黑龙江省内容最为丰富的体育课堂，但大纲要求的课时数量有限，造成了教学内容的局限性，而且体育课堂是针对整体学生，这就很难满足学生身体和心理两方面的运动需要。"斌武社"是体育课堂的一种延伸，它相对独立，且拥有属于自己的管理章程和体系，为社员们拓展丰富了更多的体育知识。更为可贵的是，它还为社员们创造了展示才华的多方舞台。

　　"斌武社"成立以来，为全校师生运动会与艺术节等大型活动演出多场，社员们的飒爽英姿与精湛武艺，获得了大家的一致好评。而中华传统武术精神风貌的展示，又在形成良好校风校貌、促进校园体育文化建设等方面具有重要意义。由于它独树一帜，特色鲜明，在纳新中得到了众多新生的关注，有着不错的发展空间，大家也期待"斌武社"，会在三中团委和社团联合会的引导下，得到进一步规范发展。

任何事物在发展中难免遇到问题。下面我们把自己在指导"斌武社"过程中遇到的一些问题及其所生发出来的思索和大家做一下简单的交流。

一、内在动力不足问题

竞技类体育社团（如田径队）成员，一般是学校选拔出来的优秀体育苗子，他们可以进行大量专业化训练，并且参加各种竞技类的竞赛，通过取得良好的体育成绩，以考取体育院校或者获得高考加分。而武术不是国家层面的竞技体育项目，是小众项目。"斌武社"的定位是大众体育社团，针对的是所有学生，目的是让学生愉悦身心、锻炼身体、磨炼意志等。但参与活动或训练的动力性不足，导致有些学生毅力不强，难以坚持。

二、体育器材与场馆问题

武术社团活动需要的场地器材和已有的学校设施的匹配度不够。比如说场馆问题，武术器械（刀枪剑棍）的缺失与管理问题，导致社员只能在室外或者在羽毛球场地，满足基本的徒手类拳术训练需求。场地建设受到限制，对于平时训练活动，可以通过调整社团人员训练时间或缩小场地比例等办法进行缓解，但竞赛交流时的体育场地器材紧缺，已经成为制约武术社团发展的主要因素之一。

三、个体兴趣与专业性不协调问题

个体成员对中国武术的兴趣爱好是毋庸置疑的，但是，我们通过统计可以发现，大家爱好武术的种类可以说五花八门：咏春、长拳、截拳道、刀棍、武术散打实战、中国式摔跤……林林总总，不一而足，这就产生了众口难调的问题，也给社团负责人和指导教师提出了难题。有一些孩子兴趣很足，但是运动能力和协调性严重不足，给训练进度安排提出了新的挑战。

四、缺乏专业性指导教师和理论指导问题

相比于南方中小学体育课程设置的百花齐放，哈尔滨的体育教育多类型探索还处于初始阶段，哈尔滨的中学大多数没有高等体育武术类专业毕

业的体育教师，这对于武术教学及训练指导有一定的阻碍，而某些学生所急需提高的武术内涵武术哲学、武术门派和理论介绍包括武德教育等，都难以有效传授。

五、安全性问题

因为体育活动本身就隐藏着不安全因素，而武术运动，因存在腾空、落地等动作训练，所以具有一定的危险性，如果个别同学做散打类的强力对抗训练，那么危险性就更大了。多数学生对参加社团后的成效要求较高，这就可能带来安全风险，而家长们对自己孩子所出现的安全问题甚至很小的身体问题（如崴脚）的容忍度又都很低，因此可以说，武术社团活动压力很大，安全问题仍然是重中之重的问题。那么到底该如何把握武术锻炼的强度，更好地保障学生的安全，便是一个要迫切进行研究的课题。

对此，我们有如下的一些思考，愿意与大家共同交流：

1. 学校支持开设社团的主要目的是想增强学生的身体素质，使其掌握一项体育运动技能，为自觉养成锻炼身体习惯打基础。而从学生参加武术社团的动机调查来看，兴趣爱好、参加娱乐与缓解学习压力却居于前三位，这便与学校举办体育社团的初衷明显不合。所以，团委应积极引导学生具备一种国民体育素质危机意识和为祖国健康奋斗五十年的信念，也可以学习先进的体育教育理念，如日本的"快乐体育"理念，积极引导学生参加体育社团活动。

2. 社团由指导教师负责，这样一来，社团学生干部便没有被充分利用。其实，教师完全可以发展有武术特长的学生，让他们担任负责人或指导者。积极培养和任用学生社团干部，一方面可以锻炼学生的领导组织能力，另一方面也可以让学生提升主动地与团委、教师的沟通，及时反馈社团问题，高效研讨分析，并最终有力地解决问题的能力。

3. 硬件设施不健全，我们可以因地制宜地开展社团活动项目，也可以积极"引进来""走出去"，利用外部优势条件，达到资源共享的目的。

4. 对社员进行相关素质技能的提升培训，而培训内容的丰富性，也会调动社团成员的积极性。

5. 在校内，社团定期举行比赛或交流活动，积极邀请兄弟院校武术社团到本校交流活动心得和经验，通过学习借鉴，吸取精华，不断丰富社团信息资源和经验储备，使"斌武社"社团更加成熟完善，从而更快更好地发展壮大。

6. 充分挖掘和利用非体育专业教师资源。三中教职员工近四百人，藏龙卧虎，是一个出色的团队，而有体育特长并对武术感兴趣的非专业教师亦不在少数。不过，遗憾的是，这种优势资源还没有被充分利用。其实，在武术社团活动开展的过程中，可以对这样的教师进行培训，让他们参与到武术社团指导的队伍中来，这样，既解决了指导教师缺乏的问题，又扩大了社团的影响力，同时，还能带动更多非体育专业的教师在繁重的教学工作之余强身健体。另一方面，在社团学生纪律和安全管理方面，也可以发挥班主任及其他学科任课教师的自身优势，从思想意识和实践行动上强化学生的规范意识。

7. 安全问题是首要问题，在组织开展社团活动时，我们就要细心关注并做好防止安全隐患发生的工作。我们可以从基础设施、学校管理、教师指导、学生守序等几个方面入手，把社团安全工作落到实处。

记录中的青春，永不逝去

——"青春走笔"班级社团发展侧记

◇梁好

"社团是具有某些共同特征的人相聚而成的互益组织。"

"学生社团是指学生为了实现会员的共同意愿和满足个人兴趣爱好的需求、自愿组成的、按照其章程开展活动的群众性学生组织。"

"青春走笔"社团是我在连续三届的班主任工作中和学生共同完成的班级小型社团活动探索，是生活在同一间教室里的同学和班主任老师，基于"互动日记"的纸质载体，以接力完成的形式，共同记录校园生活的点滴。

在学校的社团活动如雨后春笋般兴起的大环境下，班级的班长、支书和我一起探讨这样一个问题：在学校青春潮流不断涌动下，班级应该怎样与时俱进，既响应学校的号召，又对自己的方方面面起着促进作用，从而实现班级的整体发展呢？我灵光一闪，就以忠实记录学校校园生活，用笔记的形式让学生珍惜点滴、热爱学校、留下青春最美瞬间为宗旨，于是招收会员最有针对性的一个社团，仅限于我们班级的学生社团诞生了！

互动日记，是班级"青春走笔"社团的主要日常活动形式，是学生自发自觉对校园生活的全景记录。

当日版主负责记录的主要内容是：每天的出勤、学习、纪律、卫生、活动、趣闻逸事等各方面的情况。发展至今，相对稳定的内容版块为：人生寄语，每日要闻（范围涉及国际、国内、校园、班内等），班级叙事，好书（还包括歌曲、影视作品等）推荐，回音区五大主题。

互动日记，是生动活泼的纸面上的BBS。

作为版主，精心设计，丰富布局——或插图装饰，或贴纸互动；或真情抒发，或设谜竞猜；或英汉双解，或诗文交现……真可谓百花齐放，异彩纷呈。听从年轻的心的召唤，一切皆在回音区中自由讨论。大至世界风云、国家焦点、社会热点，小至校园活动、同学关系、经典音乐动漫等。

互动日记，是时代生活的具体缩微影像。

从某种意义上讲，这个社团三年一届，每届的"会员"经历会有所不同，但他们都是三中风貌、三中精神的记录者、描绘者。并且某一年级的某个班级，只是千万个同时代、同日期升入普通高中的班级中的一个代表。这个班级从高一入学组建到高三毕业离校，教室里发生的一切故事，都是这个时代高中生生活的一个"具体而形微者"的缩影。它于社会发展、文化意识形态等都会有所反映，称得上是当时中国社会生活的重要写照。

互动日记，更是温暖成长的师生双主体。

从学生主体的角度，孩子们更喜欢的主题关键词有：平台、媒介、分享、展示个性、吐露心声、施展才华、寻找同类、摆脱限制、团结协作、美好回忆……

从教师主体的角度，给出定位的关键词有：趣味性——好玩儿，有意思，这是同学们广泛参与的基础；交流性——平等、自由、民主、互动的形式，是师生畅所欲言的谈心平台；收藏性——汇集成册，编辑成书，一世留存，永远的回忆，温暖的纪念；文化性——互动日记，作为一种包含精神层面和生活层面的生态共同体，通过积累和引导，潜移默化地创建集体人格。

在进行"青春走笔""互动日记"等活动的过程中，我有如下的一些体会：

1. 同学们对接力记录青春的热爱，远远超越了指导教师的期望。《恰同学少年》《花开不败》《干杯》到《风景独好》的相应汇集成册，无不告诉我们：唯有热爱，才会坚持！而热爱，也需要培养，更需要指导的智慧。

2. 采用活页本，可以让纸质载体日记更具时代感。有了活页本，社长可以根据需要，在跟帖部分的空白页，随时补充添加及时内容。这种做法，可以解决当日版主记录时其他同学无法阅读跟帖的问题。

3. 在纸质载体的日记本上，学生用钢笔、签字笔书写，虽然更有温暖，更具亲近感，但时，不够灵活，有所局限，在一定程度上，无法让学生同时进行阅读。我们便考虑每周五或长假前，让社长复印日记，相应版主利用周末录入电脑，发布到班级博客或QQ空间，这样便于其他同学日后回帖互动，更有利于同学毕业后，通过互联网，随时随地阅读，为青春记忆珍存一份份宝贵的财富。

4. 互动日记的负责人，即社长同学，应及时召开例会，收集整理同学们反馈记录过程中的心得感悟、意见建议。分工明确，认真负责，每天第一时间提醒相应同学完成版主专帖。

5. 互动日记记录过程中，指导教师、班主任的关注与跟帖留言，是良好舆论导向的重要保障。同时，它也是对同学们的鼓励与认可。这样的笔谈方式，影响深入人心，教师与学生，受益颇丰。

另外在"青春走笔"社团的实践过程中，我作为指导教师，在社团发展过程中也遇到了一些问题。比如集体不够团结，产生了协作分工的矛盾；个别学生集体意识淡薄；社长和干部不能完全尽职尽责；管理方式不够恰当；个别轮流记录流于形式等。针对这些出现的问题，我组织负责人对应注意的问题进行了分析讨论。明确"青春走笔"社团的建设和互动日记是实现同学们自主成长的良好方式，但同时要注意，不要让这样的锻炼方式成为某个人或某几个人的成长平台，应该让每位学生都能以社团集体主人的身份参与进来，进行记录和书写。要让学生认识到发现问题是一种创新力，而解决问题只不过是一种执行力，"发现问题"比"解决问题"更重要。积极调动同学敏锐发现并记录生活亮点的热情，在互动日志中体现更多贴近现实生活的内容。同时，让他们发挥聪明才智、针砭时弊、积极反思，从而能够更深刻更全面地分析问题、解决问题。

如果要更好地解决这些问题，教师的引导作用也必不可少，如及时地鼓励优秀的善于记录者和反思者，鼓励和表扬文笔出色的同学，在战略高度上对学生提出疑问，促使他们更好地改善调整。我有这样的经验，如果有必要，可以在平时班会或集体活动的间隙让学生总结发言，既锻炼了学生的语言表达能力，也加强了他们自身作为集体一份子的责任感和集体荣誉感。只要坚持全面性原则、规范性原则和针对性原则，让学生真正乐在其中，认识到自己不是社团中消极被动的受教育者，而是自觉积极的主体参与者，就会令他们在日后的发展中有更多更好的收获。真可谓，记录青春，风景这边独好。这便是"青春走笔"班级社团建设的初衷吧。

小小"模拟法庭" 大写真实人生

——哈三中"模拟法庭"社团发展反思

◇吕春霞

各美其美
共
芳菲
Gemei Qimei
Gong Fangfei
哈尔滨市第三中学校社团发展中的问题及对策研究

社团活动是近几年在中学里蓬勃发展起来的一类以学生为主体、在学校引领监护下的校园活动。它起源于园崎魅音在放学后的教室里组织的学生游戏。

学生社团进入我校已经有些历史了，但是我接触学生社团时间却不长，然而感受却颇多。起初以为，学生社团就是学生在业余时间模仿大人的各种"玩"，突出游戏性、放松性和家常性。等我真正参与到学生社团之中，组织模拟法庭校内赛，并带着学生赴上海参加全国中学生政策性辩论之后，想法整个发生了翻天覆地的改变。

一、做好安全掌控，保障社团健康成长

一般说来，参加过大型活动后的社团成员，都希望把经验传授下去，组织一场校内赛或者地区赛，且希望规模越大越好。而有关公司为扩大影响和提高经济效益，会大力支持学生想法并提供活动经费，这对于资金匮乏的学生社团来说非常具有吸引力。我接触社团半年多就经历过两次这样的事情。

学生会提出，如果校内不批准就在校外开展活动。但是，活动在校内召集，参与者是校内学生，无论活动在哪开展，出了问题社会各方面会认为与学校相关。我对社长进行了安全教育，预测了可能发生的各种危险，讲述了曾经发生过的情况，并说明了对应的责任供他们参考。社长们这才意识到，可能本以为非常简单的活动竟然会牵涉如此多的责任和安全问题。就连组织的正规活动都会有不可预知的情况发生，何况学生的社团活动，应更严谨也应有居安思危的意识。

即便在校内开展为期一天的活动，社团管理老师也要全程跟随，时时

掌控，以防意外发生。在体会社团活动丰富多彩的同时，安全神经必须时刻紧绷。所以，我校把社团指导教师的工作，纳入了学校的工作量体系，视为承担教育教学任务中的一种并将其固定化。同时，我认为应该对社团指导教师提供必要的技术和安全培训，从而形成一支正规化、专业化的社团指导教师队伍。

二、科学设计活动，助力学生生涯规划

社团活动，丰富学生假期生活，开阔学生视野，是学生接触世界、增长见识和提升能力素质的极好选择。但是活动设计要力求与学生长远发展、职业选择和生涯规划相挂钩。高一学生参加社团活动主要目的是开阔视野，是当前社团活动的跟随者，盲目性较大，但他们是将来社团活动的主力军。

高二学生参与社团目的非常明确，有的是作为指导者传帮带学弟学妹，有的是想了解体会某些职业，为将来高考专业填报和职业生涯规划奠定基础。如果不能实现这些，高二学生的参与性就大大降低，社团就变成了一群没有经验的高一小孩的摸索性活动，在各种比赛中获得肯定的可能性也大大降低。这在上海比赛中就体现得非常明显。高一学生由于知识容量不足，尤其人文社会科学方面缺失严重，在政策性辩论初赛中就全军覆没，能闯过初赛关的基本都是高二学生。所以，社团的活动选择和设计值得我们探讨和研究。

三、激发学生潜力，指导教师做幕后人

学生的能力是很强的，潜力是无穷的，只要我们肯适当放手，他们就会孕育出思维与实践最美的花朵。更何况，社团活动是新生事物，我们知道的并不比学生多多少。

以模拟法庭校内赛为例，那天早晨当我走进会场的时候，就被眼前的景象惊呆了。同学们一改平时肥大的运动服，换上西装衬衫，干净利落地拿着稿件或在交流或在忙活会场的内外协调，那份干练清爽让人欣喜。从会序安排到学生分组，从工作人员的培训到专业评委的邀请，初赛、复赛、决赛、专家点评各个环节，同学们都安排得有条理有秩序。我在其中的作用，只是帮他们完成对学校的沟通请示、教室场地的协调安排以及远远地全程"遥控"。只要条件具备了，他们就可以组织得井井有条，所表

现出的能力让我叹服。比如，几个高一女生在初赛中被淘汰了，打算离开会场回家，并向高二学长请假，这违反了活动规定，但社长却轻松得体地处理了问题，让活动得以更加顺畅地进行下去。社团活动以老带新的传帮带方式，还会把一个好的组织习惯不自觉地传承下去，从而形成哈尔滨三中社团的风骨和精神。

四、转变家长观念，比赛辛苦非比寻常

许多家长认为，让孩子出去参加比赛其实就是出去玩了，这种想法大错特错。首先主办方为保证活动安全，会把会场设在偏远的郊外，比如上海的外高桥保税区、哈尔滨的太阳岛风景区等，这些地方的共性就是风景优美，空气清新，但是离市区较远。其次，活动时间安排紧凑，根本没有时间去玩。

在上海活动出发前，主办方提前几天将这次政策性辩论的辩题即"在中国大陆应禁止任何以商业和科研为目的的动物性实验"发给了我们，并给了同学们厚厚的一本英文证据包。那时的同学们基本都在忙于寒假的作业与复习，准备的时间非常有限。于是在飞机上，有些同学们就开始了紧张的阅读，到达上海后，上午上课培训，下午和晚上小组模辩、写稿，一次我发现Mentor召开的会议竟然在午夜十二点半，这种辛苦比平时在学校的学习不知道要多多少倍。

这次参加全国赛的六十多个同学，有些来自国际学校，有些干脆是"出国党"，这些人的时间相对宽松些。获得冠军的来自西安的Tiffany同学，对这次活动的准备时间是两个月，且有参加过全国比赛的经验，这是我们的高考生根本无法企及的。相比他们，在校学生准备活动的时间就少得可怜，而不服输的性格，让同学们珍惜出来比赛的每一分钟。我校滕鑫喆同学在上海的六天里，几乎都是睡在沙发上的，最晚的一天凌晨四点五十才合眼，早上七点又起床，皇天不负苦心人，他最终获得了比赛的亚军。

模拟法庭为学生们进行了特别的职业预热，让他们的收获显得宝贵而丰富；模拟法庭带给学生们职业与人生的初体验，在这种体验中，他们快速成长，成熟，进而走向成功。

社团活动是新鲜事物，教师学生都是新手，但实践才是最好的老师。让我们共同探索研究，助力社团活动，成就学生美好未来！

各美其美
共
芳菲
Gemei Qimei
Gong Fangfei
——哈尔滨市第三中学校社团发展中的问题及对策研究

言贵有道　辩化万千

——写在指导哈三中辩论社赛后

◇季春临

有才之士多用至理之语，善思之人常以巧辩之言。数年来三中学子带着一腔热忱投入辩论之中，并成立了专门性的组织——辩论社。该社是由哈三中校团委指导、哈三中社团联合会监督的学生社团组织，历经十几年的发展，已经成为一个拥有广泛群众基础的社团组织，一年一度的学生辩论大赛已成为哈三中一道独特的风景线。在三中走出去的莘莘学子，很多人都加入过辩论社或参加过辩论赛，很多同学在大学依然是赛场高手。

在过去的几年中，三中学子组织和参与了多种多样的辩论活动。从班级选拔赛到年级比赛、校际比赛乃至全国性大赛，从中式辩论到美式辩论，都有三中学子的身影。在各级各类比赛中，学子们取得了优异的成绩，2013年国家语言文字工作委员会到哈三中视察，现场会上三中同学以精彩的辩论、卓异的表现，赢得了各级领导及专家的一致好评。

在校园里，辩论不仅可以成为一种活动的方式，更可以成为一种学习的方式。同学们在组织与参与辩论活动的过程中，锻炼了组织、策划、协作等多方面的能力。对辩论赛事的深度参与，也开拓了同学们的视野，引导他们关注社会、关注人生。辩论还影响了同学们认知世界的态度与观念，他们学会了辩证地看待事物，在分析问题时更加理性、冷静、客观。

在哈三中诸多社团中，辩论社以其特有的魅力，得到了同学们的广泛关注和热情支持，以下概要地介绍辩论社工作。

一、辩论社活动的目的与宗旨。结社与活动旨在培养同学们参加辩论的兴趣，提高语言表达能力与技巧，开阔视野，学会思考，提升综合能力。

人们通常说的口才，即是一个人在学习、工作、生活中的表达能力。如何能准确地表达思想、情感，关键点是语言的运用技巧。当然，作为一般性交流，人们往往不会因表达问题而交流不畅，但从实用的角度来讲，就多了些许麻烦。如换作正式或者重大场合，则不容有表达上的失误，那么口才的重要性则突显出来。因此，很多同学都希望参加到辩论活动中，以期提高自身的语言表达能力。

人们对一个能言善辩之人的评价往往是口才好，但有一点必须加以说明：能言善辩的表象为口有所述，能言其详，言之有物，言必有理，而细细想来，"口才"之"才"不仅在于"口"，更在于内在的思维，观察细致，思维敏锐，逻辑清晰，见解深刻。简单地说，就是想好了、说清了。口才好，说到底，是一个人有良好的思维形式、清晰的逻辑思路、相对的思想深度和恰当的语言表达。三中学子思维活跃，能言好辩，对事理的穷究又体现出学子们对探究的渴望和对真理的追求。在时间的磨砺中，他们学会了思考，也学会了如何以恰当的方式表达。在组织与参与中，提升了综合能力。

二、辩论社活动的方式与内容。辩论社每年定期举办一次校内大型辩论赛，此外，还会以多种形式开展讲座及举办小型比赛，普及辩论知识以及选拔优秀辩手，具体情况视时间而定。

辩论社的活动方式采用日常分散活动与统一活动相结合，注重学生语言素养与论辩技巧的提高。好的辩手应当具备良好的语言基础及广博的学识，而集中活动难以解决个性化的需求，因此，日常的分散活动显得尤其重要，个人的"修炼"及辩手间的切磋为他们的成长打下了扎实的基础。

统一的活动常以讲座与比赛形式进行，讲座是为提升同学们的理论水平，增加对辩论的认识和理解，提高论辩技巧，拓展知识面。举行规模较大的辩论赛，如学校辩论赛，则是对辩论选手实战能力的检验，同时也给爱好辩论的同学们提供展示才华的舞台。在实战对抗中提高表达能力与技巧，也锻炼了辩手间的协作能力及心理素质，以便日后参加更高级别的比赛。

三、辩论社活动的组织与宣传。社团由学生组织，教师参与指导，社长、副社长负责，各部门合作，组织机构清晰，分工明确。各部门对社团活动的策划、组织与宣传协同参与，群策群力。

与大多的社团相似，辩论社的组织活动是在团委及相关教师的指导下开展的。组织一次成功的赛事，需要老师与同学付出大量的时间与精力。从活动计划提出、上报、审批到时间、场地、人员的安排，从辩题的选取

各美其美
共芳菲
Gemei Qimei
Gong Fangfei
哈尔滨市第三中学校社团发展中的问题及对策研究

到赛制的选用，大到赛事策划、主持，小到赛场布置、计时，哪一个环节的工作都需要社团同学周密地考虑、认真地执行。如选取辩题，难度不宜太高，要结合中学生实际，既要有知识性，又要有趣味性，既要有高度，又要有可辩性。一个好的辩题应该是耐人寻味的，经得住推敲的，给人以启示的。同学们参加辩论，除了培养兴趣、锻炼口才之外，也希望能获得比赛的胜利，这是对口才出众的辩手们最好的认可与褒奖。因此，在辩题的选择上往往颇费心思。

宣传工作必不可少，当然，活动的开展也得益于辩论社的群众基础，各项赛事活动得到广大同学的积极响应与参与，各级各类活动举办得有声有色。

四、辩论社活动成果与意义。辩论改善了同学们的语言面貌，开阔了视野，同时也深深地影响了同学们的思维形式，增加了思想的广度与深度。在这里，他们学会了表达与倾听，学会了思考与论辩，学会了竞争与合作。

辩论社成立数年来，为各级各类比赛培养了大批辩手，并在比赛中获得了优异的成绩。同时，辩论社也为龙江校园辩论活动推广贡献了一分力量。

如果仅把辩论看作一项活动，则忽视了它的内涵及价值。长期、深度参与辩论活动，使同学们发生了由内到外、思维到举止等诸多方面的变化。这里不仅仅是赛场，也是课堂，在这里，同学们可以获得知识、技巧、能力，也能获得欢乐、友谊、荣誉。

在三中，辩论已经成为一种传统，它不仅体现在赛场上，也渗透于学习中、生活中，而对语言的推敲，对真理的追求必将会精彩地延续下去。

【写在后面的话】
辩论社活动的反思与建议

如果说辩论社的活动引发了笔者和广大爱好者的哪些思索，我觉得应该是辩论这个看似小众活动却有很大学问的古已有之的活动形式的定位是什么。

三中不缺乏出色的辩论人才与后备力量，是否可以搭建更多的平台，让学子们参加更多的历练，给他们以巅峰阶段的心理体验，"生死对决"时的思维碰撞，失败后的经验反思，成功后的信心提升，这对学生的成长绝对是一笔无形的财富。

视每次辩论团活动为一次学术教研活动，除了学校、团委、语文组和相关学科组大力重视和组织宣传之外，还要重视影像资料留存、赛后的资料整理和工作的经验问题总结，专人负责，长期系统地对相关内容进行整合，以备日后的社员培训和比赛之用。

结合国内外一流中学的经验，在中学阶段，把辩论教学列为校本课程，编订具有三中学校特色的校本教材，并配有专职兼职的辩论教练；与需要辩论才华的大学与社会专业协调沟通，积极合作；构建丰富的社团，旨在为学生发现自己的潜能搭建多元平台，促进学生成为自己潜能的主人，并且应该对学生的未来生涯规划产生潜移默化的益处。

各美其美
共
芳菲
Gemei Qimei
Gong Fangfei
——哈尔滨市第三中学校社团发展中的问题及对策研究

"播"采众长 "音"传四方

——记哈三中校园广播站

◇张月

第四章 师说·攻玉 Shishuo Gongyu

清晨芳园回廊，午后杨柳道旁，黄昏小楼云霞，校园里清音悠扬——这就是哈三中校园广播，学子们亲切地称之为"校园之音"。

哈三中校园广播站是学校较早建立的学生社团之一，它隶属于学校团委，是一个由学生组织、运营，教师管理、指导的社团组织。广播站建立数年来，已经发展成为一个拥有数千名听众、广受学生欢迎的学生社团组织。每日午后和傍晚，广播站分时段播出节目，这已成为三中学子熟知的一景。三中广播站从无到有，从有到强，横跨两个校区，以种类繁多、贴近听众的节目，吸引了众多学子。在这里，不仅有莘莘学子的关注与倾听，更有作者们的组织与参与。

哈三中校园广播站能够历经多年而不衰，得益于它广泛的群众基础和有效的组织制度，当然更离不开学生们的热情参与。读书是课内之事，活动是课外之事，这是很多学生的共识，但这不是一个"一心只读圣贤书"的时代，三中学子们更渴望开阔视野、关注生活、了解世界，也希望能有一个施展才华、挥洒青春的舞台。而校园作为学生学习、生活之地，必让学生感受到文化的传承与信息的传播。三中校园广播应时所需，顺势而为。

当然，这是一个信息多元化的时代，书本、报刊、媒体等无不成为个体获取信息的有效途径，学生获取知识与信息的方式多样而丰富。广播站顺应时代的潮流与发展，不断创新，力求以更加接近学生的方式与灵活多变的形式继续为广大学子们服务。以下简要介绍哈三中校园广播站的组织、工作情况。

一、活动的宗旨与目的。广播站的活动旨在丰富校园文化生活，活跃校园气氛，提高学生的综合素质和审美能力，使学生的身心得到健康发展。同时也培养同学们参加主持、播音的兴趣，提高语言表达能力与技巧，提升个人发展的综合能力。

作为区域性媒体，广播站极好地发挥了它的功能。"菁菁校园"以生动的校园趣事、亲近同学的生活素材，活跃气氛，感动同学；"新闻快讯"以及时播报的动态新闻、国际国内要闻，让身在校园的同学们，了解世界，拓展视野；"流行音乐"以品味音乐、鉴赏艺术为宗旨，让同学们在愉悦身心的同时，提高品鉴音乐的审美能力；还有即时的访谈节目，就同学们关心的学习与生活问题，邀请老师、学生、专业人士等担任客座嘉宾，深度讲解。

在同学们的关注中，广播站编创人员努力追求卓越，不忘宗旨，所办十余档节目广受好评。

二、组织的机构与运营。广播站实行团委教师指导、站长负责制度，以栏目为单位，分包计责。广播站的机构设立以简单、高效为原则，既强调组织的严密有序，也强调运行的及时高效。

校园广播，既离不开广播的属性，也无法脱离校园的特点。广播站活动必须利用学生有限的课余时间，高效开展。因此，广播站更强调组织性、纪律性。如使用广播器材，必须严格按照有关规定，节目播出时段相关人员须及时到岗等。

一档节目的成功播出，非一时一人之力，团队协作亦离不开有识有才者的加入。广播站会年年纳新，以实现新老成员间的更替。纳新之时的火爆场面，足以证明广播站这一社团组织在同学们心目中的地位和分量。

广播站注重人员的选拔与培训，以老带新，示范实践，岗前培训等工作有序开展。为使节目办得更好，解决资金不足问题，同学们还积极寻求商业赞助，广播站运营风生水起。

三、活动的影响与意义。从广播站草创之初到如今的蓬勃成长，众多三中学子参与过或一直在参与着广播站的工作，他们见证了哈三中广播站的成长与发展，历经了困难与挫折，感受了成功与喜悦。

不同的栏目，相同的听众，有了学校与同学们的支持，三中的校园之声影响着一批又一批三中学子。就编创人员而言，一些同学在国内知名高校就读期间，依然热爱广播事业，成为高校广播的主力；一些同学在工作之后，以其播音与主持方面的特长活跃在各类活动中；更有部分同学，出于对播音、主持事业的热爱，走上了专业道路。就听众而言，校园节目丰富了同学们的学习生活，在愉悦身心的同时，也增长了见识，开阔了视野。校园广播已成为三中学子有关青春的共同记忆。

四、生存的困境与思考。 如前所述，这是一个信息多元化的时代，学生获取知识与信息的渠道不断增多，作为区域性媒体，广播站的发展渐显乏力，归纳起来有如下几个方面。

1. 设备陈旧。受客观条件的影响，近年来广播站设备少有更新，受技术条件限制，一些节目不得不做出调整，甚至个别有创意、有想法的节目无法播出。2. 学生参与的热情很高，但缺少更多的机会与空间。受播出时间的限制，很多栏目只能轮流播出，并由学生们分组负责，亦给管理带来难度。3. 缺乏专业性指导。广播站的工作是带有专业性的，学生在采、编、播等方面均需专业性指导，指导教师虽尽心竭力但仍有遗珠之憾，如能邀请电台或电视台专业人士的定期指导、培训，定会使广播站越办越好。

虽然广播站的发展历经困难，但它依然坚强、乐观地走到今天，在它的周围，依旧吸引了一批批学子，以极大的热情投入广播事业中来。

小小的广播站，已然成为一片热土，在这里，种下一个个梦想，便会孕育出一片片希望。它是三中优秀学子的舞台，也是学子们成就明天的阶梯。陪伴三中学子度过一段段愉快的青春时光，哈三中校园广播，必将成为学生人生中不可磨灭的记忆，美丽动人，充满了温暖和力量。

一片灿烂夺目的"星空"

——哈三中"星空文学社"发展中的问题及应对策略

◇闫伟峰

各美其美
共
芳菲

Gemei Qimei
Gong Fangfei

哈尔滨市第三中学校社团发展中的问题及对策研究

　　有一个地方，梦想，可以绮丽绽放，思想，可以尽情飞扬，这里，便是哈三中学生社团——星空文学社。它成立于2001年6月，是由哈三中校团委指导、哈三中社团联合会监督的学生群众组织，前身是二十世纪八九十年代就蜚声省内的"蒲公英文学社"，是哈三中最早的学生社团之一。历经十四个春秋，活力与才情齐飞，青春与文学一色。文学社引领三中学子"仰望星空，脚踏大地"，诗意地栖居在这片文学的热土上。

　　"星空文学社"坚持以"丰富校园文化生活，提高校园文化品位，展现三中学子风采，弘扬三中时代精神"为宗旨，以"提高广大学生的文学素养，培养高尚健康的审美情趣"为目的，为哈三中培养具有人文积淀、创新精神和实践能力的全面发展型人才提供了一个磨炼、展示的良好平台。更专业的宣传和组织，更丰富的活动和竞赛，更多元的机遇和挑战，让三中学子在这里可以不断汲取知识、经验和力量，发现、感知、欣赏评价并创造生活中的美，尽情书写，艺术表达，用心鉴赏，感悟人生，以精彩的表现和优异的成绩，更好更快地成长、成才，从而为哈三中的校园文化生活增添了一道独特而亮丽的风景，为全面综合性人才培养注入了新鲜而强大的力量。

　　十四年来，"星空文学社"，经风历雨，茁壮成长，羽翼渐渐丰满，力量不断壮大。比较严密成熟的组织管理，让它成为了哈三中学生社团中的一颗耀眼的明珠。

　　现在，有些中学生因为对文学充满热情而组建了文学社团。有想法，但想法单一；有认知，但经验不足。这就导致社团机构简单，组织散乱，操作不规范，运行无章法。于是，没有制度规章社团运作便会出现"三天打鱼，两天晒网"的情况，时间长了，便失去了组建下去的战斗力，社团也就名存实亡了。针对此种情况，"星空文学社"在运行中从"四化"方面入手，很好地解决了这个问题。具体做法如下：

1. 机构完备化。在社团发展壮大中，机构不断完善，下设文编部、美编部、宣传部、外销部、组织部、记者部、网络部、账务后勤部等八个部门，工作各个环节均有部门负责，部门又左右相连，前后对接，互补共进，使得整个社团在开展各项工作、处理各种问题时，能够井然有序，从容高效。

2. 分工明确化。社团领导职能细致明确，各部各司其职，各人各负其责。社长一名，明确思想，把握方向，统筹安排，部署各项任务，协调各级部门，督管活动进展，保证高效运作。副社长两名，协助社长开展各项工作，下管各部门。除文编部外各部设部长一名，统筹本部各项工作。文编部设总主编一名，副主编一名，栏目主编各一名。主编整体统筹、规划设计并合理有度地调动各栏目力量。副主编负责栏目整体创意，栏目主编负责统稿编排及文字书写等工作。美编部负责杂志美工插图、版面设计及封面制作等工作。宣传部通过海报、传单、广播及口头等方式负责加强本社各项活动及杂志出版销售宣传力度的工作。外销部负责社刊的销售联络及与外校文学社进行必要的联谊工作。组织部负责社团各项团体活动。记者部负责在校园内开展调查、采访活动。网络部负责建立和维护文学社网站、博客且及时发布社团信息及社员作品的工作。账务后勤部负责社团各项活动的资金预算和收支、奖品购买及会议活动日常事务管理记录及社刊稿件存档等工作。

3. 领导任免选举考核化。社团领导产生程序严密有序。文学社新任社长由校团委、社团联合会通过简历审核、面试选拔、竞聘演讲等程序由学生民主投票选举产生，工作实践考核一个月，任期一年。副社长由社长提名，社员大会选举产生。如果社员三分之二以上对社长、副社长等领导人员工作有严重意见，可以向社团提出免职申请。根据民主实情，社团经与校团委、社团联合会协商最终决定领导任免情况。各部部长由社长、副社长通过面试形式，公开招聘并实践考核，管理组织能力强的会员优先选择。

4. 社团管理生活制度化。星空文学社拥有属于自己的团徽、团旗、宗旨、口号及《社团会员规章制度》，可谓细致、严谨、完善。生活管理、社团建设走出了一条规范的制度化道路，这使得文学社生活工作能够高效有序地进行。所立制度具体如下：

（1）例会制。文学社每周在固定时间固定地点召开例会，商议活动相关事宜及计划安排，社员们在交流中增进了情感，在碰撞中达成共识，在研思中不断提升。

（2）社员监督制。文学社实行以社员管理、监督社员的制度，充分发挥社员批评与自我批评、相互监督共勉的作用。

（3）领导问责制。社员定期反映问题，对领导工作提出合理化建议，领导及时接纳反馈并进行总结反思，以此在各个方面完善领导工作，进而提高社团的办事效率。

（4）贡献量化制。文学社每学期对社员进行考核，考核内容包括稿件上交数、稿件采用量、稿件校对率、活动出勤情况、工作认真程度及工作完成情况等，打分并设等级，最终评选出"优秀社员""优秀撰稿人"并颁发证书奖品，激励社员更加认真热情地工作。

文学社因其主创纯文学，阳春白雪，曲高和寡，关注的人少，参与的人亦不多，所以，其平台狭小，工作简单；因缺乏科学化、系统化、制度化的管理运作，所以只能在"小打小闹"中艰难维持，许多时候还得需要依仗语文组教师甚或学校的力量，时间一长，学生依赖意识强，既成套路多，眼光短浅，故步自封，难有创建。至于如何拓展平台、丰富工作、开展多项活动的问题，就更无从谈起了。而"星空"文学社通过一丝不苟的制度管理，使其工作井然有序、民主活泼又丰富多彩，其具体做法如下：

1. 权利民主，参与优先。现在，有些文学社团，只是谈谈文学，写点文章，很少为社团创建自由和谐的民主生活，社团成员生活单一贫乏，谨严有序的机构组织生活也只能是"海市蜃楼"了。而在"星空"文学社，每个社员都是平等的，都是社团的主人。社员在社团里有选举和被选举权，有权通过社员大会选出能够代表自己的社团领导及优秀社员。社员有权在开会时发表自己对于文学社工作的意见、建议，并有权参与文学社规章制度的制定和修改。社员还享有各种社团优惠，如可以优先参与校园有关文学方面的诸如讲座、辩论、竞赛、征文、笔会及外出参观访问等活动，作品也可以优先被推荐发表并亲自得到教师宝贵的指导意见和建议。因为尊重保护每一位社员所能拥有的权利，所以社员没有受到什么不必要的压力限制，彼此平等交流，随心思考，自然写作，其生活空间、工作氛围相对自由和谐、融洽良好，这让社员在这里都有一种归家的温暖和舒畅。

2. 提高素养，注重科研。文学社建设容易因社员一时兴之所至而仅停留于兴趣层面，很难在科研素养上进行强化，于是，工作就只能蜻蜓点水、浅尝辄止了。不能深入细致锤炼，没有更强的理论支撑，社团恐怕只能勉强为之，甚或昙花一现，很难长久发展、逐步壮大了。"星空"文学社为了提高社团的战斗力和高效力，在学生中树立更高更强的威望，不断加强社员自身素质的培养，开展了一些必要的磨炼提升素养的活动。如经常向社员推荐思想艺术性很高的新读物，让社员在分享、鉴赏、交流中升华自己的思想，提高自己的鉴赏水准；定期向社员收集平时所写的各类作品，通过彼此的讨论与点评，实实在在地增强社员的写作能力。社团还借助学校"不知讲坛""馨思讲堂"等平台邀请本校资深教师、高校教授、社会名家学者如原北大校长许智宏，北大教授孔庆东，中山大学教授甘阳，省文学院院长诗人李琦，中国当代作家蒋巍，哈师大教授红学专家张锦池，黑龙江大学教授杜萌若、张鹤等人，做有关文学写作、艺术鉴赏、社会人生及理论素养等方面的讲座。一系列深入细致的讲座，给社员营造了一种浓厚的学习研讨氛围。社员不断汲取文学营养，拓展人生视野，从而增长了智慧才识，深厚了思想底蕴。

3. "新"字当头，不断发展。文学社深知如果满足现在，就会没有未来，若想保持长久生命力，就需要不断创新，不断进步。为了不出现某些文学社团故步自封、停滞不前的问题，"星空"文学社有了如下具体做法：

（1）定期展开招新工作。每年在10月份社团会定期自主开展招新工作，通过文学创作笔试考核、上交社团构想，初步筛出一批优秀的候选者。然后，再通过简历审核、面试提问等环节最终选出社团新成员。社团吸纳了新鲜血液，更新了社团队伍，壮大了社团力量，从而使自己更具活力更好发展。

（2）社刊编辑不断创新。每一次出新刊，社团成员都会聚在一起总结上一期的经验教训，讨论交流编新刊的新点子、好想法。不因循守旧，故步自封，所以文学社几乎每一期杂志文章的内容、形式甚至美术设计、布局架构都绝不雷同。在征稿文体形式上完全开放，不束缚投稿作者的文思手脚，于是，经常是散文、小说、戏剧、杂文、评论、古典诗、现代诗、校园小幽默等文体作品全部吸纳，为社所用。有时还鼓励社员甚至非社员在写稿时大胆创新，突破常规。比如，有一位作者把高中语文教材中所涉及的众多小说戏剧中的经典人物集于一部剧本《育才高中的开学典礼》

中，让他们用本来作品中的特性腔调在虚拟的开学典礼上熟练灵活地演绎新故事，从而上演了一出出好戏，让读者阅读后大呼过瘾，爱不释手。还有的作者用高考文言文阅读题的标准模式为某位老师写了一篇独具特色的小传，让学生在一次特殊的文言文训练后，更深地感受到了文言古雅意境与当代人物事迹相互交织碰撞后所产生的独特魅力。社刊不断关注校园、社会甚至世界新焦点、新现象、新风气、新话题，不断转换思路，调整视角，新鲜行文，争取给每一位读者在每一次阅读中都带来一种全新的感觉。社团为了让更多的读者关注杂志、参与投稿，还在网络上选出"最佳创作""最佳创意""最具风采""最具深情""最具人气"（由三中学子网络投票产生）等多个单项奖作品，并颁发证书奖品以资鼓励。

（3）社团活动形式多变。社团每做一次宣传、搞一次活动都会在海报设计、宣传形式、活动样式及内容上不断创新变化，让星空文学社在校园生活里一直散发着一股新鲜青春的气息。比如，社团宣传部会在校园里不定期张贴宣传社团的形式新颖、内容不一的海报；再如社团每年都会举办的文学创作大赛，就曾采取过自由投稿、现场命题、即兴口头等多种形式，让文学比拼竞技更加多姿多彩。社团还开展校内外的文学联谊会、文学沙龙、星光夜话等交流表达文学活动，这些活动在三中学子中间产生了不错的反响。

4. 细致严谨，精益求精。星空文学社社刊《星空》的编辑一直坚持"质量是社刊生命线"的方针理念，从稿件的筹选、审校、改编到杂志的设计、美工、排版再到后期的装帧、印售、宣传，每一道程序，每一个步骤，都细心对待，考虑全备。如在校稿环节，社团采用"小组承包，分工穿换，实名校对"的制度，即主编在社员中划分小组，选出小组长分领任务，每一组承包同量任务，进行一人一稿多校又彼此穿换再校并实名签字的校对工作，各小组义务明确，责任在心，从而大大提高了稿件校对的工作效率。编辑们还要针对有争议的作品进行反复研讨，认真地在稿件上写出修改意见，并及时与作者沟通，在尊重作者本意的基础上进行调整修改，从而使作品更加精致美好地呈现在每一位读者面前。辛劳付出，锻造品质；追求完美，成就品牌。2004年，《星空》杂志成为《美文》杂志社主办的全国文学社团联盟的核心刊物；2008年，被中国教育学会、《中国教育》杂志评为"最佳社团刊一等奖"；余秋雨、贾平凹等著名学者、作家更是对星空题词，赞誉有加。

5. 独立运行，自主经营。国内有些文学社团的工作从资金投入到物力供给再到人力分配，甚至从运作到开展再到统筹，处处都依赖于学校及语文组教师，社团被学校包办，成为学校工作附属部门，社团成员自主性不能显现，没有了主动性、积极性，更无从谈及创新性、改造性。学校管理压力大，文学社团发展自然会出现瓶颈，这样的问题亟待解决。而"星空"文学社团由三中学子自主创办经营，从申请立项资金、邀请指导顾问到活动开展、内联外宣再到后来自筹资金、自负盈亏，社团在经济收支、决策行动、组织宣传上逐渐独立自强，面对社内外所有工作及问题，也变得更加成熟、强大。在编辑社刊期间，社团的外销部集结各种力量和智慧，联络信誉强的出版商，高效高质地完成出版发行工作；又多方联系广告运营商，以广告宣传互利双赢的方式获得必要的出版印刷资金。销售资金盈余作为社团未来的活动经费，从而使社团在资金周转上不再依赖学校而更加从容有余。文学社在宣传范围、力度、方式、策略上有统一规划要求，每一位社员都有强烈的主人翁精神、繁荣社团的责任意识。宣传工作从下到上人人有责，从班级到学校，从家庭到社会，处处有社团成员宣传工作的身影。教学楼大厅、艺体中心、图书馆、食堂等地点早已成了文学社宣传的重要阵地。兄弟院校、街道、公园、商场甚至公交车上也成了社员节假日拓展做大宣传的关键场所。为了拓宽文学社的宣传辐射面，有的社员甚至走出哈尔滨市，面向其他省市进行社刊销售宣传。社员充分利用学生各种活动、教师研讨会、嘉宾来访等机会，调动各种人力资源关系，进行宣传交流活动，宣传对象也由学生、教师、领导嘉宾再到各领域普通民众，这使得文学社及《星空》杂志拥有了更为坚固的社会群众基础，其声誉也更加深入人心。

6. 横向联合，引鉴资源。文学社虽然独立经营，但活动从不闭门造车，社团经常与本校以及校外其他社团交流合作，从中多加学习借鉴。社团还经常向其他社团约稿，通过选用其他社团如围棋社、韩语社等风情内涵独特的稿件来拓展杂志的涉足领域，丰厚其所编辑的内容。文学社更向其他社团学习借鉴有启发的创意并借用有需要的文字图片资源，从而简化了自己的工作程序，工作效率也因此大大提高了。比如通过与摄影社、动漫社等社团联合，很好地借鉴其图片设计艺术理念，并选用他们的摄影、动漫作品作为插图及美工设计资源，从而方便快捷地弥补了自身相应资源的短缺不足。

7. 拓宽平台，多维活动。

（1）中国传统的民俗节日是一个民族或国家的历史文化长期积淀凝聚而成的，它形式多样、内容丰富、底蕴深厚。社团在民俗节庆期间，把传统文化精神引入活动中来，让活动更为丰富更有张力。比如，清明节前后，组织社员观看红色革命题材电影或到烈士陵园缅怀先烈，学习他们舍生取义的英雄事迹，感受生态清明、社会清明及生命清明的深厚底蕴；端午节前后，社员通过学包粽子、鉴赏屈原作品，创作纪念性的文章，来与传统文化亲密接触，并让屈原矢志不渝的爱国主义精神融化于自己的血脉之中；中秋节前后，社员诵读并创作有关中秋乡愁的古典诗词，铭记中华民族相思团圆的永恒情结。在这样的活动中，社员不仅更加热爱文学创作，也能更好地理解、欣赏并热爱中华民族优秀的传统文化，从而使其在未来能够发扬光大，更加昌盛。

（2）利用主题班团会、升旗校会、校园艺术节、科技节、读书月、校庆等特殊的主题集会节庆活动，开展一系列主题创作竞赛。如班团会、升旗校会演讲稿创作大赛，校艺术节文学创作大赛，科技节的科幻小说创作大赛，读书月中的"读书感悟人生"的读书心得创作大赛，校庆时"回忆青春，感恩三中"的文学创作大赛等。文学社团在不同类型不同层面的创作竞赛中所搭建的平台，也成为三中学子不断历练自我、展示风采的一方重要的舞台。

（3）联合校园其他社团组织，交流合作，扩大影响，并开展了一系列与文化相关的课余活动。星空文学社是校报《馨绿》的重要稿件来源，"新海棠"诗社社刊上也有文学社展示风采的专属阵地。社团与校园广播站紧密合作，使其作品在午间饭后就可以通过动人的声音美妙地飘进三中学子的耳中，拨动他们心灵的弦音。文学社还与校园话剧社、朗诵社、辩论社、演讲社等社团密切来往，互融互助，群策群力，在所开展的辩论赛、演讲比赛、课本剧表演大赛、经典文学作品音乐朗诵大赛等多种赛式活动中，文学社为其提供了主持串连词、相关重要稿件以及活动创意台本，在校园文化生活建设中成了一股不可缺失的重要力量。而这些活动，也极大地展示了文学社社员的深厚全面的功底和素养，在校园师生间赢得了很好的口碑，影响可谓广泛深入。

（4）依托语文教研室，开展学生感兴趣的文学性、知识性较强的竞赛活动，并聘请语文教研组教师担当评委顾问。像文学社开展的"星空杯"文学之星写作大赛，由语文教师专业评判、权威筛选，而"十佳校园写作新星"也最终脱颖而出，他们个性化的介绍及获奖作品也在《星空》杂志上大放异彩。在语文文化知识竞赛中，社团聘请语文教研组教师为出题顾问和竞赛评委，通过猜谜语、对对子、文化知识竞猜、续故事、小演讲等多种方式让学生在文化的海洋里尽情徜徉。社团还模仿一些卫视文化综艺竞技节目，开展了"汉字达人""成语大会""中华好诗词"等文化竞赛活动，邀请语文组教师担当点评嘉宾，在竞技比拼中，教师博学精彩的点评拓展，让活动知识含量更大，文化底蕴更深，品质层次更高。

社团通过社刊登载、展板呈现、橱窗宣传、教师推荐发表等多种方式，让学生作品有了更多绽放的舞台。尤其是在《美文》《学子》《新晚报》《生活报》《广播电视周报》等报刊上，教师用心地推荐评析学生文章，极大地调动了学生尤其是社员文学写作的积极性和创造性。14年来，从文学社及社刊里走出来的小社员、小作者，百人次在国家、省、市级征文比赛中获得特等奖、一等奖等大奖，还涌现出了"全国十佳文学少年"贾海岩，全国中学生作文大赛最高奖"恒源祥文学之星"赵想，"叶圣陶杯"作文大赛特等奖获得者陈璐莹、刘莹、李守砚，"语文报杯"全国中学生作文大赛特等奖获得者黄薇宇，全国"新随笔"散文大赛一等奖获得者、曾出版发售近万册《我亲爱的们》的蒋青青，黑龙江省"学子杯"作文大赛全省唯一一名一等奖获得者张天易等一批优秀的写作新星。

可以说，通过参与文学社社团活动的指导，教师在课内外语文特别是作文教学方面有了更具专业性、系统性、综合性以及创新性的磨炼和提升，在今后的语文教育教学方面储备了更多有实践意义的思想和经验，这在教师职业生涯规划与成长上可谓助力添新，功不可没。

由于文学社及社刊《星空》影响深远，在其引领下，校园学子进行文学创作并编刊、出刊的风气格外盛行，现如今，已有几十种班刊问世，从而在校园内形成了以《星空》为中心的文学刊物百花齐放的文化现象。

历数十四载，文学社每一位社员都热情投入，竭尽心力，纵展风采。即使途中布满荆棘，他们仍然坚毅地走过，用汗水和心血一路浇灌出盛放如火的鲜花；即使现在荣耀加身，他们仍然平和地放下，用内敛和沉稳继续谱写出属于青春的华章。脚下，求索的征途更长远；前方，文学的风景更美好。我们坚信，哈三中"星空文学社"会不断增强斗志，壮大力量，用坚实从容的步伐走出一条充满阳光和花香的文学大道！

辩世论时　激情碰撞　跌宕成长

——关于哈三中美式辩论社团

◇姚佩红

各美其美 —— 哈尔滨市第三中学校社团发展中的问题及对策研究

共芳菲

Gemei Qimei
Gong Fangfei

是什么——我们发展壮大的队伍"美式辩论团"

哈三中美式辩论社正式成立于2014年，是一个年轻的学生社团，但经过两年多的发展，现已有社员近三百人。其中，有哈佛国际邀请赛的国际组亚军，有广州地区赛冠军，北京地区赛四强选手，有曾在全国积分榜上高居第四的队伍，两届哈尔滨地区赛的冠军，有数不清的各级各类比赛的八强和十六强。这是一个旨在通过辩论，全面提升同学们的逻辑思辨能力、理性分析能力和第二语言交流能力的学术性社团。社团活动形式以辩论赛为主，历来注重辩论主题多样化，以国际热点话题激发同学们对国际事务和政治时局的关注，培养全球公民的意识，贯彻"敦品励学，严谨求是"的哈三中校训。同时，以学术培训等形式注重对同学特别是社员个人能力的提升。

社团成立以来，参与并举办了多项校内、地区及全国赛事：

2014年8月9日~10日，2013~2014年度全国美式辩论冠军赛在北京举行，我校美式辩论社团共有2对选手入围。最后，王熙悦和马诗阳获三十二强。

2014年10月29日，美式辩论社团于南岗校区综合楼401举行了中国高中生美式辩论联赛上海交大邀请赛选拔赛。共有二十余名同学参加了本次活动，最终出炉了晋级名单。英语教研组的教师们作为评审参与了本次活动，为同学们的表现给予了点评和指导。

2014年11月14日~15日，第一届全国高中生美式辩论联赛哈尔滨地区赛于我校顺利举行。在本次比赛中，我校选手与来自哈师大附中、哈九中、哈工大附中、大庆一中、大庆国际学校等十余所兄弟学校近百名辩手展开了激烈的角逐，最后，哈三中李金航、杨凯伊获得冠军，哈三中侯嘉炜、王涵一获得亚军。

2014年11月22日~23日，中国高中生美式辩论联赛上海交大邀请赛于上海交通大学闵行校区举行。我校所派八名同学被分为四组参加了比赛，最终，在全国各地的二百余名精英选手中脱颖而出，全部进入三十二强。其中，王熙悦、张泓永进入十六强，李金航、杨凯伊进入八强。

2015年8月8日~9日，2014~2015年度全国美式辩论冠军赛在北京举行，我校美式辩论社团共有九对选手入围。最后，翟其霏和张泓永获三十二强，王熙悦和来自北师实验的搭档邵扬获六十四强。

2015年11月21日~22日，第二届中国高中生美式辩论联赛（National High School Debate League of China, NHSDLC）哈尔滨地区赛在我校举办，比赛以 "Resolved: Patents should not be used for life-saving medicine"（专利应不应该用作救命类药物）为题，我校选手与来自哈师大附中、哈六中、哈一中、东北师范大学附属中学、上海星河湾双语学校等一百余名辩手参加了本次比赛。最后，我校共有五对选手进入十六强；三对选手进入八强；两对选手获得亚军；我校群力校区姜焯文、胡鸿源获得比赛冠军。

为什么——关于美式辩论发展引发我们的教育反思

在美国，辩论涉及人们日常生活的方方面面，小到晚饭的选择，大到国家领导人的选举。

每年有超过十万名学生参加辩论，他们针对热点话题和有争议的社会事件各抒己见、慷慨陈词。美国的辩论赛事通常采取公开论坛式辩论（Public Forum）的形式，这是一项以普通公民为受众的辩论形式，又称为美式辩论。

美式辩论作为西方辩论的典型代表承载着浓浓的学术辩论文化，除了传统辩论中体现的语言表达、思辨和逻辑能力，还考验学生的公共演讲能力、查找资料能力、统筹分析能力及研究学习能力，是学生综合素质的全面衡量。

美式辩论的辩题：主要题材为新近发生的具有争议性的社会热点事件。

美式辩论的流程：两人组成一队进行辩论。每轮辩论开赛前双方辩手需通过投掷硬币的方式来决定发言顺序或挑选立场。例如，胜方选择挑选正反方，则负方可以决定自己先发言或后发言。双方各进行一次立论发言，接着各进行两次驳论发言和一次总结陈词。除此之外还有三次交叉攻辩环节（crossfire），在这一环节中首个问题必须向刚刚结束发言的辩手提出，此后双方可自由进行质询和回答。

美式辩论的特色：美式制辩论是世界上最有趣的辩论形式之一，由掷硬币结果产生的偶然性、激烈的攻辩、快速的临场反应以及题目的深度和广度都是这一辩论形式的显著特色。

所有的美国顶尖辩论赛都采用这种辩论形式，例如：哈佛辩论赛、斯坦福邀请赛、哥伦比亚邀请赛和耶鲁邀请赛。

辩论在美国具有广泛的群众基础和发展历史，是最受学生欢迎的活动之一，也是最受教育专家和顶级大学推崇的课外活动之一。辩论为西方国家培养了一代又一代的社会精英，超过 80% 的美国国会议员都曾参加过学校的辩论队，辩论因此被称为培养领导人的"精修学校"。大力发展美式辩论，除了让即将出国留学的三中学子的文化与思维和外国接轨外，培养三中人奋勇争先，践行先进的教育理念，是我们最大的目标。

怎么办——高水平的教练与裁判队伍建设

美式辩论对于裁判的思辨水平和语言能力都有着很高的要求。哈三中英语组的老师们利用工作之余，凭着对英语和辩论的满腔热忱积极参加美式辩论裁判培训。社团多次邀请来自全国美式辩论联盟（NHSDLC）的有多年经验的辩论教练给老师们做专业培训。比如2014年10月9日，中国高中生美式辩论联赛学术总监Tim Lewis来到我校，给老师们做了一次生动精彩的讲座。他在解释美式辩论内涵的同时，也介绍了美式辩论的基本规则以及裁判技巧等。老师们还主动利用网络资源看比赛视频、研究裁判规则、研讨裁判技巧，努力提高自身的裁判水平，争取给选手们提供高水平的裁判。

我们也有这样的设想，在中学阶段，把美式辩论教学列为重要的学校课题，加大经济投入聘请来自国内外专职的美式辩论教练，培养我们三中自己的专业教练；组织那些热衷辩论的学生参加学校的日常训练，周末和假期参加各种比赛和寒暑期集训，使其水平得到提高。同时，在哈尔滨乃至全省内开展校内、校际比赛，给更多热衷辩论的学生搭建好的平台。

【写在后面的话 】

一分耕耘一分收获

通过加入美式辩论社团，参加美式辩论社组织的培训，经历大赛的磨砺，学生们开拓了思维，锻炼了口头表达能力、查找资料的能力、搜索的能力、统筹分析的能力等。学生们开动脑筋，从多方面去考虑问题以发散思维。此外辩论团队之间的默契、团结协助能力得到加强。对辩论问题有一个新的看法，追求真理。很多比较胆小的学生在美式辩论中锻炼了自己的勇气，在大众面前可以侃侃而谈。

正如哈三中美式辩论社社长——哈三中群力校区2013级19班王熙悦同学所说：

"辩论对于我来说是学习生活中很重要的一部分，它已经不只是一项活动。辩论带给我的批判性思维，教会我如何观察和认识这个世界。在辩论中，每一个人都会学到很多东西，看着自己的成长和进步的过程是非常令人欣喜的。在NHSDLC上海地区赛和全国冠军赛上我和我的搭档都进入了淘汰轮，分别获得了16强和32强的成绩。这样的成绩虽然并不辉煌，但那是过去的一年里我们的付出换来的回报。接下来的一年里，我希望能让美式辩论在哈三中的校园里推广开来，让每一个有兴趣的人都参与到辩论中来。辩论虽不能带给你太多物质上或者成绩上的收获，但是它会让你成长、成熟，让你学会认识世界和对待生活的态度。

我与机器人社团的这些年

——哈三中信息科学协会机器人部的成长历程

◇沈雁鹏

各美其美

共

芳菲

Gemei Qimei
Gong Fangfei

哈尔滨市第三中学校社团发展中的问题及对策研究

机器人社团主要是学习人工智能的相关知识，并研究如何利用传感器、控制器等电子元器件模拟人的活动，创造性地完成某种任务，考察完成任务的效率和时间。

一、社团的成立

那是2005年9月的一天，哈尔滨市正在如火如荼地开展"人工智能与机器人"的教育研究，作为信息技术教师的我也积极勇敢地进行了教学实践。尽管由于设备短缺等问题，教学工作仅仅持续了2个月，但我却通过日常交流发现了几个非常具有探索研究精神的学生。于是三中第一个研究人工智能的兴趣小组成立了。

二、社团的发展

我们这个兴趣小组没有任何设备，只有学校淘汰的一台打印机；没有专业的实验室，只能利用多媒体教室后面那小块空地；没有任何理论与实践经验，只能自己动手，通过拆卸遥控小汽车和打印机来学习电子设备的结构和工作原理。就是在这样简陋的条件下，一批批的学生在激烈争论中进步，在互相提问中成长、慢慢地探索制做出了"清理泡泡糖机""自动盖章机""自动鞋底清洁器""自动浇花器"和"自动园林灌溉装置"。

随着我们众多成果的取得，兴趣小组的条件也越来越好了。几年过去了，我们的兴趣小组有了正式的组织——机器人社团（信息科学协会中的机器人部）、我们有了专门的活动场地——A308、我们参加了创新大赛、我们还获得了第四届机器人创新设计大赛的单人舞项目二等奖。今年，我们又拥有了带有智能循迹模块的中鸣机器人套装，正准备参加第十六届青少年机器人竞赛综合技能比赛。

三、社团的困难

1. 规模

由于机器人社团具有需要学生动手搭建硬件解决问题的性质，决定了对社团活动场地、设备和人员具备学科较高素质的要求，所以注定社团是比较小众的，规模无法扩大。只能把学生分成两三个小组，分别设计自己的方案完成同样的主题任务。这样老师可以深入每个小组了解他们设计方案的优缺点，并针对各小组的问题进行具体的指导，否则社团活动就会流于形式，慢慢萎缩。

2. 时间

机器人社团的活动每次都是单元任务，即发现一个问题，设计解决方案，调整机器人结构，编写程序，运行测试，修改程序，所以社团活动最好每次2小时左右。但是由于学生在校的时间安排很紧凑，只能利用每天中午的休息时间进行活动40分钟，每周3~4次。

3. 学生

机器人社团要求学生具备一定的搭建和编程基础，所以相比其他社团而言，入社门槛比较高，一些只有想法的学生可能会望而却步。如果社团的新鲜血液不够，社团的蓬勃发展也是水中月、镜中花。

四、解决困难的办法

要想解决这些问题，我觉得首先离不开学校的支持。无论从场地、设备方面，还是从学生和指导老师的管理方面，都非常需要学校政策、资金的支持。其次，社团自身加强宣传，让更多的学生认识到机器人社团对自己未来发展的促进作用，使更多有志于此的学生了解社团的日常活动，从而对此产生兴趣并加入社团。再次，指导教师的参与应该更多地向把握社团发展方面转移，把社团活动的具体工作尽量交给高年级的同学，让学生引领学生，才能更好地促进社团的健康发展。最后，社团活动形式的转变应该更灵活、更简单、更加模块化，这样才能使社团在不同届学生的手中不断延续和传承下去。

五、我的一点点感悟

"社团是非常重要的一个平台，培养了我很多方面的能力，感谢社团，感谢老师。"这是毕业的学生跟我说过最多的一句话。在社团活动中，与志趣相投的同龄人共同学习，共同经历失败，为了胜利朝夕相处，有互助，有竞争，有欢笑，也有沮丧，无形中提高了学生的情商和社会交往能力，有助于改善现代年轻人中的孤独感，帮助他们养成热情开朗的性格。在社团活动中，女生拿过螺丝刀和电焊枪，男生也拿过绣花针和注射器，不但让学生锻炼了手脑协调能力，还培养他们的耐心细致严谨的态度，耐心细心，这种通过直接经验获得知识正弥补了现在应试教育的不足。在社团活动中，他们经常为了一个简单的科学原理争论不休，也经常为了解决看起来很容易的问题绞尽脑汁，学生就在这一次次争论中思考，在一次次失败中反思，在一次次反思中成长。在社团活动中，有更多的学生坚定了自己的反思，越来越多地了解了控制自动化，信息与计算机专业的研究领域，提前选择了自己未来发展的方向，为他们进入大学后选择与机械电子等相关专业奠定了坚实的基础。

经历了机器人社团的这些年，我也发生了很大的变化。

首先，就是更加深刻地理解了什么是"教学相长"。有句话是这么说的，"想给学生一杯水，自己必须有一桶水"，我觉得在信息日新月异的现在，学生学习新知识的速度和渴望太快了，让老师掌握学生要学习的所有知识太难了，尤其是信息学科，这方面的知识哪是几倍几倍的增长啊，是呈几何级数的增长，根本无法实现"学会"这个目标！所以我们说自己是指导教师，我们该教会学生的是学习能力，是如何选择学习内容，并找到知识的来源以及如何更快地学会这些知识，也就是适合学生的学习方法，所以这句话应该变成"想给学生一杯水，自己必须能引导学生找到活水源"。

其次，就是更加深刻的意识到"教师"真正的意义！以前我总为自己在某个问题上快速准确地给出学生答案而开心，而现在，我有意识地不再直接回答，而是希望给学生提供了一个可以探索的机会。以前我为我会而开心，现在我为学生会而高兴。我从教学生知识慢慢地向教学生学知识转变，向成为学生学习的引导者转变。我引导他们发现问题，指示他们寻找解决问题的方法，检验他们找到的答案，评价他们的学习效率！

再次，就是更加深刻地感受到了作为教师所特有的幸福。学生在走廊遇到我，跟我打个招呼问声好，我很幸福；学生出去旅游，给我带回一张明信片，我很幸福；过生日时，学生送我一本印满苹果的笔记本，我也很幸福；当学生毕业后在QQ上给我留言，"老师，真的很谢谢你！"我真的很幸福。我所做的可能只是在他情绪低落时的一句鼓励的话，但是收获了一份真诚的感激，这难道不是最幸福的事？

最后我希望，现在和未来，我都和我机器人社团的学生们一起"享受奋斗"！

"御心社"的成长与收获

◇唐烨

"御心社"是哈三中众多学生社团中人数最多的一个组织，社团本着"宣传心理卫生知识，提高心理健康水平，不断完善自我，形成健康人格"的社团宗旨和"团结，改革，创新，竞争"的社团精神，在学校心理老师的技术支持和指导下，开展如专家讲座、学生讲坛、心理沙龙、团体活动、电影观摩、心理测试等各种丰富多彩的活动。

在社长和社员们的共同努力下，御心社越来越成熟和进步，凝聚力和感召力与日俱增。在自身建设、社团宣传、活动开展等方面都有了很大的改革和创新。社团机构制度逐步健全，社团活动逐步规范，活动的主题更加能体现出自身的特色，活动的质量有了显著提高；今后要扩展社团的影响力，加强与外校同类社团和本校兄弟社团的交流与合作，促进自身发展。

心理社团开展的活动主要有三种：引人深思的学生讲坛，"以学生为本"的主题活动和展示心理特色的团体活动。为广大社员提供了一个展示自己，锻炼自己的平台，同时吸引了大批社内外人员参与。

一、学生讲坛

"探秘心理学"是由学生开展的系列心理专题课。内容涵盖精神分析、社会心理学、行为心理学、认知心理学等主要心理学流派，旨在系统地向在校学生介绍心理学这一跨学科的科学领域并帮助学生利用心理学理论积极面对学习生活压力，保证身心健康。

在课程开展的过程中，主要面对的问题有三点。其一正如标题表明，虽然早在一个世纪多以前便被国际学术界认可为一门严谨的实证科学，心理学在多数学生观念中受大众娱乐中诸多"读心术""催眠"等影响，仍是一片神秘的领域。因此，讲师们需要通过严谨的科学阐述来纠正上述大众娱乐中援引的诸多错误观念、帮助学生客观的认识心理学。其二则为心理学的趣味性和知识性巧妙结合，以保证学生的接受与理解。其三则为心理学理论性与实用性的结合，以保证学生学有所用，能切实地对学生的学习生活做出贡献。

针对上述问题，"探秘心理学"采用"理解、运用、体验"相结合的方式，将科学理论的学习、理论方法的应用与应用的心理体验有机地组合起来，帮助学生们既能一窥看似神秘的心理学，又能利用所学知识提升自己的学习生活质量。如在学习弗洛伊德著名的《梦的解析》时，学生们既可以学习精神分析学的内在机理，又有机会当堂通过精神分析实验分析心理压力，更可以通过沙盘游戏更深层次地理解精神分析学的理论与实践。诸如此例，不胜枚举。也正是通过如此创新、有效的教学方法，"探秘心理学"才能不断地帮助更多学生揭开心理学神秘的面纱、享受心理学所带来的美好生活。

二、主题活动

社团纳新——激动人心，在学校团委的组织下，社团的纳新现场人头攒动，御心社发挥每个老社员的宣传作用，积攒人气，现场提供心理小测试、小游戏、小活动……那些吸引人眼球的宣讲海报、独具匠心的面试，都促成了纳新活动的圆满完成，旗开得胜。

心理游戏party——体验深刻，每次40分钟的活动时间，开展心理游戏party比较匆忙。但参与者的热情和游戏的吸引力还是让人印象深刻，"心有千千结""记忆接龙""小鸡变凤凰""全员讨论""许愿""天使守护"等增强了凝聚力。

杀人游戏——独具特色，活动以社会上的杀人游戏为模板，结合学生自身特色，对游戏规则进行了适度修改。本项活动符合中学生的心理特点，锻炼思维，满足心理需求，受到了认可和好评。

御心歌会——开拓新思路，唱歌和运动最能疏解心情，塑造品格。学生时代就是展示自我的精彩舞台，独唱、合唱、吉他弹唱、小提琴演奏、与校园歌曲相关的趣味游戏等精彩的文艺节目，着实让人赏心悦目，乐在其中。

三、特色活动

心理座谈——专家引领。老师、学生都可以成为座谈会的专家，同学们踊跃提出自己对于心理学的认识和疑问，专家们对问题细心解答，并讲授一些心理学的知识。不得不说，三中的学生博览群书，既有广度又有深度，兴趣浓厚，勤于钻研，师生获益良多。

心理团体辅导活动——主题鲜明。师生绞尽脑汁创设注重实效、新颖、独特的心理辅导形式。例如，以讲授为主的内容一定要配上生动形象的视频动画材料，在轻松愉悦中获取知识；讨论式的内容采用PLA参与式（Participatory Learning and Action），给大家发放大白纸、白板笔进行小组讨论、中心发言；体验式团体活动重在全员参与、谈感受，如盲行、心有千千结；还有针对性极强的团体训练，深受欢迎。智力因素训练，如优点轰炸、绘制成长曲线、描述高峰体验、树木人格分析、社员合作站报纸"同舟共济"等，设计主题，明确规则，实施活动，注重分享，气氛热烈、热情参与，引起强烈共鸣，留下深刻印象，加强自我分析和客观评价，达到助人自助的目的。

心理素质拓展活动——放松成长。心理社团可以和体育社团一样同在蓝天下，带领学生合作互助，快乐放松。如开展的高三学生减压的团体训练活动。包含有两个热身活动：大风吹，用来活跃气氛，集中注意力；马兰花开，开成几朵，用来分组。一个主题活动，我的自画像：四幅图，在一张纸上分成四个部分，画出现在的心情、目前最大的困扰、解决困扰的方法、解决困扰后的心情。每一个小组派出发言人表述一下大家的观点。这是一个自我开释、探讨抒发、自助互助的过程。宣泄放松活动，互助踩气球游戏，每人脚踝处绑一个气球，保护自己组内成员，又要攻击对方，看哪个组的成员能坚持到最后。请大家分享合作互助的经验，感受。这个系列的团体训练，极其适合高三生，高三党的生活辛苦卓绝，精彩纷呈，既是独舞又是群舞，合作互助，水涨船高，精诚所至，创造辉煌！

正如《中国学生发展核心素养征求意见稿》中表明，中国学生核心素养是指学生应具备的、能够适应终身发展和社会发展需要的必备品格和关键能力，综合表现为九大素养，具体为社会责任、国家认同、国际理解、人文底蕴、科学精神、审美情趣、身心健康、学会学习、实践创新。

学校的心理社团在组织活动中注重学生的合作担当，贯彻落实了哈三中"志向高远、素质全面、基础合理、特长明显、身心健康、服务社会"的人才培养目标。重点是激发学生积极参与社会活动，具有团队合作精神；对自我和他人负责；尤其是体现了注重全员的身心健康素质培养，主要是个体在认识自我、发展身心、规划人生等方面的积极表现。

倡导珍爱生命。重点是理解生命意义和人生价值；具有安全意识与自我保护能力；掌握适合自身的运动方法和技能，养成健康的行为习惯和生活方式等。

培养健全人格。重点是能调节和管理自己的情绪；有积极的心理品质，自信自爱，坚韧乐观；积极交往，有效互动，建立和维持良好的人际关系等。

注重适性发展。重点是能正确判断与评估自我；依据自身个性和潜质选择适合的发展方向；有计划、高效地分配和使用时间与精力；具有达成目标的持续行动力等。

社团活动让学生在活动中培养多方面能力：善于发现和提出问题的能力；有解决问题的兴趣和热情；能依据特定情境和具体条件，选择制定合理解决方案；具有创客意识，能将创新理念生活化、实践化等。

中国学生发展核心素养，根本出发点是全面贯彻党的教育方针，践行社会主义核心价值观，落实立德树人根本任务，突出强调社会责任感、创新精神和实践能力，促进学生全面发展，使之成为中国特色社会主义合格的建设者和可靠接班人。

心理教师在促进学生成长过程中也促进了自身的专业化发展。

我们倡导的学科宣言：微笑心理，健康人生。"微笑心理"有三个内涵：一是心理教师要微笑示人，保持乐观、积极、热情、完善个性，及时清理情绪问题，带动周围人促进身心健康；二是关注教师心理状态，通过一系列活动激发教师个人成长，寻求职业幸福感，培养微笑面对生活的品质；三是关爱学生，培养学生包容、理解、乐观、坚强、快乐、自信的心理品质。积极心理学倡导要学习乐观，以优势为基础，强化优势："人生最大的悲剧不是我们没有足够的优势，而是我们没有去用我们的优势。"美国社会心理学家葆拉·尼登塔尔进行一系列研究和实验后发现，微笑不仅是脸部肌肉动作，更是内在情绪的表露和两个心灵亲密融合的最直观表现。用微笑去面对挫折，去接受幸福、去品味孤独、去战胜忧伤，只有微笑地去面对生活，我们的生活才更加美丽。无论生活、职场、社交，微笑也是一门学问，拥有阳光心态更能引领我们走向成功。我们要积极锻炼，善待自己，维护身心健康，开发心理潜能，成就自己健康、快乐、进步的人生。

心理老师要充分贯彻"以人为本"的精神，尊重、信任、理解、热爱学生，依据罗杰斯的"来访者中心"理论，无条件接纳学生，倾听、疏导。心理教研室经常组织全组教师研讨心理老师的职业行为规范，经常组织教师进行有体验的职业教育观察与实践，定期研讨、培训、督导，对心理教师的自身心理健康水平进行评估，对师德规范与教学行为进行专项检查评估，不断提高全组老师的职业道德水平。开展"三心"（事业心、责任心、进取心）、"三爱"（爱事业、爱岗位、爱学生）、"三比"（比水平、比业绩、比贡献）活动。

根据教师教育标准，心理教研室全体教师已经具备一定的本体性知识、条件性知识和实践性知识，但从专业发展的角度看，哈三中的孩子具有极强的探究精神，阅读心理专业书籍的速度、广度和深度惊人，并且乐于找师长探讨，所以教学相长，每位心理教师都依然需要不断提高和进步。因此，要坚持读书学习，不断提高专业素养；学习专业技术如精神分析、NLP、绘画治疗、叙事治疗、萨提亚家庭培养模式研究等，配合2018年高考改革，学习并获得生涯规划师培训证书，及时更新提高心理实战技术，积累经验，向名师、专家目标挑战，成为学生的良师益友。

总体来讲，御心社在校团委的支持、心理老师的指导、社长带领和全体社员的共同努力下，在各个方面都有所创新和改革，可喜可贺。

存在问题： 目前社团的组织机构还不健全，人员流动大，训练活动无法做到系统性、递进性，一定程度影响训练效果。

反思： 讲座要更接地气，满足学生切实需求；活动要更具操作性，共情共感，健康成长。

今后的设想： 要通过一系列接地气的有实效的学生讲坛、专家讲座、团体训练，达到参与者心理素质和能力提升。同时加强与外校同类社团的交流活动，扩大御心社在校内外的影响力，把我们的办社理念和办社经验与兄弟社团进行交流，学到更多新的理念和办社经验，弥补自身的不足，发扬自身的优势。

心灵港湾，体验幸福。以人为本，陪伴成长！相信御心社的发展会吸引到更多的有需求的人，御心社将迎来一个更加美好的春天！

后记

　　我校的心理协会——御心社发展至今已经成为校园文化中一道亮丽的风景线。它是学校开展素质教育和心理健康教育的又一条崭新的途径，为培养高中生的自主能力、实践精神和创新能力等综合素质搭建了一个良好的平台。为进一步促进我校心理社团健康、繁荣发展，我们对我校心理协会今后的发展有如下思考：依托三中校园网，建设御心社的专属网页，扩大协会覆盖范围。开辟相应专栏介绍心理协会的近期活动，并且依托团委和校办的微信公众平台，积极推送心理知识和心理协会公益活动，让全校广大师生乃至校外关注心理健康的人士也能及时掌握协会的信息，参与到协会的各项活动中来。另外，也可以在网站上设置心灵问答的论坛或BBS，学生可以把遇到的困惑与问题以不记名的方式呈现在网上，协会的成员给予相应的建议或解答。在班级设立班级心理互助员，因为同龄人往往有较为接近的价值观念、人生经验及生活方式。心理互助员可以由御心社的骨干兼任或通过心理协会招募，或班级推选出心理科代表，并定期进行专门培训。他们平时在与同学交往中可以主动运用所学的心理知识和技能帮助同学排解困惑，并可以将解决不了的问题及时向心理老师反映，成为学校心理健康教育的好帮手。

　　作为一名心理教师，应当不断发展和探寻三中御心社和学校心理健康教育新的结合点，为培养拥有健康心理和健全人格的新一代三中人而努力！

"编程"成就梦想

——记哈三中信息科学协会编程部的建设与成长

◇张海峰

各美其美
共芳菲
Gemei Qimei
Gong Fangfei

哈尔滨市第三中学校社团发展中的问题及对策研究

哈三中信息科学协会编程部成立于20世纪90年代初，原名为哈三中计算机编程兴趣小组，随着信息技术教研室的设立，平面设计、机器人等多个IT小组组建了哈三中信息技术科学协会，编程兴趣小组也发展成为现在的哈三中信息科学协会编程部。编程部最初建立的目的是丰富学生课余生活，为编程爱好者提供学习和交流机会，培养学生参加信息学奥林匹克竞赛，经过20多年的发展，已经成为普及计算机科学知识、培养和选拔优秀计算机后备人才的平台。目前，已经建立了一套完整的基于"算法与程序设计"的校本课程体系和一套集学习、交流和实践于一体的学生特长培养模式，建立了关注这些特长学生发展、不断吸取改进经验的"哈三中信息技术交流圈"。

到目前为止，哈三中信息科学协会编程部已培养出具有编程特长的学生3 000多人，向高校输送的获得省级以上奖励的优秀学子500多人，其中输送到清华北大等名牌高校的学生已达40多人。这些学生获得了包括国际比赛在内的各级各类奖项。目前，他们有的正在耶鲁、卡耐基梅隆大学、清华、北大等知名高校学习，有的则已经成长为摩根士丹利、微软、阿里巴巴、百度等国际大公司的管理或者软件开发方面的精英，还有的开始独立创业。

编程部的建立与成长过程，就是我们探索基于学科的特长学生培养模式的过程。在这个过程中，我们有如下的一些经验和收获。

一、建立校本课程体系，丰富学科教学内容

编程部的建立与成长依托于信息技术学科的建设过程，是普及学科知识、丰富学科内容和培养学科素养的一个重要途径。受学科发展和课时限

制，正常的课堂教学是不能完全满足学生的兴趣和发展需要的，因此探索满足学生个性特长发展需要的校本课程体系是非常必要的。为此，经过多年的努力和实践，我们建立了一套较为完善的针对编程爱好者的校本课程体系。这套体系集知识学习、思维方法训练和能力素养提升为一体。

校本课程体系简单描述如下：

表一　哈三中《算法与程序设计》校本课程体系

学习过程	课程体系				层级目标
	知识体系	能力体系		思维体系训练	
		技能训练	学习方法训练		
第一阶段	C语言程序设计	编程能力	自主学习	建立计算思维意识	第一层次：了解、认识、简单应用
第二阶段	算法初步	算法选择能力	交流与合作学习	计算思维方法的建立	
第三阶段	数据结构基础	数据结构选择能力			
第四阶段	算法寻优	算法设计能力	以探究为主的研究性学习	计算思维习惯的养成	第二层次：熟练、灵活、综合应用
第五阶段	高级数据结构	数据结构的设计能力			
第六阶段	知识创新	灵活运用与变通能力	总结与创新	思维方法的变化创新	第三层次：求异、改造、创新
……	……	……	……		……

这个课程体系是常规课程中编程知识的延伸。通过编程课堂和日常活动，我们发现和选拔有编程兴趣和发展志向的学生，引导他们进入这个校本课程体系，开始编程知识的学习过程。

二、学习、交流与实践并重，建立了特殊人才培养模式

在高中阶段培养特殊人才，时间限制是最大的问题，学生既要学习也要应用，若要提升学生的能力和潜质，首要的任务就是解决时间限制这一大难题。经过20多年的培训实践，我们建立了一套集学习、交流和实践于一体的培养模式，解决了这个问题。

在我们的培训模式中，学习分为由指导教师、学长和优秀校友分别主导的面对面集中学习培训，也有通过网站、内部学习资源和在线讨论组等形式组织的以自主学习为主的离线式学习培训。学习有统一有自主，能最

大化地利用时间进行学习。

我们的实践活动，有自我提高型实践，如解决教师布置的任务，处理题库中的进阶问题等；也有竞赛型实践，如参加全国中小学生信息学奥林匹克竞赛、国际大学生编程比赛和网络商业比赛等。学生实践活动非常丰富，通过这些活动，既能夯实基础、锻炼能力，也能拓展视野，增加交流机会。通过实践，学生能把主要时间和精力放在主要问题上，精学精练，提高效率。

在我们的培训模式中，交流环节很重要。我们在学习和实践过程中强调交流，平时要有交流意识，要学习交流技巧，要重视交流的过程和结果。交流可以有很多方式，比如通过直接的语言交流，通过互相阅读程序互相纠错交流，也可以通过书写解题报告、专题讲座进行交流。方式很多，但是目的明确，是为了快速学习和进步。交流也是一种能力，是可以为终身学习和长远发展服务的能力。

三、为了关注、促进优秀学子的发展，建立了"哈三中信息技术交流圈"

编程部的校本课程体系和特殊培养模式是否能真正达到预设的目的，为学生的后续发展助力，我们还需要关注。为此，我们建立了"哈三中信息学竞赛优秀校友交流圈"，简称"哈三中信息技术交流圈"，关注这些学生的后续发展，坚定我们培养特长学生的信念，完善培养特长学生的手段。

信息技术交流圈的建立，也把不同时期的校友组织在了一起，他们可能互不相识，但是他们都曾是这个社团的一员，他们可以再次"相聚"，互相学习，互相协助，共同发展，共同创建美好的未来！

哈三中信息技术交流圈，目前通过在线网站、QQ群、论坛、假期定期的集会和研讨活动进行多种形式的联谊和交流活动。

四、走出编程部的优秀学子

高中编程是一段难得的经历，每个参与者都收获很多。对于有些人来说，编程是枯燥的，但对于他们来说，却是激动人心、思绪飞扬的过程。他们更愿意称这个过程为 "艺术创作"之旅。他们或因为编程拥有了一份特长，或因为编程成就了梦想！

编程部培养的部分优秀学生列表（每个级别限选1~2人）：

表二 编程部培养的部分优秀学生列表

2012届，金牌选手 王钦石	2009届，银牌选手 张超	2004届，铜奖选手 刘翀
●全国信息学竞赛金牌 ●信息学联赛省一等奖（满分） ●2012年7月VK CUP杯全球总决赛亚军，并获奖金20 000美金 ●保送清华大学 ●现兼任清华大学ACM队教练、校广播播音员	●全国信息学竞赛银牌 ●信息学联赛省一等奖 ●高考加20分进入清华大学 ●大二期间开发了自己的游戏引擎，有公司认购并许诺给予股份 ●现纽约大学游戏设计专业硕士研究生 ●2014年获中国国际独立游戏节学生组作品第二名	●全国信息学竞赛铜牌 ●信息学联赛省一等奖 ●保送上海交通大学 ●在大学期间获得ACM/ICPC日本站冠军，ACM/ICPC全球总决赛第八名 ●牛津大学管理学硕士 ●曾在香港摩根士丹利公司任软件开发工程师，现任香港华润集团战略规划师
2015届，省一选手 孙慧东	2008届，省二选手 郭衍行	2008届，省二选手 苗嵩
●信息学联赛省一等奖 ●自主招生加60分进入哈尔滨工业大学 ●刚刚获得2016年国家大学生编程比赛北京站银奖	●信息学联赛省二等奖 ●考入美国伊利诺伊大学，获得机械工程（主修）与计算机科学技术（辅修）双学位 ●现在硅谷从事人工智能软件开发，已开发出多款软件	●信息学联赛省二等奖 ●高考考入黑龙江大学 ●大二获得黑龙江省大学生编程比赛一等奖 ●支付宝软件的核心开发工程师，现自主创业

更多的内容，请关注"哈三中信息技术交流圈"网站。

五、尚待解决的问题

在社团发展的过程中，有些问题，如前所述，已经被成功解决，目前还有一些问题，正在探索之中，如：

1. 根据课程体系，校本教材还需完善，如《数据结构》的中、高级本，《算法设计》的中、高级本，都正在编撰之中。

2. 根据培训体系，面对面的学习和交流时间还需要加强，尤其是学生初期学习阶段，需要投入更多的指导时间，正在探索具体的加强方式。

3. 根据社团已有的发展成绩，对外宣传的力度还不够，对外推广的力度也不够，正在探索宣传推广的具体方式。

4. 随着社团发展得更加成熟，向更多高校推荐这些学生成为一个重要的问题，目前，正与高校联系，探索具体方式。

多年的社团指导工作，多年的经验积累，提升了我作为竞赛指导教师的工作能力和创新精神，给我带来荣誉的同时，提升了我的自身素养，实现了我的教育追求，重要的是实现了我的人生理想，教学相长，成于三中。另外我对社团的工作有了更深刻的认识，也有了很多体验和反思。我一方面感慨于社会上的一些不良的教育跟风，只空谈大理论，不屑于小实践，只崇拜科学家的成功，不培养自身的科学素养，而动手实践能力和科学素养在中国的缺失，正是未来中国最可担心的事。而另一方面我又欣慰于学校有这样一个小天地，让我能够践行科学素养培育，让孩子们有一方提升科学素养的净土。国家正在呼吁提升中国学生发展核心素养，科学技术素养与信息素养有望位列其中，这令我们振奋，我们相信哈三中信息科学协会编程部，在学校领导和各部门的大力支持下，随着教师和学生的努力，一定会致力于提升学生的科学技术素养与信息素养，在知识普及、学科建设和特长培养上做出更多贡献！

云来石轩志
——记哈三中篆刻社团

◇何云刚

篆刻社团是与石头打交道的，"云来石轩"的名字，是韩仰忠老师帮忙取的。觉得贴切，甚是喜欢便用上了。

篆刻作为一门中国传统艺术，它对中国的传统文化产生了深远的影响，一时成为了中国的一种符号展示给世界，让世人了解中国，了解中国的存在方式，了解中国的传统文化，了解"中国印"。它凝聚着浓郁的民族精神和民族审美情趣。

篆刻在高中学生的眼中似乎有一点神秘，又有一点遥不可及，似乎对于他们来说是很难学会的，但与此同时又有一些向往，会有想挑战、想尝试的心理。这就是篆刻所具有的吸引力，也是篆刻的魅力所在。哈三中的篆刻社团在艺术的感召下建立了起来。

对于高中生而言，他们的知识储备、理解能力、操控能力、观察能力，以及他们的稳定性都已经相对成熟。篆刻对于他们来说已经具备可操作的能力，只不过是他们缺乏一定的实践操作，只是听和看还是远远不能满足学生内心的需求，只有亲自动手去实践才能真正体会到什么是篆刻和篆刻带给我们的乐趣。

一、篆刻解析

首先，这是一门非常有意义的传统课程。它是一个民族精神的载体与传承，这就决定了篆刻的意义与魅力！在模块课程里有这样几个类别：传统型、外来型、现代型。对于外来艺术门类如绘画类里的素描、色彩、版画等，但它们的艺术根源不在本土，在西方起源并发展了若干年的造型艺术若想在异国他乡找到根源的感觉是比较难，也就是它对国人内心产生的情感刺激还是远远不够的，而对于现代艺术类型如电脑类、摄影类的艺术学科，我们又会觉得它的文化底蕴不够深厚。只有传统型课程如书法、篆刻，它们在中国的大地上孕育了几千年，被世世代代的中国人传承着。而对于本民族特有的艺术形式，在历史赋予它的深度上要更具有优势，越是民族的就越是世界的，传统艺术课程有着无法用言语比拟的地位与高度。篆刻课程总是让人觉得有亲切感！同时篆刻教学对于培养学生热爱祖国优秀传统文化有着非常重要的教育意义，也会激发学生继承和发扬中国传统艺术的责任感！

其次，在玩中去学。爱玩是学生的天性，篆刻是一门专业性、实践性较强的课程。这正好满足学生爱玩、爱动手的天性。在面对众多可玩的事物的同时，大家爱选择具有挑战性、没玩过的又具有一定难度的事物，篆刻恰恰就是这样的。选择篆刻的同学大多是好奇、向往、感兴趣，想尝试一下生活中没有接触过的内容。借助这样的心理，我的想法是可不可以增强篆刻课程的趣味性，去掉它的专业性，在实用、兴趣与专业性之间找到一个契合点。如果很专业的把篆刻课程传授给学生，对于没有基础的学生来说，这将是个没法企及的高度。因为篆刻本身的课程性质，决定了它需要有一定量的专业知识储备才能操作。所以，我没有把篆刻课程当成一门专业课去对待，而是努力营造一个"玩耍"的工厂。在这个工厂里营造一种宽松、自由、自律的氛围，但要加强隐性的管理，既不能让学生自由过了度，又要让他们觉得心胸舒展，在这样的工厂里安静下来，专心动手去做点东西。动手实践的过程是学生们享受的过程，不过多地强调作业，而是强调大家能做好，大家能够提升自我。同时还要告诉大家，这不是一件很容易的事，需要你的智慧、专心与努力。

在篆刻社团的教学活动中，有林林总总的问题和困难值得我们思索，在指导社团的探索前行的过程中，我有了以下的一些粗浅想法：

1. 简化课程。篆刻课程确实有一定难度，不如其他门类容易上手。传统篆刻方法是要有一定书法基础的，需要用毛笔写好稿子再印到石面上。还需要认识篆字，会写篆字，另外还需要懂章法布局，才能学习篆刻。而这样一套复杂的过程让学生学起来实在太难了，需要的时间也会很长，也就是说传统的教学方法并不适用于我们的教学，如果走专业路线那将会是无人企及。所以必须要简化教学过程，优化教学方式，才能实现良好的教学效果。

2. 兴趣教学。很多同学喜欢篆刻是因为好奇心，很多家长和学生在接触了篆刻之后，对篆刻和学习的时间与精力安排方面产生了一定的困惑，因为篆刻是一门小众的爱好，并非对高考直接有用，美术学是大学学科专业设置里面的一级学科，书法是二级学科，但是篆刻则是无名学科，对此我们反复强调提升社团成员的兴趣，因为兴趣是最好的老师，要将这一原则始终贯穿整个教学过程。激发学生的兴趣、激发学生的征服欲与创造欲、激发学生的自我完善意识并提升观念。如临摹课节，选择好看的、容易让学生喜欢的内容，这样他们的内心先是接受了一种美，然后在继续操作的时候才是愉悦的。在设计环节，给出的内容也都是与学生自身息息相关的，有自己的名字、家人的名字、送给朋友的礼物等这样的内容。越是与学生的生活接近，就越会增强学生对篆刻的亲切感。

3. 创作教学。时间虽短，但要将篆刻教学提升到一定的高度，就是学生能创作，这也是个学生们最关注的问题。坚持篆刻功力要求深入，不设计偏难怪的花哨图案的要求，老师要手把手地帮助学生完成最初的创作。创作对学生而言是意义重大的，即便他们还不成熟还很稚嫩，但最重要的要有个开始。创作是会培养学生各种能力的一扇门，只有开启它，篆刻教学的横向与纵向影响才会达到最大化，例如观察能力的提升、掌控能力的提升、设计能力的提升等。创作会让学生进入到另一个更加高级的层面，且会对学生日后的生活产生深远的影响。会设计、懂艺术的人生活质量都是较高的，所以，虽然只是一门艺术课，但我希望能在提高学生艺术修养的同时给学生的生活带来一丝色彩，并能用艺术的行为影响学生的生活，只有这样才会使我们的课程变得更加有意义。

二、课程安排

第一节课《刀法》（80分钟）：刀法是整个篆刻学习的基础，必须要踏踏实实地去讲去练习，才会给日后的学习打下良好的基础，所以我用了很长的时间强化刀法，反复练习，达到学生能基本掌握的程度。冲刀法、切刀法、直线、弧线、手与工具的默契程度以及掌控能力是这一节课需要体会的。刚开始学生会觉得有难度，这个时候需要老师有耐心，反复示范，调校每个学生错误。与此同时还要讲点心理战术，让学生知道这是一种突破自我的挑战，不是什么人都能学好篆刻，只有认真谨慎、充满好奇心的人才会征服它，否则就是它打败了你，我们的目标是要随心所欲的驾驭刀与石，并能在方寸之间刻画我们的灵魂。

第二节课《汉印临摹》（80分钟）：学篆刻的人大都会临摹汉印，样貌以稳健端庄受人认可，我选了一方"假司马印"作为临摹对象，线条粗犷、遒劲有力，却又不乏灵动，难度也不是很大。同步知识讲解：1. 什么是阴刻与阳刻；2. 刻制的顺序；3. 如何具体处理线条及此方印需注意事项；4. 什么是临摹；5. 临摹需要达到的标准；6. 假司马印需要达到的标准。学生在动手之前要把这些知识铺垫好，才会有的放矢地动手去做。课堂时间是不够用的，学生会主动将工具带回去刻。

第三节课《肖形印、闲章临摹》（80分钟）：本节课是临摹两个内容，一方是图形类的阳刻"肖型龙"，另外一方是阳刻闲章"风月相知"。同步知识讲解（结合使用投影仪、视频展台）：1. 篆刻种类：名章、闲章、肖形印；2. 强化阳刻刻制方法及此两方印需注意事项；3. 破残效果处理（结合这两方印的破残效果讲解）；4. 强化临摹的含义。本节内容是在临摹的基础上将具体操作知识融入实践中去讲解，但还是要在临摹中体会篆刻的深刻含义，只有临摹得多了、临摹得好了才能在创作环节得心应手。

第四节课《名章创作》（80分钟）：能够自己设计并刻制出自己的名字是学生最最高兴的一件事了，因此他们都很认真地对待这第四方印。创作是一个比较难的过程，但并不对学生做过高的要求，只要先进入自我设计创作的状态就可以。从文字排序、布局原则、设计原则几个方面进行设计知识讲解，讲解时注意运用学生能听懂的语言，而避免用过于专业的术语。

第五节课《闲章创作》（80分钟）：选择自己喜欢的内容进行一方阳刻闲章创作，文字在两个字以上。同步知识讲解：1. 闲章作品欣赏与分析；2. 随形石的设计方式；3. 闲章的寓意。这是第二方设计创作内容，学生的表现是会更熟练一些。

第六节课《礼物》（80分钟）：刻一方印送给你的朋友或是家人，内容自定，可以是名章也可以是闲章，要求用心刻制、精心设计。同样是一个创作内容，但要求上有变化，需要用心去做。所有事情都是只有用心才能做好的，经过几节课的临摹与创作，学生对篆刻已经不再陌生，也有了初步的掌握。在此基础上，对学生提出的更高要求是"礼物"这个内容本身。"礼物"本身有着深刻的含义，因为要送给亲人朋友，又是亲手制作所以学生会格外用心，学生融入的是一种情感。用心的、愉悦的、积极的

各美其美
共芳菲
Gemei Qimei
Gong Fangfei
——哈尔滨市第三中学校社团发展中的问题及对策研究

行为会使学生的篆刻技术得到很大的提升。要让学生体会到，只有用心去做的事情才会做好。

三、优化方法

"化繁入简"：篆刻对于高中生爱好者来说，整体难度高是个比较棘手的问题，若想收到良好的教学效果，就要有新方法，我的化繁入简是指在第二、三节课运用特殊的转印方法，让学生能够快速进入临摹状态。我事先准备好2.5型号的"假司马印""肖型龙""风月相知"三方印面，通过调整后需要加重复印成黑白稿，发给学生。然后将纸面印稿覆盖在石面上，固定住之后用药水涂抹在纸面上，待全部阴湿后迅速用大拇指指肚用力全方位按压，不要有陋缺，时间坚持20到30秒钟，之后轻轻揭开，印面就会完好地转印到石面上。通过药水将黑白稿印到石面上是我在教学上做的新的尝试，这样大大地方便了教学，提高了教学效率，解决了很大的实际困难。学生只要掌握了这种转印方法，篆刻就会变得简单得多，降低了高中生学习篆刻的难度。

在第四、五、六节课中，学生在设计完创作稿后同样采用此种转印方式进行转印，这样可以保证设计好的稿子能完整地覆盖到石面上，而不缺失。创作环节中转印方式的使用可以让学生很快进入到一个自如的操作状态中，学生可以脱离老师独立进行创作，就是我篆刻教学的目标。

四、教学思想

"降低难度"：对于篆刻课程，我的观点是要简化教学环节，让其变得易操控。只有降低了难度，学生才能更快地接受它，而不是高不可攀。

"降低要求"：高中的篆刻课程，对于学生而言我认为应该是以涉猎为主，所以不能有过高的要求。我的基本要求是对篆刻这门艺术课程要有整体的感知；对篆刻的内容种类要熟悉并接触到；对刀法要基本掌握；对设计创作要可以基本完成。不过高的要求学生，学生就不会有压力，人在没有压力的情况下更容易放松心情，做好事情。

"贴近生活"：内容与方式在实行简单操作的同时，最重要的一点就是要贴近学生的生活，所刻制的内容都是学生自己喜欢，并且就在自己的身边。让艺术源于生活并能融入生活，为我们的生活所服务。这也是艺术本身的价值所在。

"分层次评价"：由于学生个人能力的不同，导致学生作品差距很大，面对不同层次的学生要有不同的评价与要求，个人能力弱一点的学生就用对比的方式鼓励他在此基础上慢一点提高，个人能力强的学生就用更高一点的标准去要求他，鼓励他超越自己，提升自己。而不能用统一的标准去要求所有人。对学生的评价要以鼓励、赞扬为主。

五、学生取得的成绩

教学之初对社团学生的告诫就是，篆刻是一门有难度的小众传统艺术，但只有这样有难度的艺术门类才适合三中的学生来学习。所以学生在学习之初就很重视这门传统艺术。

由于所刻的每一方印都是与学生本人有关的，比如：自己的名章、家人的名章、送好友的闲章……所以每个学生都会投入极大的耐心和热情去完成。这是学生们爱生活、爱家人、爱朋友、爱自己的情感表现。最后每个学生都能刻出4、5方印，有肖形印也有名章、闲章。还有的学生到了大学时间比较充裕，又重新拿起刻刀，为中学的老师刻名章，邮寄回来，老师们收到这样的礼物欣喜万分！

在篆刻的这些年里，我们举办过两次学生的篆刻作品展，一是想鼓励、展示学生们的学习成果，二是想弘扬中国的传统文化！

这里也提提篆刻对老师们的影响，随着社会的发展，大家对国学、传统艺术越来越重视。传统文化得到了普遍的喜爱。篆刻这朵芬芳的小花在校园的角落里无声地开放了。有好多老师也喜欢上了篆刻，并加入我们的社团，老师们跟学生一起把玩起石头来，在方寸之间感受着中国文化。老师们还学起书法、素描……经过一阵子的学习，老师们也取得了很多成绩，刻出了一些篆刻作品，也画了好多的画，有的还写对联、刻挂笺在过年的时候贴在自家的门上。我们举办过两次教师的书画展，老师们的业余生活不仅丰富了，艺术修养也得到了提升。

篆刻社团对于我校师生来说已经很熟悉了，历经十年的反复试验、研究、调整，最后形成了现今的一个特色社团，拥有一门特色课程，这对于我自身而言是一件好事。在这个过程中我得到了很好的磨砺和提升，在个人修养、专业技能和教育教学等方面都有很多收获。社团的活动，使我的篆刻技艺得到了进一步的提高，使我对篆刻艺术的理解更加深刻，同时也让我对举办艺术展览的流程更加熟悉和了解，提高了设计安排此类活动的能力。

　　对学生而言，在高中阶段能够学到一门传统的艺术课程，并能自行创作同样是一件好事。艺术课程的目的是提高学生的艺术修养，学生能在闲暇之余，在方寸之间感受传统艺术的魅力，这也不失为一份美好吧！让我的学生在快乐、喜欢的前提下学习，这是我的向往。

商业社团学术指导研究

◇高文亭

各美其美

共芳菲

Gemei Qimei
Gong Fangfei

哈尔滨市第三中学校社团发展中的问题及对策研究

　　哈三中未来商业精英社团是从商业计划书写作社团发展而来的，经历过去几年的蓬勃发展，已经由最初的十几人的小社团发展成长为拥有120名社团成员组成的大型社团，并且越来越展现出专业的商业素养和精诚合作的团队精神，在全国各类商业竞赛中崭露头角，并取得了优异的成绩。如何在未来的发展中把弘扬时代精神与创新精神相结合，全面提高商社成员的商业素养，开发学生的商业潜能，发现未来商业领袖，发掘学生卓越的创造力和领导力，是商社学术指导中的新使命。纵观过去两年的商社发展历程，专业化的学术指导是商业社团健康快速发展壮大的重要条件，在实施中，我们一方面注重商科课程的创建，加强对商科理论的系统学习，另一方面更加注重模拟经营和商业实践的尝试，发现和培养学生的商业经营的实际能力和真实体验，这些有益的尝试极大地促进了商社的快速发展和学术水平的提高。

一、打造精品课程，播种商业梦想

　　商社成员的主体以高一和高二学生为主，但由于高一新生比重大，学生普遍缺乏专业的商业知识，面对着复杂的商业问题往往显得力不从心，难以提出最佳的解决方案。针对学生发展中存在的实际问题和高中政治教材商业知识匮乏的现状，开发符合学生认知特征的具有代表性和时代性的商业课程势在必行。通过对国内现有的商科教程和国际商科前沿理论的研究，我根据宏观经济学、微观经济学、金融学和市场营销等四大领域的相关课程，参考当前国内外商科的成熟理论，有针对性地编制了哈三中商社指导教程，通过开设商科选修课形式，提高学生的商业理论素养，拓展学生的知识视野和提高商业素养。

由于专业的经济理论难度大，而学生的时间精力有限，认知能力受年龄的限制还有待于发展，为弥补教学不足，同时更广泛地拓展学生的商科视野，我在理论指导过程中为学生推荐相关的专业书籍，如《经济学原理》，并搜集优质的学术资料，通过商社社团网站和QQ群上传共享，如上传清华大学的《微观经济学》和《宏观经济学》授课视频和PPT文件，供学生的课余时间深化理解，便于学有余力的同学系统研究，以满足不同层次学生的专业理论需求。

商业经营的成功案例是能够激发社团成员商业兴趣的课程资源，在社团学术研讨中，精选市场营销案例，通过对案例的分析，引领学生深入探索商业经营的艺术，体味商业成功的奥秘；通过对苹果公司的经典运营和阿里巴巴在纽约成功上市等经典案例的研究，为学生创造播下财富的种子，放飞商业梦想。

二、开展商业模拟，打造未来精英

商业模拟具有理论学习所无法带来的商业体验。在常规的社团活动中，最常态化的模拟经营主要侧重在ERP沙盘和模拟初创公司两项。

1. 模拟公司经营

ERP沙盘是国际商科院校当前比较经典的模拟经营的模式，国内的MBA和企业家实训班也普遍采用这种模式考察和提升商业人士的经营能力，在国内的各种商赛中基于ERP设计的模拟企业经营更是被广泛采用。为了培养和提高学生的模拟经营能力，我在商社的常规活动中开展每年两期的专项ERP模拟公司经营的培训和校内大赛，以提高学生的模拟经营能力。

首先把社团成员分成若干家公司，每家公司4~5人，公司成员分别模拟担任CEO、CFO、COO、CMO等职务，每家公司需要按规则生产4种不同类型的产品，并通过广告竞标的方式获得自己所需要的订单，公司要在为期六个财年的模拟经营者根据市场的变化做出最合理的经营决策，并通过自主经营和团队协作，实现财富的快速增长和企业的发展壮大，模拟经营的优劣通过第六财年的所有者权益来比较。在模拟经营中我们会对各公司暴露出一系列的经营问题进行汇总，并共同进行开放式的讨论，充分调动学生自主探究，应对经营中遇到的挑战和困惑，发现企业真实经营中可能面临的困境和规避风险的有效方法，比如面对广告投放过高、生产资金紧张的情况，如何解决成本最小化、实现利益最大化；面对联盟和垄断如何实现公司的生存、发展并击败联盟等。在比赛结束后，指导学生撰写模拟经营报告，总结企业经营成功的经验，反思经营中存在的问题，通过群共享，提高全体成员的模拟公司经营水平。

模拟经营的魅力是理论学习所无法比拟的，模拟经营的核心理念是"这一刻，我把决策权交给你"，在明确的角色分工中，每一位公司成员都会为决策的成功而充分参与，每一位成员的智慧都会得到充分尊重，市场是瞬息万变的，所有参加者都会切实感受到市场无穷变幻的魔力，并时刻围绕市场的变化做出决策的调整。在模拟经营中，团队合作至关重要，不仅是自己公司的核心成员之间的精诚合作，还要根据战略需要寻求与不同公司的谈判与合作，必要时要依据规则筹建商业联盟，以对抗更强大的对手和应对市场可能出现的危机与风险。

2. 模拟初创公司

经典的ERP模拟经营在培养学生的商业经营能力方面有着不可替代的价值，但在社团活动和赛事组织中也存在偏重经营能力而冲淡了创意价值的问题，容易造成学生市场应变能力不足，不利于学生在日新月异的市场变化中捕捉创意和灵感。为了解决此类问题，我们尝试通过模拟初创公司的形式培养学生的商业创造力。

卓越的公司各不相同，但公司成功的关键都离不开非凡的创意，而学生们最不缺乏的就是创造力。因此，创意展示就成了社团活动中发掘和培养学生商业创造力和想象力的最亮丽的风景。通过初创公司项目带动学生开展广告创意、商标设计创意和产品设计创意等丰富多彩的创意活动，指导学生综合市场前景、未来需求、现实生产能力等方面因素，独立开发设计产品，制作高水平的产品设计视频和产品发布会视频，充分展示各公司的独特设计和天才创意。通过初创成果的评审，基于市场的前景客观评定各公司的创意价值，以"天使投资"的形式为各家公司注入有差异的风险投资，作为公司在后续财年发展的启动资金。通过初创环节，迅速激发学生的创造力和市场洞察力，激发学生的财富感知，进入特定市场环境下的企业竞争，感受创意与财富的魅力，引领学生进入神奇的商业世界！

此外，我们还开展了外汇、期货等金融投资模拟体验，通过模拟平台，开通模拟账户，在外汇和期货交易中直观感受金融产品的魅力，体验金融投资的潜在风险，深化对商业领域的全方位认识，进一步拓宽学生的商业视野。

三、加强参赛指导，主办大型比赛

1. 参赛指导

近几年，从地区到全国多种规格的商业挑战赛为学生提供了展现自我和挑战自我的平台，而不同的商业赛事会面临不同的赛制和规则，对学生参赛能力和水平要求很高，而社团成员尤其是新高一的学生无论是在经济理论水平上还是在实战能力上都有明显不足，而新赛制会有许多新的规则，吃透新规则无论对学生还是对指导教师都面临巨大的挑战。这就需要指导教师充分做好参赛培训和赛中指导。

首先，充分做好赛前准备。在赛前准备阶段，前期的培训是非常重要的一环，主要是包括组队、规则研讨、针对赛场变化制定预案等，同时还要指导学生做好行业选择、制作公司LOGO、商业计划书等前期准备工作。比赛赛制和规则对于比赛的进程影响深远，规则培训是赛前准备中最重要的环节。因此，前期的指导要特别重视对赛制和规则的研究，在大型比赛之前，召开规则培训会，通过专业化的规则解读、老队员的经验介绍和模拟挑战赛等方式，用一天的时间来熟悉新赛制和规则。在培训会到赛前的期间，受学生假期时间安排的限制，不宜频繁集中研讨，因此，开通交流群，对学生采取网上答疑、群讨论等多种形式交流指导。

其次，加强赛中指导。在比赛中，每天晚上比赛结束后要召开全体会议，对赛事中遇到的问题汇总，对给公司面临的难题和困境紧急磋商和研讨，及时补救经营中出现的失误；指导学生合理应对瞬息万变的赛场变化，高效制定有针对性的团队运营策略。在比赛过程中，加强对参赛队员的沟通能力、组织协调能力、团队合作能力的指导，贯彻诚实守信的商业原则，培养学生们优秀的商业操守。

2. 主办大型赛事

优秀的商业社团不仅仅要具备高超的商赛水准，更要成为培养卓越的领导者和组织者的摇篮。近两年，我们通过与蔚蓝国际合作，在学校的高度重视下，由学生全面负责并成功举办了两届的东北区域商业挑战赛。在主办商赛的过程中，成立由社长和副社长等核心成员构成的商赛组委会，从赛事宣传、组织筹划、组委人选，到会务地点的选择，尤其是最有挑战性的整个比赛环节，都由商社组委会全权负责，充分锻炼学生的组织公关、团队分工、危机处理等能力，尤其培养学生的领导能力和全局视野。

在开幕式视频制作、参赛手册、赛制完善和会务接待等方面，我们给予学生必要的指导，以提高学术水准和确保赛事安全。

四、商业实践，梦想从这里起航

陶行知先生曾经说过，"行是知之始，知是行之成"。在理论学习和模拟经营的基础上，三中积极指导有兴趣的学生开展商业实体经营。在首届哈三中东北区域挑战赛中，商社自主设计和生产的"三中熊孩子"获得了巨大的成功，在第二届哈三中东北区域挑战赛中社团成员通过对会场酒店商场的调研，在比赛中大胆创办了"哈三茶点"。在丰富的模拟经营体验中和前期的商业实践的基础上，学生萌生了创办实体公司的冲动，对于哈三中商社，这是一个具有里程碑意义的设想。通过与团队成员的讨论，我们决定突出三中文化卖点。在前期准备阶段，指导同学们在充分做好前期的市场的调研和分析的基础上，明确了产品的定位和经营方向，决定首先在南岗校区发起实体经营，由社长和副社长负责公司组建，公司成员全部由商社成员组成，公司命名为"哈三微商"。在产品的开发阶段，给予学生们充分的自由空间，充分肯定同学们的创意和设想，鼓励学生大胆地做自己喜欢的产品，现在"哈三微商"的首批产品三中文化明信片成功完成了从自主设计到生产供货，已经开始了初期运营，首批三百套明信片已经销售一空，销售业绩良好，在同学们兴奋的欢呼声中，财富的梦想已经在探索中起航！

综上所述，商业社团的指导，既要重视商业理论的启蒙和有实效性的常态化培训，更要注重商业实战能力的模拟实训，我们应该在充分尊重学生创造力的基础上，鼓励学生开展可行的商业实践探索，实现从理论到实践的飞跃，为学生打开一扇通向梦想的天窗。

理学会的发展策略和反思

◇韩仰忠

哈三中理学会是由学生自发创立的社团，始于2015届南岗校区学生之手，2013年成立。社团宗旨是服务于热爱理科（数学、物理、化学、生物）学习，尤其是有志于学科竞赛的学生，帮助他们进行自主学习、超前学习、合作学习，培养哈三中理科精英。社团分两部分，南岗校区和群力校区分社。

一、理学会基本情况

（一）课程设置：

1. 数学

活动内容：课内题型拔高及国初考纲的部分内容

课时安排：

函数及导数	3课时
三角函数	2课时
排列组合	3课时
数　　列	3课时
	共11课时

2. 物理

活动内容：竞赛考纲全部内容

课时内容：

微积分初步	1课时
运动	3课时
能量	1课时
动量	1课时
简谐运动	1课时
碰撞与能量综合	1课时
力复习	2课时

静电场	1课时
电流	1课时
磁场	2课时
交流电	1课时
热学	1课时
	共16课时

3. 化学

活动内容：选修三、四、五、《无机化学》

课时安排：原子结构与性质	3课时
VSEPR、价键理论、杂化	2课时
晶体学基础知识	1课时
化学反应原理	2课时
有机化合物的命名	1课时
简单的有机反应	2课时
热力学	2课时
动力学	2课时
电池、电极电势、能斯特方程	1课时
配合物、晶体场理论与能级分裂	1课时
	共17课时

4. 生物

活动内容：植物学

课时安排：植物学介绍	1课时
植物细胞及命名法	2课时
植物细胞从增殖到凋亡	1课时
植物细胞的后含物	1课时
植物的组织	1课时
植物分类学初步概念	1课时
蓝藻门及兰科植物	1课时
禾本科及十字花科植物	1课时
细菌门、卵菌门、真菌门、苔藓门	3课时
旋花科、豆科、鼠李目、锦葵目	2课时
菊科、茄科、毛茛目、百合科	1课时
	共15课时

（二）师资

1. 授课小老师

李一飞、王浩程、刘诺奇、刘怀宇等。

2. 学科老师

从建立社团到教室提供，从课程把关到实验室设备和耗材药品，全程指导和辅助。

（三）活动硬件

主题教室、物理创新实验室、化学及生物实验室。部分实验耗材和实验用品由学生自主筹备。

（四）宣传调动

借助社团招新平台，设计海报、制作展板、购买药品、筹划实验。南岗每届召集几十人，群力每届召集了百余爱好者。

二、理学会的反思

1. 亮点

一个学校无论其教学的软硬件如何先进，师资队伍如何强大，如果学校仅仅按照国家课程、地方课程，甚至校本课程，都难以全面激发学生的学习热情。本社团是学生自主发起的，也有多位学生积极参与做兼职讲师，学校协助学生调动学校已有资源，发展其他各种教学资源，满足学生学习愿望，这是真正的以学生为中心的学习方式。

2. 缺欠

学生的热情很高，教师的指导还需加强，尤其是学校缺乏一个协调部门，来统统整合类似的社团。虽然团委对社团有指导，学科教师也比较积极，但缺乏更多学校科研、教研部门的更加积极的配合，尤其是校外力量的介入还有所不足，应该更多地利用大学科研院所及民间教育力量。

3. 建议

（1）成立学校社团指导小组。把社团活动和研究性学习结合起来，让更多的有实力的学校教师深入社团活动中去。

（2）加强学校理科实验室建设。把翻转教学理念融入社团活动中，进一步开放实验室，让学生真正利用好实验室。

（3）成立社团活动论坛。定期交流各社团经验。让各社团既精又广，进一步促进社团融合，以学生为中心，设计学习路径，规划职业未来。

对哈三中男子篮球队的管理模式及训练情况的总结及思考

◇孙宇明

各美其美
共芳菲
Gemei Qimei
Gong Fangfei
——哈尔滨市第三中学校社团发展中的问题及对策研究

在全面倡导素质教育，鼓励学生个性发展的这个大背景下，篮球作为一项世界性普及的运动项目，深受青少年的喜爱。篮球运动是一种集体性的对抗运动，通过跑、跳、投等手段来完成比赛。它不仅能够帮助青少年锻炼身体的各项机能，而且能够给学习压力比较大的高中生提供一个缓解紧张、释放压力神经的机会。

从生命学的角度而言，篮球运动对促进人的生理功能，特别是提高内脏器官、心肺功能和感受器官的功能、中枢神经系统的支配能力、提高身体的生命基础水平、增进健康以及发展灵敏、速度、力量、弹跳等身体素质有很大的帮助。

从心理学的角度而言，篮球运动是一项颇具趣味性的体育运动。这对于高中生的心理建设而言是一个很好的放松和增进同学友谊的机会。同时，篮球运动要求场上队员时刻关注全场情况，注意力始终保持集中状态；团队合作意识在篮球运动中尤为重要。冲锋陷阵，投篮得分当然是一个优秀篮球运动员的一面，但是是否能够放眼全场，给队友创造得分条件，为队友的进攻提供掩护更为重要！这就意味着运动员不仅需要有强大的心理素质，还要有团队意识，能够信任他人。这对于现代很多身为独生子女的高中生来说，恰恰是欠缺的。

在"健康第一""全面学生全面发展"的大环境下，全国各大高校每年都会招收一些在篮球方面有特长的学生，并且给予这些学生低分录取的优惠政策。特长生的培养已经开始走进普通高中，并且也有部分学生通过这些渠道进入了理想的大学。

哈尔滨第三中学是黑龙江省的龙头高中。这里有着浓厚的学习氛围、优美的校园环境、丰富的学生活动。三中的学生能够在教室里奋笔疾书，在舞台上多彩多姿，也能在运动场上奋力拼搏。每到课间或者是中午时间，总有学生在学校的篮球场上玩耍嬉戏、组队PK；一年一度的班级篮球赛不仅给同学们提供了一展球技、培养同学友谊的机会，也强化了班级每个成员的集体荣誉感。

为了培养三中学生的终身体育意识，锻炼学生体魄，营造充满活力的校园氛围，给部分在篮球方面有特长的同学提供一个考取理想大学的机会，我适时倡导成立了三中社团"哈三中男子篮球队"，因地制宜地制定了篮球队队规、篮球队训练章程和计划、篮球队发展目标，成功地为天津大学、浙江大学、北京邮电大学、吉林大学等全国著名学府输送了一些学生。

一、依托三中，建立校男子篮球队

哈尔滨第三中学男子篮球队成立于2005年9月。最初的篮球队员全部来源于普通学生。选拔由学生自愿报名、集体选拔测试两部分组成。招收队员主要由教练员根据学生意愿、基本身体素质、个人篮球技术以及场上应变能力四个方面进行选拔。初次选拔通过之后，队员有一个月的试训期，其间由教练员根据学生在试训期的训练情况进行最终考核并决定其是否能够成为正式的篮球队队员。

根据三中男子篮球队的实际情况，教练员制订了详细的训练计划、比赛计划和三年规划。根据每个队员的身体素质和篮球技战术能力的不同，教练员采取不同的训练手段和方法，为每位队员制定了个人训练目标和发展规划，进行系统的篮球个人技术、篮球战术思想方面的训练指导。除了日常训练之外，篮球队定期举办和参加各级各类的篮球赛事。通过教学比赛和实战比赛，发现平时日常训练中存在的不足和缺陷，提高队员的实战经验和对战心理承受能力，培养学生善于观察球场动态、寻找机会的能力，鼓励学生在关键时刻敢于承担责任为球队得分，培养学生的团队合作能力和对他人的信任。

2008年，哈尔滨第三中学通过申请，成功地成为了哈尔滨市篮球基点校。这就意味着学校具备了招收篮球特长生的资格。这对于篮球队的整体技战术能力的提升起到了明显的作用。和普通高中生相比，篮球特长生的篮球个人能力更为突出。由于在初中阶段就已经开始相关的篮球运动方面的训练，特长生往往能够更好地接受高中篮球的训练方式，适应训练强度，对于教练员布置的进攻战术和防守战术，他们也往往能够很快地接受并成功地实施。然而，这并不是说教练员就可以高枕无忧了。很多篮球特长生在之前的训练中存在着很多陋习和不良的运动习惯。这就要求他们需要先改掉甚至忘记之前的运动习惯和错误动作才能重新学习正确的动作。

二、探索具有三中特色的训练模式

和其他高中篮球队相比，哈三中男子篮球队无论是队员还是训练环境都有其独特性。首先篮球队队员都是以学习为主、篮球训练为辅。队员白天都需要在教室学习文化课知识，即使是课余时间，队员也不能百分百地用于篮球训练。训练时间的匮乏必然导致队员的身体素质、对抗能力和球感、配合都有所欠缺。篮球运动的最大特点就是其身体对抗性较强，这是它和羽毛球等隔网运动区别最大之处。正面的身体对抗对于运动员的身体素质提出了很高的要求，恰如"蚍蜉撼大树，可笑不自量"一样，一个170cm的队员基本无法和一个200cm的队员进行对抗；运动员的个人篮球技战术能力也决定了球场比赛时的对抗能力。只有当队员力量、爆发力、速度、个人技战术能力这四项同时具备的时候，他们才能很好地实施教练员所布置给他们的战术。而以上四项都要求大量的训练时间。为了弥补训练时间不足所带来的隐患，我因地制宜地制定了符合三中篮球队特色的训练模式，充分发挥战术在比赛中的作用，用战术来弥补缺点，用配合来替代速度。

篮球队的训练主要分日常训练和假期集训两部分。日常训练主要在周一至周五的晚上7:00~9:30进行。一般包含体能训练、篮球个人技术训练、篮球战术讲解与训练三个部分。每周进行一次教学比赛，每年参加5~6次实战比赛，包括哈尔滨市中小学篮球锦标赛、黑龙江省中学生篮球锦标赛、全国高中生篮球锦标赛、全国三对三篮球比赛等。

1. 阶梯带教制度

在日常训练中，由教练员统筹布置每周、每日训练重点和计划，高三队员带领高一、高二队员进行训练，教练员负责监督和纠正。这对于高三队员的动作掌握程度、高二高一队员的学习能力和前期准备提出了更高的要求。

2. 充分利用小型赛事提高新队员能力

在一些正规赛事中，教练员充分利用一些对大局无关紧要的比赛，来训练队员的实战能力，真正做到抓住大比赛，放过小比赛。

第一招：故露败象，考验学生心理承受能力。教练员在一些比较有把握的比赛中，故意制定一些战术来使球队比分落后，到最后一节时，再让队员根据正确的战术进行比赛，放开打。在比分落后的情况下，队员要敢于出手，敢于信任队友，信任教练，敢于承担至关紧要的得分机会。这样对于队员的心理素质的提高很有帮助。

第二招：教练退居幕后，高三队员充当场上教练。虽然平时的日常训练中，教练员每天都要灌输给队员战术制胜的思想，但是，每位队员总是只看到自己这一步，并没有想到放眼全场，他们已经习惯了听从教练员布置的战术而不去思考为什么要布置这样的战术。所以，有时，教练员会把一场比赛彻底交给某个队员，由他来制定第二天的战术并且充当场上教练。这位临时教练需要提前一天了解对方的每个队员的特点、教练员布置战术的习惯和用人习惯，分析自己队友的特点，布置合理的进攻战术和防守战术。什么时候喊暂停，什么时候换人，换谁上场，由哪五个队员担任首场队员，关键时候采用什么战术，最后几秒采用什么战术，这些都是临时教练需要提前预判并且有所准备的。比赛结束后，由临时教练结合录像进行比赛分析，指出比赛过程中各个队员的临场发挥优缺点。

第三招：高三打底，新队员小鬼当家。和第一招不同的是，教练员有时会想让高三队员打前两节比赛，在大比分领先的情况下，由高二队员率高一新队员上场。在没有高三队员的情况下，高二队员要充当球场上顶梁柱的角色，高一队员也需要提起精神，辅助高二队员把领先的比分咬住，保证不输掉比赛。这对于高二、高一队员的实战经验很有帮助。

3. 没有规矩，不成方圆

为了约束规范球队队员的行为，教练员制定了《哈三中男子篮球度行为规范》，从训练要求到赛前准备，从衣服摆放要求到训练请假制度，从各个角度约束队员的行为。

四、风雨十载，小有成就

对于篮球队队员而言，打篮球已经不仅仅停留在兴趣、爱好、玩耍这个层面上了。从篮球这个最初的梦想和爱好出发，用不怕苦、不怕累的精神鼓励自己，日复一日年复一年的枯燥训练，那挥洒在球场上的汗水、泪水甚至是血水，一次又一次的摔倒和撞击，每天两个半小时的训练不仅要求高强度的专注力，更要求坚毅的精神和不服输的勇气。篮球，是爱好，更是目标！他们要用篮球丰富自己的学生时代，也要用篮球妆点自己的未来！通过这个爱好和特长进入理想的学府，是每位篮球队员的目标和梦想！

从建队之初到如今，哈三中男子篮球队一步步从哈尔滨市中小学篮球赛第八名到哈市第一名，从省中学生篮球锦标赛乙组后几名到甲组第二名，再到如今的进军全国中学生篮球比赛，我们用汗水和智慧为球队创造了一个又一个奇迹，为队员铺就了通往大学的道路！我们的队员遍布全国各个高校，从清华大学到北京邮电大学，从吉林大学到浙江大学，从天津大学到大连理工……这些队员在各自的大学同样是学习和篮球两不耽误！

五、存在的问题

建队至今已经有十余年了，我们的队伍慢慢开始成熟，然而，这并不代表这个队伍已经可以进入固定模式，教练员可以高枕无忧了。身为教练员的我，仔细分析思考了一下，主要存在以下问题和隐患：

1. 训练设施的不足导致训练存在漏洞

和国外的青少年篮球训练相比，甚至和国内有些高中篮球队训练条件相比，哈三中男子篮球队的训练设施存在严重不足。可以这么说，基本上没有针对篮球队训练的专用器材。球队可以使用的只是校健身房的一些健身器材，而那些器材只是针对普通人的健身需求出发的，并不能够有针对性地提高队员的篮球方面的力量和爆发力。

2. 队员来源不稳定

由于篮球队主要由篮球特长生组成，所以经常会出现高中篮球队生源被初中篮球队训练牵制的情况。另外一点，和别的高中相比，能够进入三中篮球队不仅要求队员具备中考加分资格以及较为突出的篮球技战术能力，还对学生的文化课成绩提出了相对别的学校更高的要求。这就进一步缩小了篮球队的生源渠道。

篮球，为三中学生的课余生活增添了一抹亮色，让同学能够在紧张的学习之余能够在篮球场上尽情拼搏，挥洒汗水，放松心情，缓解压力；校男子篮球队让队员在一次次训练和比赛中一步步走向成熟！不仅锻炼了他们的体魄，培养了他们坚毅、不放弃的精神品质，也为他们的升学之路开辟了另外一条道路！宽松、自由的校园氛围为哈三中男子篮球队的健康发展提供了良好的条件和环境，合理、适宜的训练制度和管理模式为篮球队的健康发展提供了必要的保障。身为教练员的我，也收获了专业的成长、理论与经验的提升、荣誉的取得……更重要的是收获了学生的信任与情谊！我决心将继续探索适合三中的训练模式和管理模式，不骄不躁，努力前行，让三中的男子篮球队更加健康、稳步地发展！

第四章

师说·攻玉
Shishuo
Gongyu

哈三中创新智能联盟社团发展现状与问题反思

◇罗富华

各美其美

共

芳菲

Gemei Qimei
Gong Fangfei

哈尔滨市第三中学校社团发展中的问题及对策研究

一、社团的基本情况

哈三中创新智能联盟社团成立于2010年，其前身是学生科技兴趣活动小组。2010年，哈尔滨市第三中学团委、学生会、社团联合会规范了学校学生社团组织，因此在学生科技兴趣活动小组基础上自发组建了哈三中科技创新社团。2014年，因哈三中科技创新社团为学校取得众多荣誉，哈三中社团联合会决定将哈三中科技创新社正式更名为哈三中创新智能联盟社团，并跻身哈三中五大社团之列。社团组建以来，在罗富华等指导教师的帮助下，全体社团成员拼搏进取，取得了丰硕的成果。

二、社团的现状

由于哈尔滨市第三中学有南岗和群力两个校区，相距比较远，因此社团的组织结构中天然形成南岗和群力两个分社团，并且选举出了分社团的管理层来自发组织管理各项活动。虽然相距比较远，两个校区课时安排也不相同，但是为了便于管理社团活动、促成团员的有效沟通，社团建立了QQ群，并进行实名认证。

哈三中创新智能联盟社团的指导工作主要是技术指导和组织活动指导。由于是两个校区都有社团活动，活动也比较丰富，指导老师不仅需要在两个校区来回奔波，也经常在QQ群里进行技术指导和组织活动指导。众所周知，高中阶段学生的课业是比较繁重的，同学们只有在晚上完成学习任务以后才有时间在QQ群里交流，所以指导老师既要不辞辛苦地指导到很晚，又要提醒同学们尽早休息，不要影响第二天的学习。

在技术指导方面，哈三中创新智能联盟社团的活动涉及的知识面比较广，比如受力分析与结构设计、运动力学计算、强度测试、简单机械传动设计与绘制图纸、应用软件、物联网技术等，这些知识、技术和设备，不是高中阶段常见的，因此教师需要指导学生去查阅大量的有关资料和书籍，提出若干种解决问题的思路，从中筛选出可行的思路进行定性定量分析，绘制图纸并操作设备进行反复的技术验证，从而帮助学生形成研究结果。

在组织活动指导方面，指导教师要帮助社团组织好每周例行活动，包括预约活动场地、设备、网络连接；有些活动需要团体网购设备和材料，也需要指导教师帮忙；带队外出参加比赛时，需要指导教师做的工作就更多了，比如往返车票的预订，学生食宿的安排和安全，学生突发生病状况的处理，甚至比赛结束后的财务报销和成绩汇报都需要指导教师的指导和帮助。因为学生还是未成年人，他们在繁重的学业之下，仍然有这种创新意识和精神，我们就应该帮助他们减轻一些后勤保障方面的负担，使他们轻装上阵。

三、社团的发展方向和成果

目前，哈三中创新智能联盟社团的主要活动是以提高学生的科学技术素养和理论与实践结合的能力为目标，结合着我校的相关必修和选修课程以及几项科技创新比赛来展开活动。其中通用技术必修课的技术设计课与我校科技节和哈尔滨市中学生科技节相结合，主要是围绕生活中发现的问题，提出改进设计或者全新设计，主要是图纸设计。通用技术课必修课的实践活动课则是把图纸设计转化成原型或者模型制造出来，锻炼学生们的实践能力。选修课里的家庭物联网设计、教室健康午睡课桌椅项目设计、3D模型设计与打印等则是紧密跟踪前沿技术领域和生活需求相结合，鼓励学生探索前沿技术。

科技创新比赛方面主要有四个大型项目，第一个项目是国家科协主办的全国青少年科技创新大赛和明天小小科学家大赛，2009~2012年我校的科技创新实践活动获得了一等奖，张岸汀同学获得个人一等奖并保送北大；第二个项目是国际青少年科技实践大赛，我校于2011年获团体金奖，邢然等三位同学获个人一等奖；第三个项目是北大创新研究院组织的国际青少年创新设计大赛，我校于2015年获得两项团体一等奖；第四个是中国电子学会和《微世界》联合主办的MT创新智能大赛，我校于2015年获得团体一等奖一项，队长鲍天翼同学获得最佳PM，褚昊霖、吕晨宁获最佳技术设计奖。2016年2月17日，经过激烈角逐，哈三中高二（14）班鲍天翼、雷铭宇，高一（5）班臧奕博、张潇月，高一（6）班门国悦、高一（18）班李本正，高一（19）班隋缘组成的T001队设计的室内无源定位产品"WuFinder"获得了全国第一名"里程碑"奖，该设计应用了鲍天翼同学申请的发明专利技术，并形成了实物产品，其中雷铭宇、门国悦还获得了最佳OM（Operation Manager最佳产品运营奖），T002队的高一（4）班华腾、赵雪君也获得了最佳UED(User Experience Designer最佳产品体验设计奖)，技术指导教师罗富华老师荣获最佳指导教师奖。此外还有一些社团的同学自己带了比赛项目，比如航模协会，比如哈工大、复旦的建造节等。

四、存在的问题和对策

指导科技创新社的这几年，我的感受是：第一，同学们的参与热情很高，知识基础比较扎实，但是技术基础有待提高，这也正是举办科技创新社的意义所在；第二，由于课业负担重，时间也有限制，因此组织和后勤保障工作，需要学校、家长加大支持力度；第三，社团的各项活动和比赛，锻炼和提高自己的创新能力是第一位的，获奖和自主招生加分是第二位的，功利心不应太重，否则期望越大失望越大，不利于学生的健康成长；第四，团队协作和经验的传承也很重要，团队内部和各个团队之间应该既有竞争又有合作，公开公正公平，另外高一同学应多向高二同学请教，尽可能一届传一届，以传帮带的意识把优良作风和成熟技术传承下去，使哈三中创新智能联盟社团不断地健康发展下去。

哈三中航模社团发展与思考

◇罗富华

一、社团基本情况与现状

哈三中航模社成立于2015年，其前身是哈三中科技创新社团下属的航模部，现在就读于高三学年的陈楚元、章正阳和郑泽宇等同学是航模部的元老。2015年9月高一同学入学，航模部招新的时候，高一同学报名很踊跃，人数大大超过预期，经过哈三中社团联合会和科技创新社的商讨后，决定把航模部从科技创新社里独立出来，成立一个新社团——哈三中航模社。航模社现有南岗、群力两个分社团，南岗校区的社长是高一2班的朱凯嵩同学，群力校区的社长是高一4班的齐峰同学，现有成员20多人。通用技术备课组长罗富华老师担任指导教师。

航模社团的成立，把对航空、航天和电子、机械、控制类的设计与制作感兴趣的同学组织起来进行学习，使他们对相关专业提前进行有一定深度的感性认识和理性认识，为将来的大学专业选择甚至人生规划提前做好准备。

二、社团发展中的问题与对策

航模社成立伊始，便有几个重要问题需要解决：第一是社团活动和航模制作场地的安排；第二是两个校区的活动时间安排；第三是设备和零部件的购买，因为航模的设计和制作需要投入大量的资金和精力；第四就是飞行场地和安全保障。

为了解决上述问题，罗富华老师与学校领导和各部门进行了大量沟通和协调，暂时利用空余的通用技术实验室作为社团活动和航模制作场地，等到后面学校统一协调后，安排一间专门的科技创新实验室作为科技创新社团和航模社共用的活动场地。在时间安排上，因为学生的课业负担比较重，新老校区距离也比较远，两个分社团只能利用午休时间通过远程视频技术进行每周一次的活动，航模社还成立了QQ群，在群里大家进行技术交流和沟通。在设备和零部件投入这一块，我们尽量采取团购、网购的方式，节省运费和材料费，家长们也大力支持，学校也安排了一些设备提供给同学们使用；高三的同学们也慷慨相助，把自己多年积攒的元件材料和设备提供给新社员使用。在飞行场地和安全保障方面，尽可能利用周末休息时间利用学校操场无人的时间来试飞和检验，在容易造成损伤的部件外面加装保护器，并且准备了防护用具，防止学生受到意外伤害。

航模社的指导工作，一方面是技术指导，另一方面是组织活动的指导。技术指导方面，要了解学生的知识技能储备，因为学生的基础不一样，有的同学已经能够独立完成设计制作，有的同学刚刚起步还没有入门，我们采取的方式是以老带新，让有经验的同学一帮一结对子，老师加以点拨，使新手尽快成长起来。

由于技术更新换代速度比较快，这就要求指导教师也要经常关注航模领域比较前沿的技术发展方向和趋势，比如说四轴飞行器和六轴飞行器的安装调试、负载调试到最后的联调联试和上模拟器训练，都促进了教师的专业化发展以适应更高的要求。

在组织活动指导方面，督促南岗群力两个校区完善组织结构，选举管理层，建立章程和制度，使社团成立之后，迅速进入正轨，并不断发展壮大。针对活动场地的问题，因为是借用教室活动，因此要求同学们每次活动结束之后将工具收集整理完好，教室卫生打扫干净，不得影响正常的实验室教学使用。同学们也因此知道了指导教师和社长们的辛苦付出，更加珍惜这来之不易的活动机会，因而参与活动的态度就更认真了。

此外，在设备和元件采购方面，也需要教师的指导。社团成员的家庭经济条件水平不一，因此采购什么样的零部件的确是个问题，经过与两位社长和社团骨干的商议，我们制定了基本器材统一型号和规格，数量则丰俭由己，特殊配件则自行决定，统一采购。高三同学把自己的器材购买和使用经验无私的共享给大家，使采购工作少走了不少弯路。参与采购的老师和同学不辞辛苦地上网查找器材的规格型号价格，货比三家，尽可能减少采购成本，不从中赚取任何利益，全心全意为全体社团成员服务，赢得了大家的理解和拥护。

三、航模社团取得的成绩与贡献

目前，本社团拥有专业航拍四轴无人机3架，六轴航拍机1架，专业像真涵道机4架，450级直升机模型4架，600级直升机1架，700级直升机1架。参加省市举行的大中学生航模比赛，获得优胜奖。此外，我校的大型活动，比如校运动会、成人礼、高三毕业典礼以及学校拍摄纪录片等，航模社团的同学们都做出了重要贡献。

通过航模协会的培养，全体社团成员提高了沟通能力和协作能力，互帮互助，共同进步，在技术素养和科技理论水平等方面都有了较大幅度提高，对自己感兴趣的相关专业和知识有了更丰富的体验。

欢迎大家扫描下方二维码，观看航模社团拍摄的校园景色集锦。

四、航模社的发展方向

首先，立足现状，稳扎稳打，由一部分基础扎实、技术先进的同学帮助基础薄弱的同学尽快提高航模组装和飞行技术水平，并能够初步设计一些简单航模；其次，在征得家长支持下，自发或组织同学参加各种航模比赛，开阔视野；再次，同高校的航模社团建立合作关系。目前，哈三中航模社跟哈工大航模社团、哈尔滨工程大学航模社团和省航模协会建立起了良好的关系和联系，也积极参加上述航模协会的活动，汲取先进技术和经验，为将来的发展打下坚实的基础。

航模社的工作，让我与孩子们愉快合作，教学相长，实现了梦想，提升了我作为教师的职业荣誉感。而这也会更好地促使我更多地投入教学研究，更好地把最新最前沿的技术经验传授给我亲爱的学生们。

高中阶段国旗班建设的实践探索

——我在哈三中国旗班的日子

◇卢庆泽

各美其美

共
芳菲

Gemei Qimei
Gong Fangfei

哈尔滨市第三中学校社团发展中的问题及对策研究

【写在前面的话】

高中阶段是青少年身体和心理成熟的重要阶段，也是爱国主义教育的关键时期。国旗班作为每一个学校必不可少的一个德育平台和爱国主义教育的窗口，它的组织、建设和发展始终是各学校深入思考的一个重大课题。哈尔滨市第三中学校，按照党和国家的要求，结合本校的客观实际，摸索出一条符合哈三中育人理念和学校特色的国旗班建设和管理之路，积累了以爱国主义教育为基，以报效祖国为志的组织方式和经验方法。

一、神圣时刻，伟大使命——哈三中国旗班神圣的一天

2015年是世界反法西斯战争暨中国人民抗日战争胜利70周年，上至党和国家，下至百姓和学生，全中国人民热烈庆祝并以各种形式纪念这一重大时刻，"铭记历史、缅怀先烈、珍爱和平、开创未来"。

我校于2015年9月1日清晨，在哈三中群力校区隆重举行"勿忘国耻，圆梦中华"哈尔滨市纪念中国人民抗日战争暨世界反法西斯战争胜利70周年"开学第一课"主题升旗活动。原省政协副主席抗联老战士李敏、市委常委宣传部长张丽欣、市人大副主任黄玉生、市政府副秘书长单国俊、市委宣传部副部长朱彦铭、市教育局局长秦德亮等省市领导出席并参加了活动。升旗仪式由市人大副主任黄玉生主持。原省政协副主席抗联老战士李敏和市委常委宣传部长张丽欣分别做了国旗下的演讲。

在这个重要的时刻，最能彰显我校爱国主义教育和学生风采的，就是由高一、高二的27名同学组成的国旗班方阵。他们军装笔挺，昂首挺胸，面容刚毅，步伐整齐，口号响亮，展现了三中学生的风采，也是向共和国的英雄楷模致敬。尤其是升旗手在众人齐唱的中华人民共和国国歌声中，

分秒不差地完成了升国旗的光荣使命，向全体师生和与会领导证明了我校国旗班是一支技术过硬、作风优良的军事化团队，令省市领导刮目相看，给予了极高的评价，误以为是聘请的职业军人，而实际上，这27名同学，只是我校普通学生中的一员，还是一群稚气未脱的孩子。

当活动结束时，东北抗联老战士李敏同志的歌声仍然飘荡在哈三中群力校区的上空，全校师生千人齐诵《和平宣言》的壮志豪情，仍激荡在校园的绿树红墙间，市领导的谆谆话语，仍然回响在哈三中师生的耳畔，铭记在心底，化作学习的动力，成为长大后建设祖国、报效国家的使命和自觉。

而我，在激动之余，心中更多的是对学校国旗班未来建设和发展的更深远的思考。大学毕业到哈三中工作已经十五年了，逐渐认识和理解了三中人代代相传的三中精神，逐渐了解和熟悉了三中人时时铭记的历史传承。如今看到国旗班从自觉走向自主，从业余走向专业，从稚嫩走向成熟，不禁心潮澎湃。我为自己能够受到校领导和校团委的信任，成为国旗班的指导教师，而感到无比激动和自豪。因此我要更加努力，为我校国旗班的组织和建设鞠躬尽瘁。

二、总结过去，开创未来——哈三中国旗班在成长

在中华民族的历史上，爱国情怀令多少中华儿女魂牵梦萦。周恩来总理"为中华之崛起而读书"的格言，为多少高中生种下爱国的种子。而今，爱国不仅是一种情怀，更是一种精神。时代的发展，对爱国有了更加全面系统的诠释。社会主义核心价值观的提出，更加明确了高中阶段爱国教育的重要地位。当下高中生的爱国教育成为中学教育的重点，而哈三中国旗班，自然成为向广大学生开展爱国教育和培养爱国精神，体验军事化作风和人格养成的重要平台。国旗班作为我校最重要的学生社团之一，全面总结和反思国旗班的经验和方法，必将更好地推动我校爱国主义教育的实施和保家卫国理念的传承。

（一）历史传承，爱国教育重中之重

在哈三中九十余年的历史上，国旗班走过了从简入繁，由临时到常规的过程。早期的仪式上，国旗班由班级轮流选派品学兼优的学生代表，一般为男女各一人，担任当周的升旗手，完成升旗任务。仪式一般相对简单，不失庄重。在旗杆下，二人在庄严神圣的《义勇军进行曲》中，完成

升旗仪式，受到爱国主义情操的熏陶与教育。

而今，哈三中国旗班具有完备的编制和组织机构。在校历任团委书记的组织和带领下，从高一学年入学新生军训时，物色和选拔品学兼优、形象端正、身姿挺拔、军姿正步优秀的学生初选；再经过团委、政教处、学年和学校领导和合议，确定入围名单；然后由上一届国旗班班长组织培训，经过近一个月的培训，在9月末的校运动会上，才能完成亮相，承担升旗任务。

在全球化的今天，爱国精神和情怀具有了更全面和系统的阐述。高中生作为未来祖国的建设者和接班人，爱国主义教育绝不能放松。因此哈三中国旗班以团队为主，对每一个成员进行军人素养培养和爱国精神教育两方面重要工作。希望在为期一年的国旗班生活中，培养学生严谨求实、雷厉风行、勇敢担当的军人作风，强化学生热爱祖国、热爱集体、热爱国旗班本职工作，深刻理解升国旗的重要意义，深刻认识五星红旗的精神内涵，并把三中国旗班的精神代代传承。

（二）组织机构，向科学化专业化迈进

管理：国旗班隶属于哈三中校团委组织和管理。多年来始终由历任校团委书记全权负责，因2003年我校扩建成两个校区和班级编制扩招增加等原因，特聘卢庆泽老师和王鹏老师为指导教师。每届选举产生国旗班班长2名。群力校区现国旗班班长为2015级裴若含和周士博。国旗班成员从历届高一新生中产生，群力校区为24人，南岗校区为8人。

服装：早期国旗班升旗仪式上所着服装，为学校校服。而今，在校领导的重视下，学校特批一定资金定做了24套三军仪仗队礼服，又向警民共建部队申请赞助了10套军装礼服，实现了哈三中国旗班服装的正规化。

编制：哈三中国旗班经历了从班级临时选代表向固定化组建队伍的演变过程。如今，我校国旗班成员包括：群力校区（高三20人，高二20人，高一30人）和南岗校区（高三8人，高二8人，高一8人），合计94人。

训练：国旗班成员均从班级普通学生中产生，因此专业化训练尤为重要。从2012年，校团委书记何显贵，征求校领导意见，聘请艺术教师卢庆泽为群力校区团委干事，语文教师张月为南岗校区团委干事。在他们的组织和训练下，国旗班更加专业化和正规化。卢庆泽老师在团委书记和校领导的倡议下，积极完善和扩大了群力校区的国旗班队伍人数，努力向三军仪仗队的编制和标准看齐，利用每周一、三、五三天中午的休息时间进行

体能、分列式、正步走、站军姿等内容科目的训练。建立国旗班档案，注重国旗班常规升旗和大型活动等仪式上的高标准、高要求。

职责：在每周一次的常规升旗仪式上，国旗班成员要出色完成出国旗和升国旗两个环节。在出国旗环节，要展现军人的雄姿和整齐的队列步伐；在升国旗环节，要求分秒不差地与音乐完美结合，在55秒的时间里，毫厘不失地完成五星红旗冉冉升起的庄严使命。经过严格刻苦的训练，国旗班成员已经培养出多名优秀的升旗手，能够严格地完成升国旗的任务。

使命：哈三中国旗班除了承担每周一次的升旗校会外，还要定期不定期保质保量完成许多重大活动的升旗仪式。例如，每年一次的三中学生成人礼上的升旗仪式，每年两次的校运动会升旗仪式，还有每年一次的教师节升旗仪式，还有重阳节、端午节、清明节等传统节日的升旗仪式。尤其是不定时会承担省市领导参加的重大时刻的升旗仪式等。如2015年9月举办的以"纪念世界反法西斯战争暨中国抗日战争70周年"为主题的大型活动的升旗仪式，省市领导莅临我校，并亲自主持了升旗仪式，东北抗联老战士84岁的李敏奶奶在仪式上演讲并演唱了抗联老歌，带领哈三中全体师生铭记历史，勿忘国耻。而我则从高二国旗班和高一国旗班中选拔优秀的队员，组成专业化的国旗班队伍，经过严格的训练，在省市领导和全校师生面前，展示我校学生的风采。

（三）存在问题及解决策略

存在问题：

1.缺乏专业指导和训练。

2.班长在普通同学中产生，所以在管理上存在散漫和无序的问题。

3.团员缺乏独立性、组织性和纪律性。

4.人员流失。

解决策略：

1.指导教师多为普通教师，在国旗班的军姿队列等方面的训练和标准上，认识不足，经验不多，可以用两种方式解决：一外聘专业军人进行训练指导，二选送普通教师到部队接受正规训练，进行学习和培训。

2.采用指导教师和国旗班班长合作管理的模式。解决完全由学生管理学生造成的缺乏威信和缺少工作方法的问题。同时，能更好地促进国旗班班长的成熟。

3.针对独立性纪律性问题，要从长计议。缺乏独立性，可以通过日常训练和要求进行有意识的锻炼和培养；缺乏组织性，可以通过制度进行约束；缺乏纪律性，可以通过思想教育和行为习惯养成进行解决。

4.高中阶段高一到高三，学生的心理是从轻松到紧张的一个渐进过程。普遍学生认为高一可以松散地玩一玩，参与各种活动，到了高三就要收心，全身心地投入学习。所以，我们采用了高一一年服役期的办法，国旗班成员只在高一军训中选拔，然后培训，投入使用。到高二时，就退役，再从高一新生中选拔。由此解决学习紧张带来的心理负担和压力。

三、德育渗透、生命承载——哈三中国旗班的守望

回顾哈三中国旗班的历史，在历任团委书记和指导教师的组织、训练和培养下，每一个从国旗班走出去的高中生，都承载了哈三中国旗班的精神和理念，传承了哈三中人的精神品质和性格。如今，他们已经走出国门，走向世界，工作奉献在祖国大地和世界的每个角落。有人成为科学家、商人、政要，有人成为教授、医生、工程师，但不论在哪里，他们身上都秉承着当年在国旗班中塑造的爱国、善良、严谨、文明等优秀品质，在自己的一方天地里贡献自己的价值。虽然我只是哈三中一名普通的音乐舞蹈老师，有幸能得到校领导和团委书记的认可，参与国旗班的日常管理工作。我总是铭记一句话：教师的生命会在学生的生命里得到延续。因此，我非常重视每一次与学生的接触和交流。在国旗班的工作中，我本着这样的原则，面对每一项工作和每一次升旗任务。我希望每一个从哈三中国旗班走出去的学生，都能成为国旗班精神的传播者和承载者，并把三中国旗班的精神传播到每一个三中人到过的地方。简而言之，就是每一个男孩心中都有一个军人梦，而我帮助哈三中国旗班的队员们提前体验并种下一个保家卫国的种子。

每年三中报考军校的人数不在少数，而参与国旗班的同学们在接受了军人的熏陶后，有着不一样的感受感悟，如2016届国旗班的两位退役班长，正在积极准备着军校的体检和考试，我相信，他们一定会在真正的军人生涯中，把哈三中国旗班的精神品质发扬光大。而这也正是母校——哈三中和国旗班的期待和守望。

各美其美
共芳菲
Gemei Qimei
Gong Fangfei
——哈尔滨市第三中学校社团发展中的问题及对策研究

青春在艺术团绽放，个性在艺术团起航
——我与学生在艺术团里共成长

◇卢庆泽

2013年春节联欢晚会王菲演唱一首《传奇》，让人们知道了李健，2014年春节联欢晚会一首《风吹麦浪》，让人们记住李健，而当下正红真人秀节目《我是歌手》，让人们全面认识了解并爱上了李健。关于他的报道、访谈、新歌、见面会等越来越热，但很少有人知道，他曾经是哈三中艺术团的一员。

翻开哈三中艺术团的档案，我们看到无数的优秀学子在这里起航；有无数的高中生在这里培养了特长，走上人生新的台阶；有无数做着色彩斑斓的青春梦的少年，在这里发现另一个自己，凭借突出的艺术特长和优异的文化成绩，成功拿到清华、北大等著名高校的录取通知书。如今，他们的名字已经刻在了三中的历史上。

也许，你会疑惑，也许，你会好奇，也许，你会惊讶，哈三中校艺术团，是个什么所在？是什么造就了它的辉煌和骄傲？翻开三中校艺术团的历史，我们的疑惑、好奇、惊讶……都会在这里得到解答。

一、校艺术团的历史概况

哈三中是黑龙江省一所著名的学府，已经走过了九十余年的历史，克服了各种困难、考验、机遇、挑战，取得了辉煌成就，成为黑龙江省甚至全国乃至世界知名的高中。哈三中艺术团的历史虽然不算悠久，却引领了哈尔滨地区中学艺术教育的潮流，经过近四十年的发展，已经成为省内艺术教育的领跑者。

哈三中艺术团在20世纪80年代之前，仅有雏形，多以临时组队，参加各级艺术活动为主，具有临时性。没有专职的指导教师，多为外聘专业人员，进行指导。1989年，张铁忠从哈尔滨师范大学艺术学院音教系毕业，

第四章

师说·攻玉

Shishuo
Gongyu

299

为了庆祝第五个教师节举办了一场教师节文艺演出，同年七月就提前进入工作岗位。因为没有舞蹈队和合唱团，仅有一些热爱歌唱与舞蹈的师生，偶尔在各种节日和活动中亮相。所以，张铁忠计划搞一场综合性的演出，因为其本身学的是美声唱法，所以组建了教师合唱队和学生合唱队，又从教师中选拔组建了哈三中历史上的第一个教工乐队，由赵文祥、刘子远、张建明等人组成，师生同台表演。经过一个半月的辛苦排练，终于在教师节那天呈现在教育界同仁面前。表演在省委礼堂进行，教育局领导和三中离退休教师观看后，给予了高度评价，赞为"'文革'以来三中搞得最好的一次文艺活动"。

以此为契机，哈三中陆续成立了学生艺术团，包括合唱队、舞蹈队、乐队、曲艺队等。成员全部为普通学生，艺术团不仅培养了成员的特长，还为高校输送了大批品学兼优、特长突出的优质生源。

多年来，学校领导班子始终高度重视学校艺术团的建设和发展。在学校艺体中心的领导下，在艺术教研室全体教师的共同努力下，校艺术团的组建及排练工作以及校内外艺术活动的开展，得到了蓬勃的发展，赢得了诸多荣誉。

1. 领导重视、投资大、场地充足、设备齐全

1989年以来学校在艺术教育方面共投资近五百万元，以确保艺术教育工作有足够的活动空间和充足的器材设备。2003年新校区落成后，学校投资50多万元装备艺术活动场所：包括艺术教研室、音乐教室、美术教室、天光画室、陶艺教室、乐队排练室、舞蹈排练室、合唱排练室、库房等。行政楼多功能厅投资一百多万装备舞台灯光和音响。艺体中心的比赛场馆投资二百多万装备演出灯光、音响。2006~2010年又开始了一系列的完善工作。为了给学生提供更好的学习环境，学校在新、老校区艺体楼各场馆的设备投入又达几十万元。2008年以来，在南岗校区艺术教育方面，投资二十多万元。

学校每年度拨专项经费确保艺术教育工作及艺术活动的正常开展，如：2008~2010年校园艺术节活动共投资九万元。

高水平的艺术教育要有高素质的教师队伍作为保证。我校艺术教研室共有教师12人（音乐7人、美术5人，其中研究生4人、在职研究生3人，其余均为大学本科），高级教师4人，一级教师6人，省教学能手2人，市模范教师1人，市学科带头人1人，市优秀教师1人，市骨干教师5人，多人次获

得市记功、市先进个人、市先进工作者称号，以及省、市、区课堂教学、教学基本功、课件制作、论文等方面的奖励。

这一切为哈三中艺术团的建设与发展奠定了坚实的基础。

2. 专业化艺术教师团队是特长生培养的保障

艺术团活动既是校园文化的建设者，也是学生特长培养的推动者。1999年主修民族唱法的郭赢老师从哈尔滨师范大学毕业到三中工作，2001年主修舞蹈专业的卢庆泽老师从哈尔滨师范大学毕业到三中工作，2002年主修扬琴专业的韩微老师和主修钢琴专业的王娇老师从哈师大毕业到三中工作，为哈三中校艺术团的发展注入了新鲜血液，很快成了一支生力军。从此，哈三中校艺术团改变了以往靠外聘方式解决的指导教师的空缺问题，有了各自的专业指导教师，使我校艺术团的质量更上一个台阶。我校始终坚持对艺术特长生的培养和管理工作。有专门的艺术教师对其进行定期训练，有训练计划和训练记录。建立艺术特长生档案，加强对艺术特长生的管理工作。多年来，我校为清华、北大等高校培养输送了三百余名艺术特长生。我们的工作为这些有艺术特长的学生，搭建了实现梦想、通往成功的平台与桥梁。

3. 校园文艺活动促进学生艺术特长提高和发展

校学生艺术团自1989年成立以来，始终肩负着培养艺术特长、张扬青春风采的重任。目前，我校学生艺术团有合唱队、舞蹈队、乐队以及绘画、书法、陶艺等多个美术活动小组。这些团员成为校内外文艺活动的主力军。

在校内，一年一度的校园艺术节，是学生释放情感的舞台，也是我校艺术活动的特色——领导重视、投入大、有计划、有总结、参与面广、效果显著，在我省乃至全国，也是校园文化活动中的佼佼者。每年的校园艺术节在全校师生的共同参与下，同学们精心准备，带给我们一个个精彩纷呈的节目。书画展览、大地彩绘等活动更是同学们一展身手、发挥聪明才智、展示设计理念的平台。艺术团的同学发挥了骨干作用，他们的才艺展示更是受到全校师生的一致好评。2008~2010年的大地彩绘活动及艺术节闭幕式演出分别被《哈尔滨日报》《新晚报》《哈尔滨广播电视周报》及哈尔滨电视台采访和报道。

校外，学生艺术团的节目及书画作品也得到了专业人士的认可与好评。我校学生在全国及省、市、区艺术比赛中均取得优异成绩。1998年参加清华大学全国中学生文化艺术冬令营专场演出，表演的节目深受欢迎。2008年参加央视播出的《子午书简》端午特别节目"放诵中国节——端午寄情"大型古诗词朗诵比赛，荣获二等奖。连续参加三届全国中小学生艺术展演，均取得优异的成绩，其中2010年参加教育部主办的全国第三届中学生艺术展演，表演舞蹈《青春彩排》，获得全国三等奖，为我省和我校赢得了荣誉。

4. 持之以恒、成果显著

多年来，校艺术团工作不断得到完善与提高，也取得了丰硕的成果：学校1998年被评为省培养艺体后备人才基点学校，2001年我校被清华大学美术学院授予生源基地学校，2008年获得区校园集体舞比赛一等奖、市主持人比赛优秀组织奖、市学校艺术节活动先进集体。2009年荣获市学校艺术节标兵单位、省中小学生艺术展评录像节目评比一等奖及教育部主办的全国第三届中小学生艺术展演舞蹈三等奖、市区第三届艺术展演一等奖。2010年荣获市中小学校体育卫生艺术教育工作先进集体，被省教育厅选送申报国家级艺术教育先进单位。

二、校艺术团的反思与发展

校艺术团的成绩是显著的，但时代向前发展，新的问题仍会出现。因此，我校领导和艺术团指导教师们，也在不断思考着校艺术团的未来和发展。

存在问题：

1.在目前的课表中，缺乏活动时间。

2.团员活动积极性不高，怕影响学习。

3.覆盖范围不够，团员多为艺术特长生。

4.人员流失。

解决策略：

1.利用中午午休时间进行艺术团活动，如有校园艺术节或者艺术比赛等活动时，也能利用周末节假日等时间进行活动。

2.在高考压力下，团员喜欢参与艺术活动，但来自家长等方面的压力，迫使团员只能被动参与，缺乏主动性。我校是用特长生录取原则中规定艺术特长生必须参加校园艺术活动的方式进行限定。但对于普通同学出身的团员，教师只能晓之以理动之以情，采取说服的方式做家长和学生的

各美其美
——哈尔滨市第三中学校社团发展中的问题及对策研究

共芳菲

Gemei Qimei
Gong Fangfei

思想工作。

3.校艺术团的成员多为艺术特长生，普通同学特别是零基础的学生，很难有机会进入校艺术团，接受艺术教育和特长培养。目前只能通过艺术选修课的方式尝试普及教育。

4.艺术团往往在开学初，人员充沛，随着艺术节的结束，很多团员渐渐流失。只能有任务和活动时，临时召集。

未来思考：

1. 高考改革的导向

高考始终是高中阶段教学活动和课程设置的指挥棒。面对正在日益深化的高考制度改革，很多问题都存在着一定的未知和变数。因此，校艺术团存在的意义和重要性，也会被重新认识和界定。但有一点是无可否认的，那就是艺术团在学生全面发展和特长培养上，始终发挥着重要的作用，是不可替代的。

2. 社会家长期待与学生兴趣的博弈

在作为哈三中校舞蹈队指导教师的十五年时间里，我也始终有这样的困惑。学生往往热爱艺术，喜欢唱歌、跳舞、画画等，愿意依照指导教师的安排，进行学习和提升，但家长不愿意。因为家长担心学生因为参加艺术团活动而影响学习，所以，班主任迫于家长的压力，也不支持。最后，学生只能被迫放弃艺术团的活动，全身心抓学习成绩。

3. 艺术团活动及特长培养的方式转变

面对以上的种种，我校领导与各指导教师，仍然坚持在困难中寻找突破的方法，采用灵活多变的方式，实现对学生的艺术启蒙和教育。例如，一年一度的校园艺术节，以班级为单位，限报两个群体节目，尽可能让每一个学生都能参与其中，感受艺术魅力。市教育局允许每年招收一定比例的艺体特长生，使他们成为学校艺术团的骨干，并在校内外的艺术活动及比赛中发挥骨干带头作用，同时也为学校争得荣誉。通过教务处开设艺术选修课和艺术模块课，面向普通同学，采用半自由式的兴趣选择。总之，艺术教师们穷尽各种方法，在高考压力、家长期待等困难中，始终不放弃，坚持对每一名学生进行艺术熏陶和培养。

4. 艺术团活动时间从哪来

高中阶段的学生作息时间一般从早上7:50开始，上午五节课，下午四节课一节自习，大约6:00放学回家。中午仅有一个半小时的休息时间，而这午休时间正是各艺术团进行艺术活动的时间。如果面临省市艺术比赛和校园艺术节等大型活动,艺术教师只能利用放学后的时间或者周末时间进行训练。这虽然一定程度造成了困难,但我校艺术活动仍然坚持,但也期待教育大环境的改变,艺术活动的时间能有更多保障。

社团不仅满足了学生的求知欲和交流欲,我认为,也同样促进了教师的学习成长,不断发展提升自我是教师必备的基本能力,是教师必需的基本功。知识的更新如宇宙大爆炸一样迅猛,学生的兴趣爱好更是五花八门,对此,教师只能通过不断地学习获得学生的认可。满足社团学生的需要促进教师成长,学生社团的发展也需要教师成长。

三、社团发展与教师职业成长

作为一名参与筹建和指导我校多个社团的一名音乐舞蹈教师,深感社团建设对学生成长的重要性,更感谢在与社团共成长过程中,对自我的提升和发展。虽然时有在高考应试教育和素质教育夹缝中的煎熬之感,但学生社团对我的职业成长和学识提高起到的推动作用是不容小觑的。

从2001年大学本科毕业到哈三中工作已经15个年头,恰逢中国素质教育改革和新课程改革的浪潮,积累了不少经验和体悟,先后在校园舞蹈队、合唱团、踢踏舞、学生会、国旗班、广播站、瑜伽协会等社团担任指导教师,充分发掘了自我的能力和才华,也成就了更好的学生和自我。先后荣获哈尔滨市艺术活动先进个人、哈尔滨市新一代创业者、校优秀共产党员等荣誉。

15个年头里,为了那句"要给学生一杯水,必须先有一桶水"的训诫,我从来没有忘记学习和丰富自我。在完成音乐舞蹈教师的常规教学和艺术团的活动外,利用一切可以利用的时间,锻炼学习和提高教师的文化素养和专业技能。在校科研室兼职编辑,参与编辑出版了校科研刊物《学会会刊》(由本人提案现更名为《三人行》)和《教育信息动态》二十多本,投稿发表论文文章23篇。平时习惯向同事中的读书达人借书而读,涉猎广泛,包括心理学、哲学、历史、杂文、英文等各类书目。2012年以364分成绩通过国家公费研究生的考试,成为哈尔滨师范大学音乐学院舞蹈与戏剧系首届舞蹈研究生,并获得了赴台北中国文化大学舞蹈系交换学习半年的机会。为了感谢哈三中校领导的大力支持,在2015年研究生毕业之时,我根据自己在台北的学习经历,原创了一部大型日记体现代舞蹈剧《台北那年》，成为黑龙江省中学教育阶段甚至高等舞蹈教育的先河。今年，我因感于三中学生学习压力下日益低龄化的健康问题，而开设了一个学期的瑜伽课，成立了学生社团——哈三中瑜伽协会。恰逢国家体育总局2016健身瑜伽推广赛（哈尔滨站）在哈举行，我从瑜伽社团的学生中选拔了杨雨薇、张雨馨、李雯琪三名队员参赛，我本人获得全国社会成人组混双亚军，学生分获黑学丙组女单第二、三、四名和女子双人冠军的成绩。

而这一切都说明教师的职业成长，会为学生认识自我打开一扇窗；学生社团建设和发展需要，同样推动教师不断地完善和发现自我。在这个过程中，我与学生共成长，我与社团共发展，相得益彰。

所以，我个人的工作经历和成长历程中，我感到学生社团建设的重要性，也理清了我与社团的关系。

1. 社团是"因材施教"的补充

在无法彻底"因材施教"的大环境下，学生社团活动成为因材施教的必要补充。在三中，有教师因材而开的各种社团、选修课；有学生因材而建的各色社团、讲坛。这些社团和课程，不仅发挥了教师的专业所长和兴趣所在，同时也激发了学生的兴趣爱好，虽然不能使其出类拔萃，却也在学生心中埋下一颗种子，静待花开。

2. 我与社团共成长

我认为，学习是教师必备的基本能力，而不断学习则是教师必需的基本功。知识的更新如宇宙大爆炸一样迅猛，学生的兴趣爱好更是五花八门，对此，教师只能通过不断的学习获得学生的认可和追捧。

（1）满足学生社团的需要促进教师成长。

本学期，我为学生开设了一门瑜伽课，并成立了哈三中学生瑜伽协会。这在黑龙江省高中是一个先河，在全国也是凤毛麟角。

其实我的专业是舞蹈，瑜伽对于我而言也是陌生的，但是为了改善当下中学生身体素质和体态问题，我从一个"门外汉"变成了专业人士，并受到国家体育总局相关领导和黑龙江省瑜伽协会领导的赞誉。而这正是学生的需要给我的动力和勇气，是学生的需要和学生社团推动了我的全方位发展。

（2）学生社团的发展需要教师成长。

学生的需要是我前行的动力，学生社团的发展是我职业成长的航标，而教师的成长必将为学生社团发展助力，教师的高度决定学生社团的高度和未来。

　　每当感到疲惫的时候，只要看着一届届从哈三中校艺术团走出去的骄子们，翻着哈三中校艺术团的档案和历史，我会想起这句话，"今天，你以三中为骄傲，明天，三中以你为自豪"。这是每一个初踏入三中这块土地的追梦少年的心声，也是每一个三中人的精神解读。

各美其美
共
芳菲

Gemei Qimei
Gong Fangfei

哈尔滨市第三中学校社团发展中的问题及对策研究

"羽"你同行

——哈三中羽毛球社团发展概况

◇李春岩

    提起羽毛球社团应该从我校的体育选项课程开始。2005 年我校体育课程开始实施选修课教学，课程设置依据教学大纲以及学生兴趣开设篮球、足球、乒乓球、健美操、排球等课程，基本满足教学需求并且力争为学生的终身体育打下基础。在2006年以后，随着羽毛球运动在我省逐步开展，越来越多的体育爱好者开始接触并喜爱这项运动，我校也根据学生需求及时开设了羽毛球选项课程。随着我校羽毛球群体的逐渐增多，很多学生觉得每周两节体育课已经不能满足他们的健身需求，希望通过某种渠道进一步得到技术上的指导，由此羽毛球社便应运而生。

    在成立之初，作为我校唯一的体育类社团，羽毛球社的第一次招新可谓一帆风顺，新同学的入社热情非常高，而且在招新过后，也不断有新成员的加入。社团不断壮大，社员也不断增多，带来的直接困难就是场地受限，加之周末大家的时间也不易集中，经过学校研究决定每周四中午午休至午睡期间，羽毛球社成员可以在社长组织下到羽毛球馆练球，指导教师会适时给学生制订训练计划并做出相应指导。渐渐地，羽毛球社的活动步入正轨。

    成立几年来，社团不断壮大，人数的增加也带来了学生水平不均、场地不足等问题。为了满足全部社员的打球需求，不得不采取分年级隔周进行训练。同时采取大帮小、老带新等多种分层教学来解决此类问题。但是，所有这些限制和不足，丝毫没有影响同学们对羽毛球这项运动的热情，同学们相互切磋，相互交流，取长补短，互帮互助，携手共进步。每到周末，学校周边的球馆也时常被占领，你带我、我帮你，羽毛球社的活动开展得越来越多，越来越好，同学们的水平也越来越高。近几年有不少社团成员在省市各级竞赛中取得了成绩，诸如：社长唐朝同学获得黑龙江省青少年锦标赛双打冠军、哈尔滨市第十八届运动会青少年羽毛球单打第一名、双打亚军；社团成员徐帅获哈尔滨市青少年羽毛球赛第六名等。

羽毛球社的影响不断扩大，也影响着校园内的其他非社团成员，即便不是羽毛球社的成员，也有越来越多的同学在午休、体活，甚至是课间，来到操场打羽毛球。正如社员们这样来感慨："每个周四无论多么忙碌，我都会和朋友去体育馆酣畅淋漓地玩上四十分钟。虽然只有短短的四十分钟，我们却有了许多收获——既放松了因课业压力而紧绷的头脑，又提高了自己的身体素质，磨炼了自己的技术。通过一场场的切磋，同学之间的友谊也更加深厚。"

社团的发展不仅需要常规的管理和训练，也需要开展各种活动来激发学生的学习兴趣。羽毛球社活动丰富多彩，不仅有个人赛，也有班级之间的对抗赛、师生赛等多层次、广参与的活动。也如社员的入社体会——"加入了羽毛球社，我提高了自己，也认识了很多新朋友，让我的高中生活更加充满意义。如果可以让我给羽毛球社打分，我会毫不犹豫地给一个大大的满分。""这是一个真正的社团。这里有多样的活动，让我在课余时间放松自己；这里有认真负责的老师，也有技艺过人的高手，随时等待着与我切磋，帮助我提升球技；这里也有功能齐全的场地，让我尽情地挥洒汗水。"

不必说QQ群里大家庭一般的活跃亲切，也不必说比赛时友好的较量和激烈的对抗，单是每个周四中午的开馆训练就足以吸引人眼球。羽毛球馆已经成为学生最喜爱的活动场所之一。

对现阶段社团发展遇到的一些问题，我有以下的一些思考。

1. 新校区场地充足，基本能够保证学生需求，而相对而言，老校区则存在场地不足的情况。此外中午休息时间比较短，学生只能牺牲午餐时间来进行活动，长此以往对身体不利。

2. 教师平时课时较多，基本都是上下午连堂，不能保证每次社团活动都能一直到位，导致个别时间段缺乏指导和监管。

3. 羽毛球是消耗品，对于学生而言是不小的负担。在这方面我们在努力思考解决问题的方法，比如以比赛赞助的形式洽谈一些商家提供一定经费。

4. 以老带新制度还需进一步完善和提高。新高一入门阶段需要老队员的系统指导和帮助，建立比较良好的老带新体系，保证羽毛球社团有序运行。

总之，羽社活动，深受大家喜爱，羽毛球运动已经成为哈三中学生最喜欢的体育项目。羽毛球社里，同学们走出书海，既放松了心情，又锻炼了身体，同时既掌握了一项运动技能，又掌握了一项与人交流的技能。更重要的是，在这里，不同年级、同年级不同班级的同学相识，成了朋友，不但是球技方面的交流，同时也可以进行学习、生活间的交流。作为少有的体育类社团，如今的羽毛球社在同学们身心健康与全面发展以及终身体育的建设中起到了重要的作用。希望羽社的明天，在我们大家的共同努力下变得更好！

成功来自严谨，细节决定成败

——哈三中社团之科技创新小组小记

◇李冰

各美其美
——
共
芳菲
Gemei Qimei
Gong Fangfei
哈尔滨市第三中学校社团发展中的问题及对策研究

哈尔滨市第三中学科技创新小组是近两年才成立的新型校园社团组织，社员以南岗和群力两个校区的学生科技爱好者为主，参与者涵盖了三个年级、多个层次班级。社团成立伊始，就收到了同济大学举行的第五届中学生结构设计邀请赛的邀请函。科技创新小组迎难而上，在2015年9月17日至20日，与来自全国各地19个省市30所知名中学的31支队伍，共124名参赛师生齐聚同济，展开了一场别开生面的智慧与能力的大比拼。大赛由土木工程学院联合机械与能源工程学院、材料科学与工程学院、测绘与地理信息学院、航空航天与力学学院4个学院共同承办。比赛内容既有传统的特色结构模型设计与制作、加载竞赛环节，还特意增加了丰富多彩且具有专业导向的趣味赛。趣味赛含4个主题，分别由机械与能源工程专业、材料科学与工程专业、测绘与地理信息专业以及航空航天与力学专业的教授出题并现场给比赛评分。科技创新小组最终力战全国31所高中，荣获了"杰出创意奖"，彰显出哈三中学子们扎实的理论知识和超强的动手能力！

近年来，为了进一步加强高中与大学的衔接，培养中学生对一流大学的了解和对专业的兴趣，各个大学以同济大学为首，举办了多次中学生结构设计邀请赛。在随后的3年里，各个中学的参赛规模逐年扩大，比赛影响力日渐提升。而学生在备赛过程中，不仅能够建立初步的物理学的结构概念，还能加深了对相关专业方向的了解，动手能力、创新意识和团队协作等综合能力也可以得到明显提升。哈三中物理组相关指导教师和科技创新小组成员，克服了种种困难，刻苦钻研，努力攻关，这才有了这样可喜的成绩！

在每一次日常活动中，科技创新小组都由教师指导把关，自己来确定主题，组员们对题目要求进行认真分析和讨论，并且设计制作多个模型反复试验改进，最终确定不同的方案。提升学生的各方面能力，如某题目是制作一个50cm高的抗震结构，在垂直加载15kg之后，水平横向拉动5mm来模拟地震时的情况，设计意图为消能减震，要求在尽量轻的前提下保证结构有一定的抗压能力和抗震阻尼系数，并且在受侧向拉力撤除后有尽可能小的残存水平位移，同学们集思广益，为设计出更好的方案，上网查询了很多建筑设计，包括我国古代建筑抗震的榫卯结构设计，不断尝试、检测，按照题目要求，设计不同现代抗震的隔震层结构：一个地上三层、地下一层的框架木结构，其中地上一层是隔震层，采用八组片状支撑以在重复抗压的前提下拥有出色的弹性和减震能力，并且加大阻尼来减小横向力，还有同学们提出运用表面处理工艺，将502胶水涂在桐木表面，让胶水浸到木条里面，干了之后再将表面多余胶水磨掉。这样做之后如同给原来只有混凝土的结构加入了钢筋，可以大大提高结构强度，从而可以使用更细的主梁，减小重量。还有同学提出，在拼接构件时，极尽所能将重量减轻，在制作过程中将原本设计的称重主梁由矩形截面改造成"L"形截面，在保证结构强度的同时减轻了结构重量。在斜撑方面，使用大斜撑，即一条斜撑撑两层，加大了结构柔度，加大阻尼。地基使用了两片薄板，加大了在水平加载时的受力，使结构在上部偏移时地基不动，减小残存位移。诸如此类，每次活动后的同学们都对自己的心血之作倍加珍惜，增强了自信，收获颇丰。

几多风雨，几多历练，科技创新小组给组员们留下了很多美好的回忆，从懵懵懂懂的少年成为更加成熟和坚强的自己。大家从设计到绘制设计图、裁剪打磨木材、制作构件、组装结构，把社团手头的各种材料精挑细选，每一步都力求精益求精，在一次次的争论、取得共识和动手尝试中，同学们的自主思考能力和动手实践能力得到很大的提高，小组的这些活动激发了中学生们对工程学科的热爱，锻炼了他们独立思考、严谨求实的工程素养。更对科学素养需要"万丈高楼平地起"打下坚实基础，有了真正的认识和理解。

科技小组的活动，也促进了指导教师的反思：科技社团成立的初衷是为了培养学生的科学思维、动手能力，起始以建筑、结构力学为主要研究方向，通过利用纸板或桐木条等为主要原料搭建合理的建筑结构，用来抵抗外界拉力和压力，疲劳振动，或模拟地震，来检测搭建模型的牢固程度。同学们从对建筑力学的一无所知，到设计出有效抗震的模型，是一种蜕变，他们自己查阅资料，网上收集素材，到大学相关专业请教大学教授等，经过一番周折终于建成了初期模型，并经过无数的实验验证，不断改进，将模型变得更加合理化、实用化。也有很多遗憾，遗憾的是很多模型设计搭建改进的过程，没有留下很多的视频、文字或图片资料，导致模型建成后，大家在高兴之余，忽略了之前遇到的各种积累的问题和解决方法，所以资料积累的内容，不单单是最后的成果，还应该有纠正错误，不断修正思维过程的痕迹。

所以，在以后的小组活动中，要加强对资料的记录和收集整理，并加强与相关专业的大学老师或大学生们的交流，了解更多更高的理论知识，更多地收集国外的相关的建筑资料，定期组织社团成员学习交流，整体提升大家的设计建造动手能力，精益求精。

哈三中科技创新小组是哈三中社团的科技类社团的一部分，是哈三中社团活动中富有科学精神的亮丽风景线，是哈三中坚持"以人为本、追求卓越"办学思想的重要体现。以个性成就个性，以梦想推动梦想，一个社团就是一方提升自我、帮助他人和奉献社会的舞台，相信未来的科技创新小组一定会更加有声有色，像垦丁的风，在同学们的生命历程中，留下温柔而永远光芒熠熠的印记！

愿有源头活水来

——"拓展训练"引入三中校园社团活动之我见

◇王鹏

随着社会经济的发展和时代的进步，人们在追求物质进步的同时更加要求精神层面获得相适应的满足。随着20世纪90年代拓展训练进入中国以来，凭借其独有的培训方式和效果，从一开始针对企业团队培训，逐步走进校园，在各大院校中推广开来，学校在课余时间组织学生参加拓展训练，培养学生的集体荣誉感、拓展知识面以及提升他们的心理素质。现今，许多高校已将拓展训练列为学校体育课程中的一部分。这也奠定了拓展训练在教育界的地位，也能在一定程度上反映了拓展训练在未来校园普及的发展趋势，但是在我国，由于场地、经费、教师专业技能知识等因素的局限性，全国开设拓展训练课程的中学屈指可数。

当前学生的学业负担日益加重，尤以中学生的负担甚重，近年来教育局针对这一现象大力推进素质教育，旨在让学生在获得知识的同时促进自身综合素质的提高。体育课程作为中学阶段的贯穿课程深受学生喜爱，中学体育教学改革是我国学校体育改革的基础和先行者，拓展训练如果能作为一种新型的体育教学模式引入中学校园，将会给中学体育课堂带来一抹亮丽的风景，是实现高效体育课堂的需要，更能为实现中学体育课程改革创新发挥重要作用。

一、拓展训练的起源与发展现状

拓展训练起源于二战时期的英国，更为准确地说是源自英国海军。当时盟军的商务补给船只在大西洋航行时屡遭德军潜艇袭击，许多船员葬身鱼腹，但是还是有少数水手存活了下来，专家们经过统计发现，存活下来的船员既不是人们所想的那样是年轻力壮的年轻人，也不是出海经验丰富的老水手，而是一些具备坚强的意志品质及良好团队精神的人员，他们三五成群，结伴以团队的形式战胜种种困难平安归来。于是1941年在英国成立了名为阿伯德威的海上训练学校，以年轻水手为训练对象，用以训练他们在突发情况下利用团队协作去应对困难的能力，并把这种训练形式以"Outward Bound"为其命名，中文译为"拓展训练"或"外展训练"，意为一艘小船驶离平静的港湾，义无反顾地投向未知的旅程，去迎接一次次的挑战，战胜一个个的困难。

由于拓展训练的培训模式是通过模拟种种真实情境和困难，要求参与者同心协力挑战并解决困难，也由于拓展训练不教条、不僵化、发散思维的培训方式和良好的培训效果，很快风靡整个欧洲并在其后的半个世纪中发展到全世界。训练对象也从最初的海军扩大到军人、学生、企事业人员等各个群体。1995年在北京成立了中国第一家体验式培训机构——人众人教育。20年来全国各地的拓展培训机构发展迅速，但是伴随着发展的同时，许多不符合培训规程的教育机构鱼龙混杂，很多未经正规培训过的培训师违规操作造成许多安全事故，甚至于保险公司出台了专门针对拓展训练的投保险种。遗憾的是国家并没有特别针对拓展培训师相关资格的认证考量标准。

二、拓展训练的形式

个人挑战性项目包括：跨越断桥、空中抓杠、背摔、大坝速降等。个人挑战性项目需要挑战自我来完成规定项目以扩大自己的"舒适领域"从而正视困境并减少对困难的恐惧。团队合作性项目包括：海难逃生、穿越电网、荆棘雷阵、挑战NO.1等。它需要团队中每位队员通力协作，掌握正确的合作方法并抛除个人小利益来达到团队利益的最大化，使整个团队的危机解决能力和团队协作能力得到提升。

总体来说，拓展训练不是军事训练，不是旅游娱乐，不是魔鬼训练，而是一种体验式培训，是让队员以参与者的身份身临其境地进入教师设定的项目中来，通过亲身体验得到一定的感受，然后将所收获的感受同团队中的队员进行分享，在经过所有人的总结中进一步提升，并将这些提升应用到之后的工作和学习中去。

三、拓展训练引入校园的意义

1. 激发学生潜能，提升社会适应能力

现今社会的高速发展带给人们空前的压力与竞争力，对于从业者而言，除了具备良好的职业素养和业务素质外，还需具备健康的心理、坚强的意志品质、勇于创新的精神和良好的人际关系。不仅各行各业的从业者需要，学生更加需要这种体验式的教学模式，如今在校的中学生多为90后、00后，在现代多元化文化的影响下，他们的人生观、价值观尚未成熟，面对困难容易放弃，自我约束能力差，自我观念重，简单的说服教育很难改变已经固化的观念，而拓展训练中的大部分项目都是针对提高人的心理素质设计，有目的地让学生自主地设置一些困难，让学生经历后发现自己还有这方面的潜能，从而增强自信心，在活动过程中，不断克服心理恐惧，挑战自我，战胜自我。这种体验式教育反映出的自身问题是学生容易接受且乐于信服的。

2. 培养团队意识，增强班级凝聚力

在给许多学生做过拓展训练后，学生总结最多的一句话是："无论任何事情，在没有尝试之前千万不要轻言放弃，很多事情不是自己不能做，而是自己没做过或者不敢做，不是自己的能力有问题，而是自己的心理出了问题。"通过一个项目让学生明白一个道理，许多困难唯有众志成城地去解决问题，为了班级的大目标放弃自己的小目标才能取得班级或团队的最终胜利，从而达到同学们的相互信任，形成积极向上的班级氛围，使他们提高解决问题的能力，增进对班集体的责任心与荣誉感，学会关心同学，奉献他人，更为融洽地与他人相处。拓展训练进入校园不仅是对传统体育教育课程内容的补充和改革，更重要的是对传统体育教育形式和改革的创新，既丰富了体育教育的课程内容，又增强了体育课程的趣味性及实用性，真正让体育课与时俱进，充满时代的气息。

拓展训练是一种不同于传统体育教学的模式，它不同于军训，不同于游戏，不同于讲座，是一种以身体锻炼为引导，通过模拟种种困难情境，以激发潜能、磨炼意志、挑战自我、熔炼团队为目的的一种全新的培训方式，如果能将拓展训练正确、安全地引入中学体育课程教学中来，它一定会以其特有的教学模式和耳目一新的教学方法获得学生的积极参与，也将

会增加体育教学课程的精彩程度。

哈三中，是一所拥有着悠久历史和优良社团传统的名校，兼容并包，人才济济，从各方面具备了新兴事物、新型活动形式进入校园，尤其新校区的独一无二的环境和硬件方面的条件，我们希望高中社团能引领时代之先，支持新兴事物的发展，创立师生参与其中的繁荣社团，丰富三中的校园文化生活。

在北京求学期间我接受了韩国"WE CAN"培训公司为期半年的拓展训练培训。后来我作为拓展培训师为李宁公司、腾讯公司、对外经贸大学、LG公司等50多家事企业单位及公司进行培训，每当看到活动结束后队员的进步和团队凝聚力的提升我一天的疲惫就会化为动力。现在作为一名体育教师，群力校区有足够的场地可以建设拓展培训基地，我期待拓展训练走进三中的那天，期待把拓展的魅力带给孩子们……

浅谈哈三中足球社团发展现状与问题解决

◇宋枝宸

　　哈尔滨市第三中学校在国家最新公布的足球特色试点学校名单中，有幸位列其中。这对三中足球来说是个喜事，这对整个三中热爱体育锻炼、热爱足球运动的师生来说，也是个喜讯，哈三中足球社团是一个有悠久历史的团体，在足球社的持续发展下，增加了三中足球人口数量，为开设足球选修课，成立足球队打下了良好基础。足球社所组织的活动，大大促进了团员与团员、班级与班级乃至师生之间、学校之间的友谊，现在的三中足球在国家、省、市和校领导的大力支持下正向着未来飞速发展。

一、哈三中足球社团发展现状

　　哈三中足球社团是一个完全以学生为主体的社会团体，其团员都是以足球为兴趣爱好、喜欢足球、热爱足球的普通学生。现有团员近六十余人，是一个大的团体。足球社定期组织活动，比如：由指导教师利用业余时间对团员进行技术、体能、战术等方面的指导，进行社团内的足球比赛，组织与其他学校社团或者学校之间的友谊赛。这极大地促进了学校与学校之间、师生与师生之间的友谊。在足球社团的基础之上建立的校足球队，两次代表学校出赛均取得了优异成绩（2010年代表哈三中参加黑龙江省中学生运动会中获得乙组男子足球亚军；2016年代表哈三中参加全国十六城市暨南岗区足球联赛获得季军）。目前，在全国大力发展足球运动的热潮中，我校成功申请了全国首批足球特色学校，并在市领导与校领导的大力支持下即将对田径场进行改造，大面积修建足球场地，为我校的足球发展奠定了坚实的基础。

二、哈三中足球社团目前存在的问题与解决方案

1. 足球人口不足（见下表）

学 校	足球最好成绩	总人数	足球社团人口比重	足球人口比重
鸡西19中	全国中学生冠军	约2 700	7.4%	62.9%
哈朝1中	全国乙组冠军	约1 100	9.09%	54.5%
哈三中	省乙组亚军	约4 300	1.39%	1.21%

从上表中不难看出，我校足球社团人数与足球人口的不足会直接影响足球运动的开展，同时也直接影响了我校的足球运动成绩。

解决方案：通过对足球运动的大力宣传，开展学生和教师的讲坛活动，充分调动学生对足球运动的积极性，使学生从不懂到了解，从了解到懂得，从懂得到深入懂得，扩大足球社团人口，从而增加我校的足球人口数量。

2. 足球社团活动单一

我校的足球社团活动主要是由教师指导和学生比赛两部分组成，这样会使大部分学生只能观看不能进行实践，从而逐渐地失去对足球的兴趣，会致使足球人口的减少。

解决方案：加强对学生裁判员的培养使学生裁判能够胜任学生社团联赛；将社团学生按比例分成若干组进行练习、社团内的联赛，这样不仅能够让所有成员投入足球运动中来，而且还能够大大提高社团成员对足球运动的兴趣，进而带动其他同学加入社团，增加我校的球人口；加强有关趣味足球运动比赛的开展；增加社团成员一些技术性的比赛，比如点球比赛、运球比赛、颠球比赛等，进而提升足球社成员的个人技术。在社团基础上建立足球队，增加对外校的比赛，进而提高我校足球队的整体技战术水平，增进我校与友好学校之间的友谊。

三、足球社团纳新体制问题反思

目前足球社团在纳新过程中，只招一些能踢球或者说是踢得好的学生，对于想参加而对足球零起点的同学拒之门外，这样会造成一大部分同学想了解而被拒绝的局面，会使同学产生终身对足球抗拒的心理。

解决方案：在社团纳新过程中，把"热爱足球"和"遵规守纪"放在

首要的位置，只要喜欢足球、热爱足球的人都可以进入社团中来，严格遵守足球社的规章制度，都可以在社团得到发展自己和锻炼身体提升球技的机会，使学生体会到足球社是一个温暖的大家庭。

以上是本人对我校足球社团存在问题的一点小分析，望有关领导、有关老师及学生加以引导与指正，希望我校足球社团会蒸蒸日上，我校足球会在省、市比赛中续写辉煌，在全国比赛中崭露头角，一起为三中足球加油，一起为三中足球呐喊。

跋

　　2015年6月我校申报的课题"当前高中学生社团发展中的问题及对策研究"，正式批准为2015年度全国学校共青团研究重点课题。在历时一年多的课题研究中，课题组教师回顾学校社团发展的历史，总结社团活动的经验，反思社团活动中存在的问题，探讨解决问题的对策，进而取得了一定的研究成果。

　　学校社团建设与发展依据学校"以人为本，追求卓越，全面发展，个性张扬"的办学理念，在赵文祥校长"以个性成就个性"的教育思想的引领下，学校提出了"各美其美，人尽其才"的社团工作目标。"各美其美"，一方面美在教师，美在摒弃功利浮华的坚守与执着，美在更新教育理念的探索与进取，也美在促进学生个性发展的追求与超越；另一方面美在学生，美在敦品励学、全面发展的青春成长，美在勤奋求实、锐意创新的生活历练，也美在勇于担当、奉献自我的精神升华。教师与学生不断学习，相互促进，在共同成长中，尽展其才，大放光彩。

　　本书不仅展示了教师的课题研究成果，还有学生参加社团活动的回忆与体悟，而学生的这些文字又是本书弥足珍贵的一大亮点。在校学生满怀热情与憧憬书写社团活动的体验和感悟，绽放最美的青春；毕业生回首花样年华，追忆社团活动中的酸甜苦辣，沉淀生命的晶莹。这些洋溢着青春活力的文字，便是他们内心深处最诚挚的声音，字字饱含深情，句句感人肺腑。阅读着这样的文字，感受着学生成长的每一分力量，我们仿佛聆听到生命拔节的声音。徜徉于字里行间，慢慢品味，那种化蛹为蝶的蜕变、梦想成真的荣耀，都让人倍感欣喜，心潮澎湃。读之入心，我们越发感到作为教师肩负的光荣使命和重大职责，我们也深深懂得教育只有顺应学生的成长规律，唤醒学生的心灵，尊重学生的选择，激发学生的潜力，才能助力学生走向阳光美好的成才成功之路。让学生在这丰富多彩而又动人的社团舞台上尽情张扬个性，全面发展，放飞梦想，他们的未来就会变得更加精彩夺目、亮丽迷人，正像花园里的花不应只拥有一种色彩，姹紫嫣红，各美其美，才会迎来芳菲满园。正如罗素在《西方哲学史》中写道"参差多态，乃是幸福的本源"。

感谢共青团中央学校部、共青团黑龙江省委、共青团哈尔滨市委及哈尔滨市教育局团委对我校社团工作的支持。感恩著名教育家魏书生先生为此书题写书名。编写者承蒙华东师范大学王剑教授的指导，茅塞顿开，因而提高了编撰的水平。黑龙江人民出版社的鼎力支持，才使此书顺利地与读者见面。

囿于编者的水平，此书定有错漏不足之处，恳请读者批评指正。

闫宏斐

哈尔滨市第三中学校

2016年9月10日